普通高等教育"十二五"规划教材

全国高等院校规划教材

SCI论文写作解析

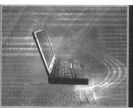

EndNote/ RefViz/ SPSS/
Origin/ Illustrator 综合教程

◆ 李 达　李玉成　李春艳　主编

清华大学出版社

北京

内容简介

论文在SCI收录期刊上发表,是展示科研成果、进行学术交流和接受同行评议的重要手段。因此,为了促进论文顺利发表,广大科学研究者需要全面系统地掌握SCI论文的写作特点和精髓,以提高论文的写作水平。本书首次以SCI论文的基本知识为切入点,以EndNote/RefViz/SPSS/Origin/Illustrator软件的使用方法和技巧为主线,系统讲述了SCI论文的写作特点和投稿流程、参考文献的管理和信息化分析、统计学软件处理数据的技巧、制作图表等方面的知识,形成了一套系统的SCI论文撰写思路和方法。该书包含了SCI论文的所有知识,并以生命科学为基础附以大量应用举例,且例证通俗易懂,理论联系实际,期望为科学研究者提供系统、科学、全面的SCI论文写作方案,提高论文发表效率。

版权所有,侵权必究。举报:010-62782989,beiqinquan@tup.tsinghua.edu.cn。

图书在版编目(CIP)数据

SCI论文写作解析:EndNote/RefViz/SPSS/Origin/Illustrator综合教程/李达,李玉成,李春艳主编.
—北京:清华大学出版社,2012.8(2024.2重印)
(普通高等教育"十二五"规划教材·全国高等院校规划教材)
ISBN 978-7-302-28944-9

I. ①S… Ⅱ. ①李… ②李… ③李… Ⅲ. ①科技期刊－论文－写作－高等学校－教材 Ⅳ. ①H152.3

中国版本图书馆CIP数据核字(2012)第111908号

责任编辑:李 君　赵从棉
封面设计:戴国印
责任校对:刘玉霞
责任印制:宋 林

出版发行:清华大学出版社
　　　网　　址:https://www.tup.com.cn, https://www.wqxuetang.com
　　　地　　址:北京清华大学学研大厦A座　　　邮　编:100084
　　　社 总 机:010-83470000　　　　　　　　　邮　购:010-62786544
　　　投稿与读者服务:010-62776969, c-service@tup.tsinghua.edu.cn
　　　质量反馈:010-62772015, zhiliang@tup.tsinghua.edu.cn
印 装 者:三河市君旺印务有限公司
经　　销:全国新华书店
开　　本:185mm×260mm　　　印 张:16　　　字 数:386千字
版　　次:2012年8月第1版　　　　　　　　　印 次:2024年2月第16次印刷
定　　价:32.00元

产品编号:047432-02

参编者名单

主　编 李　达（中国医科大学）

　　　　　李玉成（大连正源海洋生物研究所）

　　　　　李春艳（大连大学）

副主编 毕芳芳（中国医科大学）

　　　　　曹　晨（解放军第三〇一医院）

编　者 吕　阳（北京化工大学）

　　　　　李婷婷（中国医科大学）

　　　　　霍　飞（长安大学）

　　　　　任昱轩（大连大学）

　　　　　李建华（大连大学）

前　言

科学技术的跨越式发展，是确立国家核心竞争优势、实现创新驱动和改善民生的重要手段。学术论文是科技创新的重要载体，一个国家的科学技术发展水平与学术论文的发表状况密切相关。当前国内，从跨入研究生行列起，科研和论文才逐渐进入大家的视野，以英语为主要发表语言的 SCI 论文则更成为科学研究者追逐的理想和目标。然而，发表高质量的 SCI 论文确有想象中那么困难吗？答案显然是否定的。

本书作者在经过反复调研，认真总结同行经验的基础上，耗时两年编写了这本全面细致的，集 SCI 论文撰写与发表、参考文献管理与信息化分析（EndNote/RefViz）、数据处理与加工（SPSS/Origin）、标准图表制作（Origin/Illustrator）于一体的，理论与实际应用技巧全面结合的工具书籍。本书注重实用，附有大量应用举例，共包括六部分：第一部分为 SCI 篇，从多个角度精彩介绍了 SCI 论文的写作技巧和投稿、修稿流程；第二部分为 EndNote 篇，作为全球最受欢迎的文献管理软件，其强大的文献管理功能将大大提高研究人员撰写及整理文献的效率；第三部分是 RefViz 篇，作为一款交互式的数据挖掘和可视化文本信息分析软件，其采用文献聚类地图的形式来输出对文献信息的分类，能够帮助用户快速了解某一学术领域研究进展和概况；第四部分为 SPSS 篇，详细讲述了如何使用该软件进行数据整理、分析及结果输出的过程；作为结果展示的重要方式，图和表的效果在论文发表中发挥着举足轻重的作用，本书的第五和第六部分详细讲述了 Origin 和 Illustrator 两款强大作图软件的应用技巧。

本书包含了 SCI 论文关键信息的详细讲解，在编写上注重理论与实践运用于一体，浅显易懂且应用性强。希望本书的出版能够帮助广大的科学研究者系统地掌握 SCI 论文的写作要点和精髓。

由于时间仓促和学识有限，疏漏之处在所难免，敬请同行、读者斧正。

李　达
2012 年 3 月

目 录

第一部分 SCI 论文撰写及投稿

第1章 SCI论文基本知识 ····· 3
1.1 SCI 期刊和论文的基本特征 ····· 3
1.1.1 SCI 期刊和论文的定义 ····· 3
1.1.2 SCI 期刊影响因子 ····· 5
1.1.3 SCI 论文被引用次数 ····· 8
1.2 SCI 论文类型和写作原则 ····· 9
1.2.1 SCI 论文类型 ····· 9
1.2.2 SCI 论文写作原则 ····· 11
1.3 SCI 论文结构 ····· 13
1.4 SCI 论文英语写作技巧 ····· 14
1.4.1 SCI 论文时态 ····· 15
1.4.2 英语词性 ····· 15
1.4.3 英文标点符号 ····· 16

第2章 SCI论文撰写 ····· 19
2.1 SCI 论文如何命题 ····· 19
2.1.1 标题的意义和作用 ····· 19
2.1.2 标题的构成要素 ····· 20
2.1.3 SCI 论文命题原则 ····· 21
2.1.4 命题注意事项 ····· 21
2.2 如何署名和书写单位地址 ····· 22
2.2.1 署名的意义和作用 ····· 22
2.2.2 署名的资格和形式 ····· 23
2.2.3 作者署名不同称谓的含义和排列顺序 ····· 24
2.2.4 中国作者译名的方法 ····· 25
2.2.5 如何书写单位地址 ····· 26
2.3 如何撰写摘要 ····· 26
2.3.1 摘要的意义和作用 ····· 26
2.3.2 摘要的分类 ····· 27

2.3.3　摘要的内容和字数要求 ……………………………………………… 28
2.3.4　摘要的时态和语态以及常用句型 …………………………………… 31
2.3.5　书写摘要的注意事项 ………………………………………………… 32
2.4　SCI论文关键词的选择 …………………………………………………………… 32
2.4.1　关键词的意义和作用 ………………………………………………… 32
2.4.2　关键词的词性和数量 ………………………………………………… 33
2.4.3　如何选择关键词 ……………………………………………………… 33
2.4.4　关键词与主题词和自由词的关系 …………………………………… 34
2.4.5　撰写关键词的注意事项 ……………………………………………… 34
2.5　如何撰写引言 ……………………………………………………………………… 35
2.5.1　引言的意义和作用 …………………………………………………… 35
2.5.2　引言的内容 …………………………………………………………… 35
2.5.3　撰写引言的技巧和注意事项 ………………………………………… 37
2.6　如何撰写材料与方法 ……………………………………………………………… 38
2.6.1　材料与方法的意义和作用 …………………………………………… 38
2.6.2　材料与方法的内容 …………………………………………………… 38
2.6.3　材料与方法中小标题的使用 ………………………………………… 43
2.6.4　撰写材料与方法的注意事项 ………………………………………… 43
2.7　如何展示实验结果 ………………………………………………………………… 44
2.7.1　结果的意义和作用 …………………………………………………… 44
2.7.2　结果展示的表达形式 ………………………………………………… 44
2.7.3　结果包含的内容和小标题的使用 …………………………………… 48
2.7.4　撰写结果的注意事项 ………………………………………………… 48
2.8　如何撰写讨论 ……………………………………………………………………… 49
2.8.1　讨论的意义和作用 …………………………………………………… 49
2.8.2　讨论的主要内容 ……………………………………………………… 49
2.8.3　讨论写作的注意事项 ………………………………………………… 50
2.8.4　讨论中的"结论"如何撰写 …………………………………………… 50
2.9　如何表达致谢 ……………………………………………………………………… 51
2.9.1　致谢的意义和作用 …………………………………………………… 51
2.9.2　致谢的内容 …………………………………………………………… 51
2.9.3　撰写致谢的注意事项 ………………………………………………… 52
2.10　如何引用参考文献 ……………………………………………………………… 52
2.10.1　引用参考文献的意义和作用 ……………………………………… 52
2.10.2　参考文献的引用原则 ……………………………………………… 53
2.10.3　参考文献的引用格式 ……………………………………………… 54
2.10.4　引用参考文献的注意事项 ………………………………………… 58

第3章 不同体裁的SCI论文撰写技巧

3.1 如何撰写综述
3.1.1 综述的意义和特点 ... 59
3.1.2 综述的写作格式 ... 60
3.1.3 综述的写作步骤 ... 62
3.1.4 综述写作的注意事项 ... 64

3.2 如何撰写病例报道 ... 65
3.2.1 病例报道的意义和特点 ... 65
3.2.2 病例报道的格式和内容 ... 66

3.3 如何撰写国际会议摘要 ... 68
3.3.1 撰写国际会议摘要的意义 ... 68
3.3.2 国际会议摘要的格式和内容 ... 68
3.3.3 国际会议摘要的写作注意事项 ... 70

3.4 如何撰写Letter ... 71
3.4.1 Letter的概念和意义 ... 71
3.4.2 Letter的格式和写作步骤 ... 71
3.4.3 Letter写作的注意事项 ... 73

第4章 SCI论文投稿和发表 ... 74

4.1 如何选择合适的目标期刊 ... 74
4.1.1 客观评价论文水平 ... 74
4.1.2 综合考虑期刊 ... 75

4.2 投稿前的准备工作 ... 77
4.2.1 仔细阅读投稿须知 ... 77
4.2.2 按照投稿须知对论文进行修改 ... 79
4.2.3 如何书写投稿信 ... 80

4.3 SCI论文的投稿方式 ... 82
4.3.1 邮寄投稿 ... 82
4.3.2 电子邮件投稿 ... 82
4.3.3 互联网在线投稿 ... 82
4.3.4 投稿时的注意事项 ... 83

4.4 SCI论文的审稿过程 ... 83
4.4.1 编辑部初审 ... 84
4.4.2 稿件送至审稿专家 ... 84

4.5 SCI论文的修稿 ... 86
4.5.1 SCI论文的修稿技巧 ... 86
4.5.2 如何撰写修改稿的投稿信 ... 87

4.6 SCI论文接收和发表 ... 89

第二部分　EndNote

第 5 章　EndNote 简介 — 93
5.1　EndNote 功能介绍 — 93
- 5.1.1　EndNote 软件的工作原理 — 93
- 5.1.2　EndNote 软件的基本概念 — 93
- 5.1.3　EndNote 软件的功能 — 94
- 5.1.4　EndNote X5 新增功能 — 95

5.2　EndNote 工作界面介绍 — 95
- 5.2.1　窗口介绍 — 95
- 5.2.2　EndNote 软件菜单的主要功能 — 97

第 6 章　个人数据库的创建 — 99
6.1　检索网上数据库 — 100
- 6.1.1　直接导入 EndNote — 100
- 6.1.2　纯文本数据的格式转换导入 — 100
- 6.1.3　PDF 文件导入 — 102

6.2　软件联网检索 — 104
6.3　手工创建数据库 — 105

第 7 章　EndNote 个人数据库的管理 — 108
7.1　参考文献的编辑与分析 — 108
- 7.1.1　编辑管理 — 108
- 7.1.2　排序管理 — 108
- 7.1.3　文献分析管理 — 109

7.2　附件的添加及管理 — 112
- 7.2.1　附件的添加 — 112
- 7.2.2　附件的管理 — 114

7.3　数据库内检索 — 114

第 8 章　利用 EndNote 撰写论文 — 115
8.1　利用模板撰写论文 — 115
8.2　插入参考文献 — 116

第三部分　RefViz

第 9 章　RefViz 简介 — 121
9.1　RefViz 功能介绍 — 121

9.2　RefViz 工作原理 …………………………………………………………… 121

第 10 章　RefViz 工作界面 …………………………………………………… 123
10.1　启动界面 …………………………………………………………………… 123
10.2　工作界面介绍 ……………………………………………………………… 123
10.3　视图窗口(Galaxy/Matrix) ………………………………………………… 124
10.4　主题/检索窗口(Topics/Search) …………………………………………… 125
10.5　文献信息浏览窗口(Reference Viewer) …………………………………… 125
10.6　帮助窗口(Advisor) ………………………………………………………… 126
10.7　菜单栏 ……………………………………………………………………… 126
10.8　工具栏介绍 ………………………………………………………………… 131

第 11 章　创建新视图 …………………………………………………………… 132
11.1　通过检索网络文献数据库创建视图 ……………………………………… 132
11.2　利用文献管理工具创建视图 ……………………………………………… 133

第 12 章　文献信息分析和常用数据库知识 …………………………………… 135
12.1　文献信息分析 ……………………………………………………………… 135
12.2　常用数据库的知识 ………………………………………………………… 136
12.3　RefViz 常见问题及解决方案 ……………………………………………… 137

第四部分　SPSS

第 13 章　SPSS 简介 …………………………………………………………… 141
13.1　SPSS 功能介绍 ……………………………………………………………… 141
　　13.1.1　SPSS 工作原理 ……………………………………………………… 141
　　13.1.2　SPSS 基本概念 ……………………………………………………… 142
　　13.1.3　SPSS 软件的基本功能 ……………………………………………… 142
　　13.1.4　SPSS 16.0 的新增功能 ……………………………………………… 142
13.2　SPSS 16.0 的启动 …………………………………………………………… 143
13.3　SPSS 工作界面介绍 ………………………………………………………… 144
　　13.3.1　数据编辑窗口 ……………………………………………………… 144
　　13.3.2　结果输出窗口 ……………………………………………………… 148
　　13.3.3　程序编辑窗口 ……………………………………………………… 149

第 14 章　SPSS 数据文件的建立和管理 ……………………………………… 150
14.1　数据分析的基本步骤 ……………………………………………………… 150
14.2　数据输入与整理 …………………………………………………………… 151
　　14.2.1　数据输入 …………………………………………………………… 151

14.2.2 数据整理 152

第15章 基本统计分析 153
15.1 频数分布分析 153
15.1.1 频数分布分析的适用范围 153
15.1.2 频数分布分析举例 153
15.2 描述性统计分析 157
15.2.1 描述性统计分析的适用范围 157
15.2.2 描述性统计分析应用举例 157
15.3 交叉分组下的频数分析 158
15.3.1 交叉分组下的频数应用 158
15.3.2 交叉分组下的频数应用举例 158
15.4 比率分析 160

第16章 均值比较 162
16.1 均值过程 162
16.2 单样本T检验 163
16.2.1 单样本T检验的应用 163
16.2.2 单样本T检验应用举例 163
16.3 独立样本T检验 164
16.3.1 独立样本T检验的应用 164
16.3.2 独立样本T检验应用举例 164
16.4 配对样本T检验 166
16.4.1 配对样本T检验的应用 166
16.4.2 配对样本T检验应用举例 166

第17章 相关回归 168
17.1 回归分析的一般步骤 168
17.2 双变量相关分析 169
17.3 偏相关分析 170

第18章 非参数检验 173
18.1 单个样本的卡方检验 173
18.2 两独立样本的非参数检验 175
18.3 多独立样本的非参数检验 176
18.4 两个相关样本的非参数检验 178
18.5 多个相关样本的非参数检验 180

第19章 统计图形 182
19.1 条形图 182

		19.1.1 条形图基本介绍	182
		19.1.2 条形图应用举例	182

19.2 线形图 · 185
    19.2.1 线形图基本介绍 · 185
    19.2.2 线形图应用举例 · 185

19.3 散点图 · 186
    19.3.1 散点图基本介绍 · 186
    19.3.2 散点图应用举例 · 187

19.4 直方图 · 188
    19.4.1 直方图基本介绍 · 188
    19.4.2 直方图应用举例 · 188

第五部分 Origin

第 20 章 Origin 8.5 简介 · 191

20.1 Origin 8.5 基础 · 191
    20.1.1 Origin 8.5 工作空间 · 191
    20.1.2 菜单栏 · 191

20.2 Origin 8.5 数据窗口 · 192
    20.2.1 工作簿和工作表 · 193
    20.2.2 工作表相关操作 · 194
    20.2.3 数据输入与删除 · 195
    20.2.4 工作表窗口基本设置 · 196
    20.2.5 数据导入向导 · 197

第 21 章 Origin 8.5 绘制二维图 · 199

21.1 简单二维图绘制 · 199
21.2 函数绘图 · 202
21.3 利用 Origin 内置二维图形绘图 · 203

第 22 章 Origin 8.5 绘制 3D 图 · 204

22.1 3D 线图绘制 · 204
22.2 3D 饼图绘制 · 207

第 23 章 多层图形的绘制 · 209

第 24 章 函数拟合 · 215

24.1 直线拟合 · 215
24.2 曲线拟合 · 216

第六部分 Adobe Illustrator CS 5

第25章 Adobe Illustrator 简介 ········· 221
25.1 AI CS 5 的安装与界面介绍 ········· 221
    25.1.1 安装 AI CS 5 软件的系统要求 ········· 221
    25.1.2 界面介绍 ········· 222
25.2 AI CS 5 的首选项设置 ········· 223

第26章 AI CS 5 基本知识 ········· 224
26.1 文档与绘图的建立 ········· 224
26.2 颜色和色板 ········· 227

第27章 文字处理 ········· 229
27.1 文字工具简介 ········· 229
27.2 置入与输入、输出文字 ········· 229
27.3 串接文本 ········· 231
27.4 文本格式化 ········· 231

第28章 图表创建 ········· 233
28.1 制作图表 ········· 233
28.2 图表类型简介 ········· 235
28.3 图表的样式与选项 ········· 236
28.4 自定义图表 ········· 238

第29章 文件的存储与软件的更新 ········· 240
29.1 图形存储格式简介 ········· 240
29.2 检查与更新 ········· 241

参考文献 ········· 242

SCI 论文撰写及投稿

第一部分

第 1 章 SCI 论文基本知识

21 世纪,科学研究日益重要。科学研究促进了社会进步,提高了生产力,科研水平也成为评价个人及单位实力和能力的标准。在医学领域,科研的提高促进了医学的进步和发展,对人类健康起到了积极作用。作为医务工作者,大家越来越关注如何提高自身科研素质和实力,以取得重要的科研成果,并将其公布于众。SCI 为《科学引文索引》,英文全称为 Science Citation Index。作为文献检索工具的 SCI 数据库,又可以作为科研水平评价的一种依据。论文被 SCI 收录和引用是衡量论文质量的通用依据,有助于论文成果的推广和普及。发表 SCI 论文是科研工作者的愿望和目的,是自身实力获得肯定的表现。因此,本章重点讲述 SCI 论文的基本知识和特点,使大家做到"知己知彼",为顺利书写和发表 SCI 论文奠定基础。

1.1 SCI 期刊和论文的基本特征

1.1.1 SCI 期刊和论文的定义

SCI 是由美国科学信息研究所(Institute for Scientific Information,ISI)于 1960 年创办出版的引文数据库。从 1992 年开始,ISI 归属于汤姆森公司的汤姆森科技信息集团旗下。目前,SCI 是国际公认并广泛使用的科学引文索引数据库和科技文献检索工具。SCI 与《工程索引》(EI)和《科技会议录索引》(ISTP)是世界著名的三大科技文献检索系统。其中被 SCI 数据库收录的期刊简称为 SCI 期刊,而 SCI 论文即为在 SCI 所收录的期刊上发表的学术论文,能够在 SCI 数据库内检索到。

SCI 具有规范的选刊原则和严格的专家评审制度。每年,ISI 通过极其严格的标准和程序选择 SCI 源期刊并淘汰一部分已入选的期刊,SCI 期刊的不断筛选更新,可以保证 SCI 上所发表论文的科研成果具有较高的学术水平和影响力。SCI 数据库从来源期刊的途径和数量上可划分为 SCI 和 SCI-E(SCI 扩展版)。SCI 为 SCI 印刷版和 SCI 光盘版(SCI Compact Disc Edition,SCI-CDE),收录全世界出版的数、理、化、农、林、医、生命科学、天文、地理、环境、材料、工程技术等各学科的核心期刊 3700 多种,每年数目略有增减。而 SCI-E(SCI Expanded)是 SCI 的扩展库,收录了 8400 多种来源期刊,涵盖各个领域,可以理解为 SCI-E 是随着 Internet 出现的 SCI 网络版,可通过国际联机或互联网进行检索。就其起源来说,ISI 公司早期向其客户(主要是全世界的图书馆)每年寄光盘,内容是所有被 ISI 收录的期刊所发表文章的摘要。随着互联网的发展,ISI 公司建立了 SCI 网络检索系统,原先需要寄光盘的数据也都导入网站系统,而以后每年新增的期刊则基本上只在网络上检索,不入光盘,这就导致了 SCI 有光盘版和网络版之分。关于两者的区别，大家普遍认为 SCI 相当于核心期刊，价值和水平较高，相对比较稳定；SCI-E 相当于非核心期刊，每年 ISI 淘汰的期刊多来源于 SCI-E。而对于 ISI 来说，两者只是在期刊被数据库收录的时间早晚和发布方式上存在区别，目前多数国家基本上不再区分两者。从 2000 年起，我国科技部宣布按照国际通用规则，不再区别 SCI 和 SCI-E，即两者均属于 SCI 数据库。可能有些高校或科研机构在总结评价单位发表论文时，有自己独立的评价标准，仍会进行区分。

要查找期刊是否被 SCI 数据库收录，有两种比较权威、结果比较可信的方法。第一种方法是通过互联网进入汤姆森公司旗下的 SCI 期刊官方查找网站，该网站不需要注册或购买，使用时比较方便。值得一提的是，尽管现在已不再区分期刊是被 SCI 还是 SCI-E 收录，但该官方网站上，通过不同的链接可以查找期刊属于 SCI 还是 SCI-E。第二种方法不免费对外公开，需要购买后才能进入检索系统。因此，推荐大家使用第一种方法。下面分别讲述这两种方法的使用要点。

第一种方法：通过网址 http://science.thomsonreuters.com/cgi-bin/jrnlst/jloptions.cgi?PC=K 进入网站，在该网页上可以查找 SCI 收录期刊。如图 1-1 所示，在这一界面上，单击 SEARCH 出现检索对话框，可以输入期刊名进行精确查找；也可以单击 VIEW JOURNAL LIST 浏览全部期刊目录；也可以根据期刊类别、内容分类进行浏览。要查找 SCI-E 期刊，可以通过网址 http://ip-science.thomsonreuters.com/cgi-bin/jrnlst/jloptions.cgi?PC=D 进入网站，该网页界面与图 1-1 类似，只是显示信息全部为 SCI-E 收录期刊，使用方法同上，在此不作赘述。

图 1-1　查找 SCI 期刊界面

第二种方法：在 Web of Science 检索系统内进行查找。该系统可以通过链接网址 http://apps.webofknowledge.com/WOS_GeneralSearch_input.do?highlighted_tab=WOS&product=WOS&last_prod=WOS&SID=N1F9dKjcNko7@eLBMLa&search_mode=GeneralSearch 进入。该系统是大型的综合性、多学科、核心期刊引文索引数据库，包括三大引文数据库：SCI、社会科学引文索引（Social Sciences Citation Index，SSCI）数据库、艺术与人文科学引文索引（Arts & Humanities Citation Index，A&HCI）数据库和两个化学信息事实型数据库（Current Chemical Reactions，CCR 和 Index Chemicus，IC），以 ISI Web of Knowledge 作为检索平台，医务工作者经常使用的是 SCI 数据库。进入网站后，在

网页界面的检索对话框内输入期刊名称,选择检索范围为"出版物名称",如图 1-2 所示,根据检索结果显示的数据库内是否有该期刊上发表的论文,确定该期刊是否被 SCI 收录。一般来讲,如果在该数据库内能够查到期刊上发表的论文,则可以确定为 SCI 收录期刊。该方法相对比较复杂,但在使用时有其独特的优势。比如在该检索系统内,可以查看期刊的基本信息,如期刊影响因子、期刊上发表论文的被引频次等,详细内容见下文的各个部分。

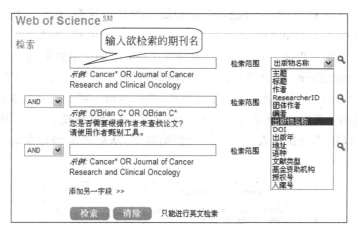

图 1-2 Web of Science 检索期刊界面

以上两种方法是比较权威的查找方式,在使用时各有优势。通过这两种方法,一般可确定期刊是否为 SCI 收录期刊。另外在查找期刊时,网站上有许多链接和 PDF 版本下载,在使用时可以参考。

1.1.2 SCI 期刊影响因子

影响因子(impact factor, IF)是 ISI 的期刊引证报告(Journal Citation Reports, JCR)中公布的一项数据,自 1975 年开始,JCR 每年公布一次上一年的数据。影响因子指某期刊前两年发表的论文在统计当年的被引用总次数除以该期刊在前两年内发表的论文总数。这是一个国际上通用的期刊评价指标。影响因子是以年为单位进行计算的。以 2010 年某一期刊影响因子计算方法为例,IF(2010 年) = A/B,其中 A 为该期刊 2008—2009 年所有文章在 2010 年被引用的次数,B 为该期刊 2008—2009 年发表的所有文章总数。影响因子不仅是测度期刊有用性和显示度的指标,也是测度期刊学术水平乃至论文质量的重要指标,是衡量学术期刊影响力和学术刊物地位的主要因素,有重要的意义和价值。通常,期刊的影响因子越高,其学术影响和作用也越大,学术水平也越高,期刊的重要性也越高。每年期刊的影响因子数值是动态变化的,与期刊发表论文总数和被引用量相关,个人、出版社和期刊无法掌控其变化。图书馆可以根据期刊的影响因子客观评估期刊质量,制定期刊引进政策,而作者可以据此决定投稿期刊。对于期刊中发表的单篇论文,是没有影响因子的,只能通过该论文的被引用次数相对评价论文质量。

目前期刊影响因子的查找方法有以下四种。

第一种方法是在 Web of Science 数据库进行查找。该数据库内的检索信息非常强大,结果比较权威，但需要购买后才能使用。一般高校和科研机构在购买之后，其 IP 地址可以进入该数据库。进入数据库界面后（如图1-2所示），在检索对话框内输入期刊名称进行搜索，检索结果显示发表在该杂志上的文章，单击任一文章名后，则看到文章全名和摘要，在摘要右侧有"查看该杂志影响因子"，单击链接后显示杂志影响因子。比如要查找 *Cell* 这本杂志的影响因子，首先在检索框内输入"Cell"，并在检索范围内选择"出版物名称"进行检索，结果显示如图1-3，为发表在该杂志上的论文，该图示仅截取了发表在该杂志上的3篇文章，单击其中任一论文名称后，出现该论文名称和摘要的显示界面，在论文摘要的右侧，可看到"查看期刊的 impact factor（在 Journal Citation Reports® 中）"，如图1-4所示，单击该链接后出现如图1-5所示界面，可以看到 *Cell* 杂志 2006—2010 年的影响因子数据和走行趋势。该方法看似比较繁琐，但在使用时有其独特的优点。首先该数据库公布的影响因子数值来源于 JCR，是官方统计的，权威性比较高，并且给出了期刊5年的影响因子数值，有助于判断期刊质量；其次，在该数据库内检索论文时，在论文摘要的右侧均出现查询影响因子的链接，可以随意查找发表论文的期刊影响因子，从侧面反映检索论文的质量，使用时非常方便。

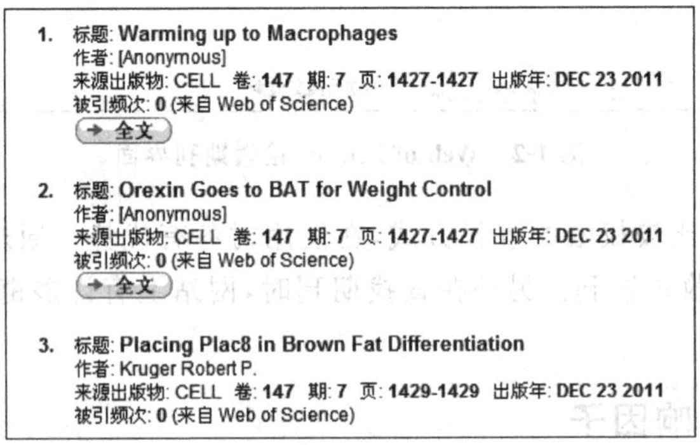

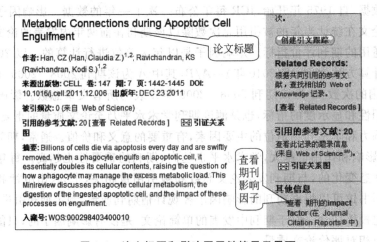

图 1-3　Web of Science 网站显示 *Cell* 杂志发表论文界面

图 1-4　论文标题和影响因子链接显示界面

第二种方法是通过 http://v3beta.medch.cn/ 网址进入医知网数据库，该数据库需要注册、登录后才能使用。该数据库是中国人开发的专业医学信息服务平台，除能够提供医学外

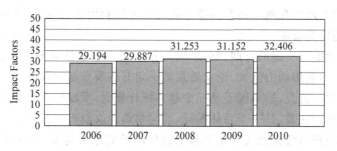

图1-5 *Cell* 杂志5年影响因子数值和走行趋势

文文献检索、全文传递、馆际互借及其他医学、药学信息服务外,还有文献摘要的在线中文翻译等功能,比较适合中国人使用。进入数据库后,在期刊导航界面(如图1-6所示),可以利用期刊名称、刊号ISSN或主题范畴快速查找医学类期刊,另外还可以看到按影响因子高低排列的期刊,单击相应的期刊名称、期刊简称或参考中文名称等链接,就可以查看期刊的基本信息。

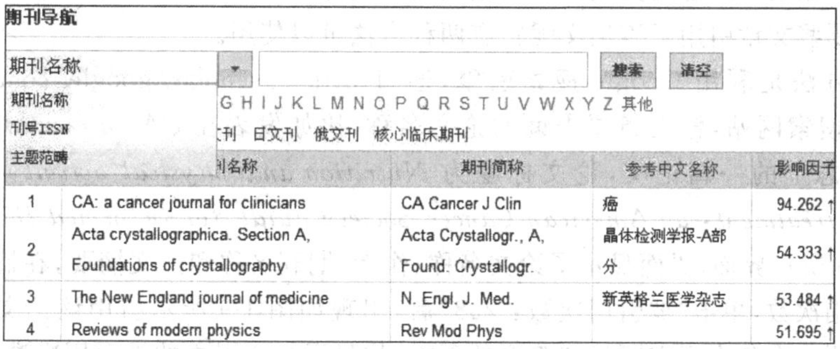

图1-6 医知网期刊导航界面查找期刊影响因子

第三种方法是利用百度或Google搜索引擎,在检索框内输入期刊影响因子或impact factor后出现多个链接,在链接界面的对话框内可输入期刊名进行查找,如图1-7所示。该方法是利用Internet的网上检索功能,使用时比较方便、简单,缺点是可信度不高,而且有时检索结果不能及时更新。

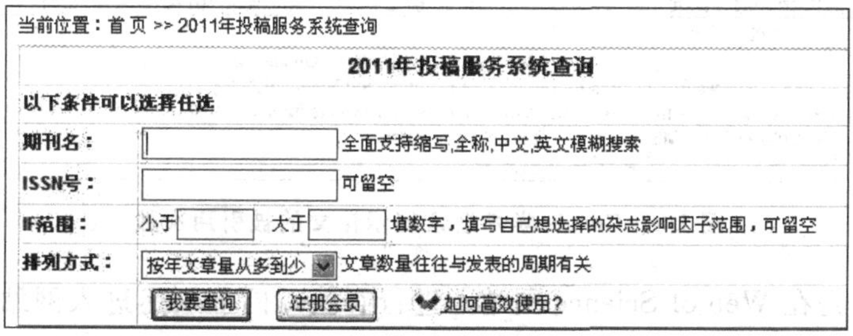

图1-7 搜索引擎查找期刊影响因子界面

第四种方法是通过网址 http://wokinfo.com/products_tools/analytical/jcr/,登录JCR网站,输入期刊名进行查找。但是该JCR数据库需要订购后才能进入,个人在使用时不方便。

除了上述四种方法，在网上还有各种下载文件可以利用，但下载文件一般不是最新的数据，在查询时只能作为参考。

显然期刊的影响因子高低与期刊的影响力和作用大小以及学术水平相关，但简单地认为期刊影响因子高，其影响力就大，论文质量就一定好的观点是片面的。因为影响因子的高低与多个因素相关。首先，影响因子是一个整体统计概念，反映的是整个期刊两年内发表的论文在一年内的被引用量，是一个总体指标，而与单篇论文没有关系，且与学科有关，不同学科的期刊相互比较没有任何意义。比如某个领域的研究论文越多，该领域期刊的影响因子可能相对高些，研究较少时影响因子则略低。而且由于期刊发行间隔及发表论文的数量不同，也能对其产生一定影响。因此在评价期刊和选择目标投稿杂志时，一定要客观看待期刊的影响因子。

1.1.3　SCI 论文被引用次数

期刊影响因子高低从一定程度上反映了整个期刊的被引用次数和影响程度，而单篇论文的被引用次数则可以客观反映出单篇论文的影响力和水平。那么如何查找单篇论文的被引用次数和哪些文章引用了该论文呢？有两种方法可以使用。

第一种方法是利用 Google 搜索引擎，通过 http://scholar.google.com/网址，进入 Google 学术搜索网站，输入想要查询的论文名称，比如发表在 CA：*a cancer journal for clinicians* 杂志上的一篇论文，论文标题为 *Nutrition and physical activity during and after cancer treatment*：*an American Cancer Society guide for informed choices*，检索后进入如图 1-8 所示界面，界面显示了论文名称、作者、期刊名称和论文摘要，在摘要下方出现论文的被引用次数，单击"被引用次数：238"后，出现如图 1-9 所示引用该论文的所有论文的题目和摘要。在各个引文题目和摘要的下方，均显示各个引文的被引用次数，单击链接后可直接进行查看。

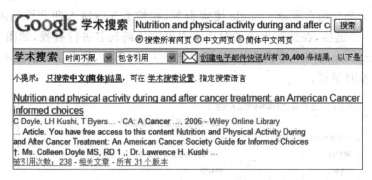

图 1-8　Google 学术搜索显示论文的被引用次数

第二种方法是在 Web of Science 网站上进行查找。同上所述进入网站界面，在检索对话框内输入论文名称后，出现检索结果，显示论文信息，论文摘要下显示被引用次数，如图 1-10 所示，单击"被引频次：162"后出现引用该文章的论文题目和摘要。如图 1-11 所示，此处截取了两篇引文进行展示，在引文的标题下方，同样也显示了各个引文的被引用次数，方便后续查找。

图 1-9　引文的题目和参考文献显示界面

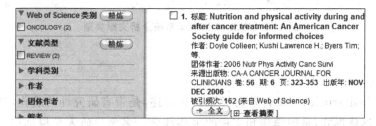

图 1-10　Web of Science 网站显示论文被引频次

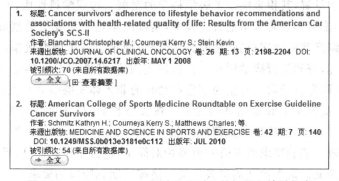

图 1-11　Web of Science 网站显示引文的标题和被引频次

1.2　SCI 论文类型和写作原则

1.2.1　SCI 论文类型

医学论文根据不同的分类标准,有不同的分类方法。比如,按照写作目的不同,可分为学术论文和学位论文,学位论文包括学士学位论文、硕士学位论文和博士学位论文。按照医学学科性质不同,可分为基础医学论文、临床医学论文、预防医学论文和康复医学论文。在SCI 论文中,目前最常用且最实用的分类标准是根据论文的资料来源和内容按照专业期刊上的栏目进行分类,这种分类方法有助于作者写作后进行投稿。那么最常见的论文类型有哪些呢？

在 Web of Science 网站上，当输入一个常规检索词如"cancer"后进行检索，出现 778 545 篇论文的检索结果，利用该网站的文献类型分析功能，显示如图 1-12 所示的结果，其中排在前三位的是论著（ARTICLE）544 931 篇、会议摘要类论文（MEETING ABSTRACT）102 385 篇、综述（REVIEW）70 362 篇。本节主要围绕几类常见的论文类型讲述其特点。

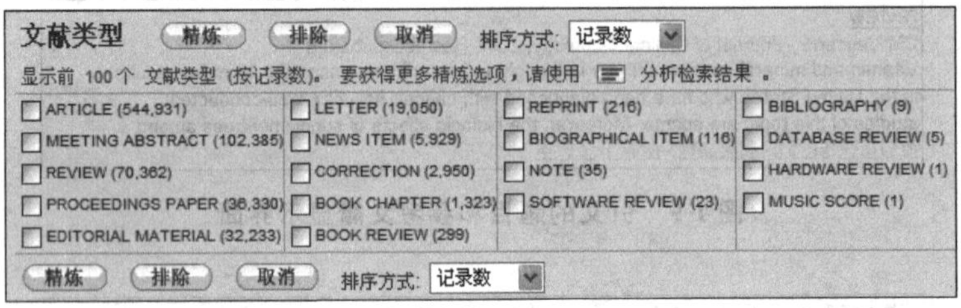

图 1-12 Web of Science 系统分析文献类型

1. 论著

论著（original articles），顾名思义指议论和著述，是带有研究性的著作，是医学论文中最常见的一种体裁形式，是医学期刊文章的主要部分。多为科研人员根据第一手的具体选题实验或临床资料进行研究，总结得出的新发现、新见解、新理论，属于原创性论文。该类论文包含新的发现和见解，其积累推动了医学科学的发展。按照学科性质，论著可分为基础医学论著、临床医学论著和预防医学论著。其中，基础医学论著主要报道基础研究成果；临床医学论著主要围绕疾病的发病机制、诊断、治疗等方面报道临床研究成果；预防医学论著主要包括卫生保健、防疫和流行病学调查。根据研究内容，论著可分为实验研究、资料分析和调查研究，而实验研究包括研究对象为细胞和动物的非人体实验研究和人体实验研究，实验通常在细胞、分子基因水平和动物体内完成。按文章长短，论著可分为短篇论著和长篇论著，其中短篇论著的一种简略形式是研究简报（short communication），两者基本格式相似，只是研究简报局限于期刊要求或者研究内容相对简单，进行了压缩而已，旨在快速发表具有初步实验结果的论文。该类论文的发表必须严格按照期刊版面的要求。

2. 文献综述

综述（review）是指作者根据科研或医疗需要，针对某一学术专题，对大量原始研究论文中的数据、资料和主要观点进行分类整理，归纳总结后写成的综合性文献，具有概述性、总结性和参考价值。综述是医学期刊中不能缺少的栏目，分为现状综述、专题综述、回顾性综述和文献综述。其中现状综述是最常见的类型，是对某一专题的近期发现做综合分析。专题综述主要是指相关专家对某一专题的文献进行分析，具有较高的权威性。回顾性综述和文献综述较少，一般不常写。另外，Meta 分析（Meta analysis）属于综述的一种，它是使用统计学方法，在严格实验设计的基础上，对同类课题的不同研究结果进行综合性总结分析。该类论文能够对已完成的实验结果做出总结，并提出新的研究问题，为下一步研究指明方向和切入点。

3. 病例报道

病例报道(case report)即个案报道,多为临床工作者在工作中对遇到的特殊或罕见病例进行的总结描述报道。大多数情况下,病例报道主要报道已知疾病的特殊临床表现、影像学资料、诊断及治疗等或在工作中遇到的罕见病例。该类论文是第一手感性的医学资料报道,有助于医疗人员进一步掌握罕见疾病或病情的特点和本质并进行交流。

4. 会议摘要类论文

会议摘要类论文(meeting abstract)比论著简单,但比论著的摘要复杂,是一篇小型的文章,是为了定期国际会议交流而出现的论文形式。每个会议对此类论文有特殊的字数和格式要求。一般实验类会议摘要包括实验目的、实验方法、实验结果和结论。需要强调的是,会议摘要发表的是未公开出版发表的内容,会议召开后,论文可以重新撰写充实后进行投稿发表。

5. 读者来信

读者来信(letters)一般是指作者对期刊以前发表的论文发表自己的观点或看法,或者对某一研究结果或结论有分歧时发表看法,也可以在论文中指出以前发表文章中实验设计、方案或讨论中存在的不足等。或者是一篇投稿论文,主编和审稿人认为该论文有一定的科学价值,但受到期刊版面的限制,只能简明报道研究情况。因此读者来信的篇幅较小,没有摘要,论文正文没有分标题。

6. 评述类论文

评述类论文(comments)的重点在于"评",即对某个期刊上某篇文章或某个观点发表自己的见解或进行一定的总结,同时提出自己的建议。一般发表此类论文的作者学术水平较高,具有一定的权威性。作者也可以就某一领域某一问题做出全面系统的总结,并对下一步的发展动向进行指点。

7. 假说和观点类论文

假说和观点类论文(hypothesis)在医学中相对少见。其主要结构是首先提出一个观点或论断,然后进行一定的推理或引证,同时可以通过一定的实验来证明提出的观点或论文。在疾病的病因研究方面,作者可以对某个疾病的发病机制以假说的形式提出,然后进行论断。有时,一些无法解释的临床表现也可以以假说的形式提出,然后推断这些表现的可能过程及结果。目前此类论文较多发表在 *Medical Hypotheses* 和 *Bioscience Hypotheses* 等期刊上。

1.2.2 SCI论文写作原则

论文是科研成果的载体,是科研的文字记录和书面总结。通过发表论文将科研实施过程和成果公布于众,凝聚着科研人员的心血,更是人类社会先进生产力发展的动力。因此,在书写 SCI 论文时,一定要遵循如下原则和要求,将科研成果科学、客观、准确地公布于众,以促进科研的进步和发展。

1. 科学性

科学研究的性质和任务决定了论文必须具备科学性这一特点,这是医学科研论文的属性和根本。没有科学性,论文就没有存在的意义和价值。如果一篇论文是伪科学的,那就不能称之为科研论文。对SCI论文而言,科学性要求论文中介绍的方法、结果、结论等是客观存在的,不带有个人偏见,且不以主观臆断,用科学的逻辑思维方式和深层次的专业理论知识,使论文结构严谨、层次分明、论据得当,且实验结果能够经得起别人验证和重复。这就要求科研人员在选题时认真阅读前人的文献,总结前人的经验;在进行实验设计时周密考虑,排除干扰因素;在完成实验、总结果后得出结论时客观真实,不带有主观色彩。在每一步实施过程中务必保持严肃认真、实事求是的态度,不片面追求理想结论,真正做到严谨、科学、客观、真实。

2. 创新性

创新性即论文具有创造性、先进性。创新性是研究的灵魂,在很大程度上决定了论文的价值和质量高低。创新性是指把以前没有的东西创造出来,把以前未发现的理论和机制加以揭示和阐述。没有创新性的研究只是简单重复,对科研发展无任何益处,只能浪费人力、物力和财力。但创新性并不能主观臆断和凭空猜想,必须以专业的理论知识为基础,对研究对象进行周密的观察、分析,在综合前人认识的基础上,从中发现别人过去未发现的问题和机制,并加以研究。科研中的创新性没有大小之分,只要具有科学的创新性,即可对科学和社会发展起到推动作用。

3. 规范性

目前科技论文的写作按照一定的规范格式进行。尽管每个期刊的具体要求不同,但在总的原则和框架下,要求基本一致,并已日趋统一化、标准化。规范化不仅有利于论文发表,还有助于学术交流、方便论文检索。为了医学论文撰写时规范化,国际医学期刊编辑委员会于1979年公布了《生物医学期刊投稿统一要求》,该文件是医学论文撰写时参照格式的标准文件。经过多次改版和修订,目前该文件对论文规范性的要求更详细。如果投稿文章不符合格式要求,可能会对文章的审理和稿件的最终结局产生影响。因此,在投稿前,应仔细阅读该文件和各个杂志的稿约,做到符合要求。

4. 学术性

学术性也可以理解为理论性。SCI论文与教材和读书笔记不同,它具有深厚的实践基础和理论知识,发表的论文往往是某一学科中的深层次理论问题。在科研过程中,研究者围绕学科中的理论问题进行研究或展开讨论而发表的观点和理论,一般都有学术性。这种新的观点和理论可以推翻旧的理论,也可以是旧理论的延伸和扩展。如此反复进行,理论高度不断上升,反过来指导实践,在新旧知识交替过程中,促进学科发展。

5. 实用性

论文的实用性即实用价值,是指论文的结果和结论能够对社会进步和人类发展产生积极效果。尤其应该注意的是,医学研究的最终目的是解决临床问题,促进人类健康。因此在日常科研工作中,应注意将科研切入点与疾病发展过程、医疗和预防联系起来,并争取在临床上得到应用。尽管有些论文目前是纯理论性质的,但随着社会发展和知识不断更新,可能反过来指导临床实践,解决实际问题。

6. 准确性

准确性不仅要求科研工作者在实验过程中一丝不苟、精确记录,在实验统计过程中服从原始实验结果,不任意篡改实验数据和结论,还要求在论文书写过程中,语言简明恰当,不含糊其辞,准确选定名词术语。在书写实验结论时,运用缜密的思维,进行分析、概括、总结,做出符合逻辑的推理。

1.3 SCI 论文结构

为了方便学术交流和文献检索,SCI 论文有固定的结构和格式,这就是前文中提到的 SCI 论文撰写时的规范性要求。尽管由于研究内容、论文类型和期刊具体要求不同,每篇论文的结构和格式不会千篇一律,但 SCI 论文总的结构和格式有其相通之处。目前论文最常见的格式是 IMRaD 格式。IMRaD 是引言、方法、结果和讨论(introduction, materials/methods, results and discussion)五个英文单词的第一个字母所组成的新单词,可以把 IMRaD 格式理解为"从引言到材料/方法,然后是结果,最后写讨论"。IMRaD 格式概括了论文中四个关键性问题,包含了论文中最基本、最重要的部分。

(1) 引言:论文中所研究的主要问题是什么,为什么研究?
(2) 方法:通过哪些手段来研究和解决问题?
(3) 结果:在这一过程中,发现了什么?
(4) 讨论:这些发现的意义是什么?

IMRaD 格式具有简单、清晰、明了并且逻辑性强等特点。该类格式有助于作者组织和撰写论文,尤其是对于初涉论文的新手而言,更能起到帮助作用。这好比是建立了一个大的论文框架,作者有方向性地向里面填充材料即可。还有助于编辑和同行专家审阅论文,有针对性地评价论文的各个方面。对读者而言,有助于读者在阅读时浏览论文的各个部分,方便把握重点和需要之处。鉴于以上优点,采用这种格式的论文和期刊越来越多,该格式也成为世界级的论文模式。然而 IMRaD 格式有其缺点和不足:①该格式未能涵盖论文中必需的、非常重要的两个部分——标题和摘要,未对这两个部分作任何提示和说明;②该格式较为死板,欠缺灵活性;③该格式并非适用于所有的科技论文,如在撰写病例报道时,就不适合选择这一格式。

根据国际医学杂志编辑委员会制定的《生物医学杂志投稿统一要求》的规定,目前国际标准化科技论文的组成部分包括:

(1) 标题及副标题(title and subtitle);

(2) 作者(author)及所在单位和地址(institution and address);
(3) 摘要(abstract);
(4) 关键词(key words);
(5) 引言(introduction);
(6) 材料和方法(materials and methods);
(7) 结果(results);
(8) 讨论(discussion);
(9) 致谢(acknowledgement);
(10) 参考文献(references)。

这10个部分是一篇论文中不可缺少的内容,除此之外,论文还可以有插图(figures)、插图说明(legends)、表格(tables)、照片和说明(plates and explanations)等可写可不写的部分。而IMRaD格式缺少了其中必不可少的5个部分。表1-1中简单列出了IMRaD格式各部分的实质内容和缺少部分。现在大家可能还对各个部分不是特别明白,但不必着急,在后续章节中将详细讲述各部分的意义和写法。

表 1-1 IMRaD 格式的实质内容和缺少部分

IMRaD 格式	IMRaD 格式各部分的实质性内容	IMRaD 格式缺少部分
引言(introduction)	① 目前研究的问题、意义 ② 该问题的研究现状	标题、作者及单位(title, author and address)
材料/方法(material/methods)	① 研究对象的资料信息 ② 实验方法和过程 ③ 主要试剂和统计标准	摘要、关键词(abstract, key words)
结果(results)	① 实验过程中新的发现 ② 实验结果的比较及统计分析	参考文献(references)
讨论(discussion)	① 根据结果得出的结论 ② 实验的不足和先进之处 ③ 对后续研究的意义	致谢(acknowledgements)

另外还要注意,文献综述类论文与论著的格式稍有不同,文献综述一般包括标题、作者、摘要、关键词、正文、参考文献以及致谢部分,而正文主要由前言、主体和小结组成,文献综述的语言非常准确,概括性非常强,在写作时要注意。典型的病例报道类论文由标题、摘要、引言、正文和参考文献组成,而正文一般分为三段式,即前言、临床治疗过程和讨论,尽管文字特别简练,但均是必不可少的部分。此处讲述了论文的大体格式和结构,在掌握了上述内容后,关于论文各个部分和不同体裁论文的写法,在后续章节中将详细讲述。

1.4 SCI 论文英语写作技巧

SCI论文多以英语发表,而我们国家的母语为汉语,因此在论文写作时,尤其对初写论文的新手而言,可能会感觉不顺手或难以下笔,以至于总感觉找不到合适的词汇来表达意思,即使是从小学就接受英语教育的学生也是如此。导致这种现象的原因主要有以下几个方面。首先,这可能与中国的教育体制有关,学生在学习过程中过分依赖课本,反复背单词以至于不能活学活用。其次是中西方文化差异。比如中国学者在 SCI 论文标题中可能会用到"Elementary introduction of"(简单介绍)、"Primary study of"(初步研究)等词,以示谦虚,然而在西方人眼里这是研究项目不深入、课题没有深意的表现,从而对论文质量表示怀疑。最后一点是许多中国研究人员在论文写作时,受汉语表达方式影响,写出来的英语句型与汉语表达方式类似,属于不地道的英语,或者有些作者在写作论文时,喜欢把论文先写成中文版式,然后再翻译成英文。在笔者看来,这是不可取的。这会导致写出的英文论文没有脱离中文稿件的束缚,甚至写出的英文是中国式英语。因此,撰写英文科研论文时,用词要注意符合以下原则:①用词熟悉;②用词具体;③用词单一;④句子要短。

下面来解释一下用词为什么要符合这些原则:首先,花哨的词语属于文学性描述语言,在写作时容易出现错误,并且科技论文讲究严谨直接,因此在选词时要注意避开此类词语,选用简单、熟悉、能够完整表达出意思的词语即可。其次,抽象与具体是相对应的,能用具体文字表述时就不要用抽象词语表述。科技论文中更倾向于使用单一用词而多不采用复合名词,但并不代表重复使用相同词语,即要掌握简单直接的要求但又避免重复。最后一点是科技论文不仅要让本专业的人看懂,即使是其他行业的专家看完后也能略知一二。另外长句式在写作时容易出现错误,因此,言简意赅的短句式在论文中是比较常见的。

在上述四个原则的框架下,还要注意英语论文的语言写作技巧主要有三个方面:一是时态的合理应用,二是词性的选择,另外一个则是英文标点符号的运用。因此,在掌握了英语选词的主要原则后,本节详细讲述这三个方面的内容。

1.4.1 SCI 论文时态

英文论文对时态的要求是极为严格的,时态直接影响句子想要表达的意思,有时时态选择的正确与否直接关系到论文能否顺利发表。中国的英语语言教育极为重视语法和时态,因此,对中国学者来说时态容易正确掌握。英文论文中出现的时态主要分为现在时和过去时。一般应用原则是:当描述作者自己在本篇论文中展示的工作时多采用过去时,因此论文的"摘要"、"材料与方法"、"结果"部分多选用过去时;当描述他人的工作时,通常使用现在时或现在完成时,如在论文的"引言"部分,多用一般现在时来描述;在论文的"讨论"部分,没有严格要求,可使用多个时态丰富论文内容;在描述一般现象、原理或众人已知的理论常识时,多选用现在时。当然,时态的选择要根据具体语境来决定,要语意通顺,符合逻辑。

1.4.2 英语词性

英语是一种极其丰富的语言,就单个词语而言,词性有代词、冠词、动词、形容词、名词等,每个单词还可能具有不同的意思;就词组而言,有名词短语、动词短语、形容词短语、介词短语、分词短语、不定式短语与独立结构等,它们在句子中可作主语、谓语、宾语、定语、状语与表语等成分。中国的英语语言教育很早就详细讲述了句子中各个单词的意思、成分、词性以及语法,因此,本节主要探讨几种常见的英语词性的用法及注意事项。

1. 代词

代词是用来指代名词的词,在论文中使用较多的是 it,this,these,those 等,有时 that,

which等词也能发挥代词的作用。在使用代词时，一定要明确其所代指的前位词，如果代词所代表的词不明确，可能会曲解句子的真正含义。在短句式中，不要过多地重复使用同一个代词，这会导致句子乏味且不清楚代词具体指代的名词。在引导定语从句时，要注意区分that和which的区别，因为这两个词经常可以相互替代，但有时也会出现交互使用后意思改变的现象。

2. 冠词

冠词分为不定冠词(a,an)和定冠词(the)。不定冠词表示"一个"的意思，a用在辅音因素前，an用在元音因素前；定冠词有特指"这个"或"那个"的意思，用在名词前，表示某个或某些特定的人或东西，或者特指世界上独一无二的事物。冠词是虚词，本身没有词义，不能单独使用，但又是句子中不可缺少的部分，用在名词前，帮助界定名词的含义。冠词虽然讲解简单，但词义众多，用法复杂，在使用时容易出现错误，因此，在写作时要注意冠词的运用。

3. 动词

动词有及物动词和不及物动词之分，在使用时，应优先选用不及物动词，而不用及物动词的被动语态。在使用时，动词可进行词性变换，在动词词尾加上-ing构成动词的现在分词和动名词形式；在词尾加上ed，en，d或t则构成动词的过去分词形式。变换后，现在分词则变成形容词的词性，动名词为名词词性。一般而言，能用动词来表示，则尽量不用动词的名词形式；能用名词作定语，则不用动名词作定语；能用形容词作定语，则不用名词作定语。因此在使用动词时要注意时态和语态的关系，选择合适的动词形式。

其他的诸如形容词、副词、介词等不再一一列出，具体参考专业英语词汇书籍。此外还有三点注意事项：①在句子中要注意名词单复数和主谓语人称的关系，切勿用混；②如果句首是数字，应该采用完整的英语表达形式，不要使用阿拉伯数字；③作为正式的科技论文，规范起见，单词的简略形式一般不采用，要写成英语全称，比如didn't，can't一般写为did not，can not形式。

1.4.3 英文标点符号

标点符号的正确使用能够辅助英文语言表达论文含义，使读者正确理解论文内涵，是语言准确性的一个方面。基于中文写作的功底，尽管中、英文标点符号有不同之处，但相较于论文写作的其他方面，标点符号还是比较容易掌握的。在英文论文中，经常使用的标点符号大约有10种，下面简要讲述其中几种常用的英文标点符号与中文标点符号的不同以及使用方法。

1. 句号

中文句号为"。"，而英文句号为"."。两者均用来表示一句完整意义话语的结束。标注句号后，紧接的下句话第一个单词的第一个字母必须大写，其余的用小写字母。句号是英文论文中最常见的标点符号之一，使用时比较简单，只需注意拼写时要在英文撰写格式下，不出现错误即可。

2. 逗号

中文逗号为"，"，而英文逗号为","，两者写法稍有不同，在使用时容易混淆。逗号是英语论文中出现最多的标点符号之一，主要用来分割句子中至少三个平行成分，但要注意后两个并列成分之间用 and 连接；当有两个平行成分时，不用逗号，用 and 连接。逗号也可以放在短语和状语从句之后，用来分割短语或状语从句与主句；逗号还可以用来分割非限制性定语从句、两个独立的分句、同位语等。在汉语表达中，起分隔句子中并列成分的标点符号是顿号"、"，英文中没有顿号，这一作用由逗号取代。逗号的功能较多，在写作时要注意写作格式和使用规则。

3. 括号

括号的使用比较简单，主要表示括号里的内容是一个插入或附加的解释成分，还可表示引用文献、英文缩写等。但在使用时要注意，中文括号和英文括号在写法上是有区别的，中文括号为"（）"，而英文括号为"()"，两者要区分开来。笔者在审阅论文时，经常发现很多作者将两者混用，或者根本不清楚两者的区别，给论文带来不好的整体印象。因此，作者在写作时要注意两者的区别，减少错误。

4. 省略号

省略号可以表示语意未尽或列举事物的省略，中文和英文省略号的写法有显著区别。在中文中，省略号输入方法是单击"Shift＋6"按钮，居于行中显示 6 个点"……"；而英文省略号是在行底处点 3 个点"..."，如果在句末有英文句号时，一共是 4 个点。在英文论文中省略号不经常使用。

5. 冒号

冒号是一个常见的标点符号，可以放在所列举的几个内容之前，或者表示句子中附加内容的解释，有时在文章的副标题前使用。冒号前没有空格，要求是一个完整意义的句子；冒号后有一个空格，可以连接句子，也可以连接名词。冒号的英文写法比较简单":"，在英文信件的称呼后，一般标有冒号，如"Dear Sir："；而在论文投稿时，撰写投稿信（cover letter）时，收信人称呼为"Dear Editor"，其后既可使用英文逗号，也可使用冒号。

6. 所有格

用来表示名词所有格的标点符号是撇号"'"，这是英文中特有且常用的标点符号。这一标点符号可以出现在两个单词的缩写形式中，如 is not 写成 isn't 形式，但在英文论文中为了规范化推荐写全拼；也可以用来表示名词的所有关系，如 the teacher's car 或 the brothers' offices 等。

7. 连字符

连字符可以用在复合词中，起连接作用，也可以用于英语字母与词的连接。在英语中形式为"-"，同撇号表示所有格一样，该符号也是英文中特有的标点符号。目前在论文中连字符的使用越来越多,如 Anti-diabetic effect、*t*-test 或 one-way ANOVA 等。

8. 引号

引号在论文中主要用于引用原作者或说话人的确切内容,尤其是在引用参考文献时。另外,在写论文、章节、短文或故事的题目时可以用引号进行标注。

此外还要注意,英文中没有书名号"《》",在出现书名、期刊名时可以用斜体或下划线表示。另外在表示强调内容时,中文文章可在文字下加实心圆点表示,而在英语论文中,可借助文字斜体、黑体或下划线等方法表示。

在讲解了 SCI 期刊和论文的基本知识,以及论文写作的基本原则和论文的格式后,英语论文的语言技巧也为顺利写作 SCI 论文做了准备,因此下一章主要围绕论文的各个部分展开讨论,详细讲述 SCI 论文各个组成部分的写作方法。在第 3 章中将围绕不同的论文体裁讲述论文的写作方法。尽管不同类型的论文格式各有不同,但均有相通之处,期待第 2 章和第 3 章的讲述能帮助大家掌握 SCI 论文撰写的技巧。

第 2 章

SCI 论文撰写

在掌握了 SCI 论文的基本知识和特点后，SCI 论文的写作将变得轻松许多。在论文写作过程中，尤其对初写 SCI 论文的新手而言，按照各部分写作的难易程度，有符合 IMRaD 格式但又不拘泥于 IMRaD 格式的写作顺序，那就是先写方法、结果，再写引言、讨论，最后写标题和摘要。实验方法在实验进行的过程中就可以写成，简单清晰。并且，在写作的过程中还可以反思方法的可行性和合理性，从而进一步指导实验。而结果只是简单客观地描述实验发现，相对来说比较容易。其他几部分需要比较多的文献知识积累。因此建议初写 SCI 论文的作者按照这一写作顺序撰写论文，这有助于论文写作的顺利完成和自信心的培养。

为了读者查阅资料方便，本章将以国际标准化科技论文的组成部分为标准，按照各部分顺序和 IMRaD 格式，深入浅出地讲述 SCI 论文各部分的写作要点和注意事项。希望本章内容能对 SCI 论文的写作起到指导作用。

2.1 SCI 论文如何命题

2.1.1 标题的意义和作用

标题也称题目、题名、文题或篇名。我国国家标准把题目定义为"以最恰当、最简明的词语反映论文、报告中最重要的、最有特定内容的逻辑组合"。即标题是论文写作的总纲，是论文内容和中心思想的高度浓缩、概括和总结；它以最精炼的单词和最准确的逻辑组合来表述论文中最深刻的特定内容，是论文的点睛之笔。标题写作的好坏直接影响到论文能否通过审稿，关系到论文能否顺利发表。很多人对论文标题重视不够，制定的标题不够恰当，以至于影响整个论文的形象和质量，从而影响论文发表。因此，标题对整个论文而言极为重要。那么，好的论文标题都有什么作用呢？

（1）审稿时，审稿人一般先审查论文标题，好的标题能吸引审稿人的眼球，给审稿人提供首要信息，使审稿人有兴趣继续阅读全文，增加论文发表机会。即论文标题直接影响论文审稿的第一印象。

（2）好的标题能够揭示主题，总结文章思想，是对论文内容的高度浓缩和概括总结，并包含了所要表达的全部信息。标题内容要全面准确地反映论文内容，这是 SCI 论文审稿评估标题是否合格的标准之一。

（3）标题是文献标引和检索资料的重要依据。读者在阅读文献前，首先依赖于文献检索，而文献检索则依赖于文献编制，标题是文献编制的主要内容。如果论文标题不当，读者可能检索不到。而且，标题还是关键词的重要来源，在用关键词查找文献时起重要作用。因此，好的标题有助于文献标引和检索资料，并确定关键词，以保证读者在查找资料时快速、准确且不遗漏文献。

(4) 好的标题有助于读者筛选阅读论文。读者拿到期刊时，一般不会全部阅读，而是根据目录中的论文标题找寻自己感兴趣的内容，从而决定精读哪些论文，略过那些自己不需要阅读的论文。因此，好的标题能够吸引读者的注意力，使读者有读下去的动力，增加论文被引用的机会。

2.1.2 标题的构成要素

标题是论文内容的高度概括和总结，其构成要素包括研究对象、研究方法、研究目的及主要结果和结论四个方面，即通过标题就能使读者和审稿人了解论文的中心内容。应该注意的是，这四个要素是否同时出现在文章的标题中，应根据需要和具体情形而定，并非每篇论文的标题中都一定具备。下面将分别讲述各个要素的意义和命题要求。

1. 研究对象

一般而言，在标题中会说明研究对象是人还是动物或细胞等，这种写法有助于读者清晰地获得论文信息。比如，以动物为实验对象时，可以把动物名加在标题里，如一篇论文的标题名为 *Short and long term effects of antihypertensive therapy in the diabetic rat*。如果动物不是一种，而是两种或多种时，则不应把动物名全部写上，而是适当调整选择一个概括性的名词。有时在标题中可使用体内实验(in vivo)或离体实验(in vitro)等词，两者是经常出现在英文标题中的短语，在多数SCI期刊中，一般要求用斜体表示，当然也有不需用斜体表示的期刊，如 Life Science 杂志。

2. 研究方法

随着实验规模的增大、检测手段和研究方法的提高，大多数实验采用多种研究方法来阐明科学问题，而采用一种实验方法的文章已越来越少见，因此，标题中出现研究方法的论文也随之减少。但如果论文采用的方法是新技术或是旧方法在新领域的应用，则可以在标题中写出，以增加新颖性。

3. 研究目的

读者在检索文献时，一般根据标题决定是否继续阅读，因此论文标题一定要准确反映研究目的，以增加文章的吸引力。为了照顾题目字数和整体的简洁性，研究目的不必写得过于详细。

4. 主要结果和结论

两者主要表达该论文对科技发展的主要贡献，也是论文被接收的主要砝码，集中体现了论文的创新性和价值。通过阅读论文标题，读者或审稿人就能知晓论文的成就。这种写法在SCI论文标题中比较常见，但在描述时，一定要注意词语的准确性和数量，避免给人造成标题冗长乏味的感觉。

需要注意的是,这四个构成要素在英语中是以名词或名词短语的形式出现的,即 SCI 论文标题由多个名词或名词短语加上修饰定语通过连接词联系在一起,因此,在确定标题时要遵循以下命题原则。

2.1.3 SCI 论文命题原则

一个好的标题应该用最少的文字和最精确的词语最准确地概括出论文内容,这是命题原则的核心。因此,在命题时应符合以下要求。

1. 新颖

标题应该能够突出表现论文的创新性和独特性,以吸引读者和审稿专家。因此,在命题时,切忌千篇一律,应尽量避免如"研究、分析、探讨"之类的陈词俗套,以免给读者和审稿专家留下模仿、陈旧的印象。但是"语不惊人死不休"的论文标题应该有相应"惊人"的实验方法和结果与其相配。否则,如此在题目上大做文章,有失真实,反而会成为编辑拒稿的理由,或者在接收后令读者失望。因此,在命题时,要准确把握标题新的程度,做到既不陈旧,又不夸大。

2. 简洁

过长或过短的标题都不能称为一个好的标题。过短,则不能完全概括出论文内容,不利于读者了解论文信息;而过长的标题虽然能概括出论文内容,但会给人冗长拖沓的感觉,均会影响读者和编辑阅读论文。最好的长短程度是能达到"增之一分则太长,减之一分则太短"的境界。因此,论文标题应做到简短、精炼并高度概括。如果论文内容层次很多,实在难以简化,可以采用主、副标题相结合的方法,既有层次又能完整阐明论文内容。

3. 准确

标题应与论文内容相符,即文要切题、题要得体。要避免名不副实或文题不符,否则会有歧义现象发生。在命题时,标题与论文内容要紧密相扣。为确保标题含义准确,应避免使用非定量的、含义不明的词语,并力求用词具有专指性。

4. 规范

每个期刊对论文的具体要求是不一样的,因此在命题时,一定要严格按照稿约或作者须知的要求来完成。标题命好后,要严格对照各学科的主题词表进行核对,检查是否符合要求,要尽量采用主题词术语,避免一般性术语,以增加计算机检索时的检出率。

2.1.4 命题注意事项

命题就是为科研论文撰写标题,尽管每个期刊的具体要求不同,但有其相通之处。作者在命题时,有以下几点需要注意。

(1) 字数限制:英文标题最好不超过 15 个单词(或 100 个英文字符,含空格和标点符号)。关于字数,有的期刊有其具体要求,比如 *Science* 杂志要求论文标题不超过 90 个字符,*Journal of Biological Chemistry* 杂志要求论文标题不超过两行。

(2) 标题中严格限制缩略语或简称的使用,因为这两类词可能会引起误解,除非是国际通用、众人皆知的缩略词或简称,如 RNA、DNA 等。

(3) 标题中要完全避免罗马数字的出现,如必须使用,可以把数字改为英文,如 "167 例"改为"One hundred and sixty seven cases"。

(4) 标题中英文字母大小写问题:在国际上,不同期刊对标题中字母大小写要求不同。目前,标题中字母大小写主要有三种格式:第一类是标题的全部字母都要求大写;第二类是标题中每个词的首字母需要大写;第三类是题目中只有第一个词的首字母大写。目前,采用第一类写法的期刊越来越少,多数采用第二类写法。作为作者,必选严格按照期刊要求,选择合适的题目格式。

(5) 要严格按照上述命题四原则,避免题名不准、题名太大/太小、题名难懂、题名抽象等问题出现。在命题过程中,稍有不慎,就可能出现失误,甚至影响论文投稿过程。因此在命题时,必须严格把关,仔细思考。

(6) 副标题的使用:当主标题不足以把论文意思完整表述出来或论文层次复杂、内容较多、难以简化时,可以选择增加副标题,用来补充论文中的特定内容;或者在主标题相同的情况下,根据不同的研究结果,使用不同的副标题指出内容;或者使用副标题作为引申或情况说明。在使用副标题时,要用冒号与正标题分开,连排。对同一课题的一组文章,原则上应该按照不同的研究方法和内容分别独立命题,不宜采用系列题名的方式,即主标题相同,序号和副标题采用不同的序号处理方式。

笔者根据自己积累的经验,向各位读者推荐两种比较实用的命题方法。

(1) 在论文撰写过程中,作者会查阅大量的文献并阅读,作者可以根据文章的标题,选择与自己主题和内容接近的论文,总结其标题的特点,借鉴其长处,分析标题中使用的短语,按照论文内容将短语组合起来,得出自己独特的论文标题。

(2) 在命题时,首先写出几个关键词供选择,然后根据关键词,在论文写作前自行拟定 2~3 个标题,这些题目涵盖论文的全部或部分关键词,并阐述了论文的主要结论。在文章写作过程中不断修改,最后论文完成时反复思考、推敲,最终确定论文标题。

总之,论文标题是论文的眼睛,起非常重要的作用。在撰写论文的过程中,花多少心思和力气放在标题上都不为过。在投稿前,作者一定要仔细研究"稿约"或"作者须知"中的具体要求,使论文标题符合期刊要求,增加论文被接收的概率。相信各位作者按照上述四原则和以上注意事项,定能为论文命出符合规格的高水平标题。

2.2 如何署名和书写单位地址

2.2.1 署名的意义和作用

在追求合作双赢的现代化社会,很少有一件事情是个人在没有其他任何外界的协助下完成的。在进行实验和论文写作的过程中,也是如此。大多数情况是几位作者共同为该研究做出贡献和技术支持,那么在论文发表时,整个论文会由好几个作者来署名,那么署名都有什么意义和作用呢?

1. 承担社会责任，文责自负

署名的作者，或参与实验的全部或部分工作，或参与论文撰写，最后均同意文稿版本的发表，对本文内容负责并能进行答辩。署名要求作者对所发表的学术论文的内容及发表后产生的社会效益共同承担学术责任，同时也对论文发表后可能产生的不利影响和后果承担不可推卸的责任。如果论文存在科学或道义上的问题，那么全部署名作者都负有一定责任。因此在署名时要注意，责任是第一位的，其次才是署名带来的荣誉。

2. 文献检索需要，引用文献

文献检索时，有四种方法可以采用，即作者检索、题目检索、主题检索和分类检索。其中，作者检索是文献检索的重要方法之一。另外在引用文献时，有的期刊仅要求列出前三个署名作者的名字，有的期刊要求列出全部署名作者，因此作者署名是读者引用和著录参考文献的重要内容。

3. 代表成果归属，职称晋级

作者署名后，即认定全部作者对论文拥有著作权，对论文成果拥有优先权，是论文的法定主权人，受国家法律保护，其合法权益不受侵犯和剽窃。为避免论文出版后的矛盾，有的期刊在论文发表时，要求作者填写《版权转让书》，其内容不仅包含作者的责任、修稿要求等，还包括版权转让协定等相关内容；有的期刊要求全部作者签名，但也有期刊不要求论文发表后转让版权，即作者可保留文章的版权，具体情况视出版社和期刊要求而定。

论文发表，是科研成果的认定，是学术成功的标志，因此，署名也是专业成绩大小的凭证。目前在很多医院和单位，发表论文的数量和质量是职称评定和晋级的重要依据。根据作者署名，准确评估职称申报者的科研水平，也是各级政府实施奖励的依据。

4. 通信联系需要，解答问题

作者署名除署上作者姓名外，还要求填写作者的通信地址和 E-mail 地址，为读者和作者之间、作者和编辑及审稿人之间架起沟通的桥梁，是相互联系必不可少的内容。读者可以通过这些联系方式直接向作者请教问题、索取论文资料或实验材料等。一般读者在请教或咨询后都会得到相应的回应，这也是署名作者对读者的一种义务。

2.2.2 署名的资格和形式

既然论文署名有如此重大的意义和作用，那么只有符合一定要求的作者才有资格在论文中署名。为此，国际医学期刊编辑委员会在作者身份标准中明确规定，身为作者须符合以下条件：①参与研究构思、设计或分析以及资料的解释；②撰写部分论文或参与论文重要内容的修改；③同意最后的修改稿发表。这三条必须全部具备才符合作者署名资格。目前在国内，虽然尚无统一的作者身份认证标准，但署名作者至少也要满足上述三点。因此对某些仅参与部分工作、审稿校对的人员或提供病例资料的单位和个人，不应列在作者中，可列在致谢部分向其表示感谢。由此可见，论文作者署名是一件非常严肃的问题，需要大家重视,把"可能沾边"和"直接不沾边"的作者清除出去,维护论文成果的所有权。

根据实验完成和论文撰写情况,署名形式分为个人署名和集体署名。其中个人署名形式包括单一作者署名、同一单位两人以上作者署名和多个单位多名作者署名(单位的数量一般少于3个)。如果整个实验过程和工作是由一个人来完成的,那么署名形式为单一作者署名,但这种署名形式随着实验扩大和交流互助的增加而逐渐减少,属于目前极为少见的形式。多人共同完成实验并进行论文撰写时采用多人署名形式,随着学科间综合性实验的增加和交流互助的频繁,这种署名形式呈现增多趋势并占绝大多数。多人署名有两种情形:一是所有作者均在同一单位,二是多个单位多名作者,单位的数量一般少于3个。同一单位两人以上作者署名时,要按照贡献大小进行排序,以免有争议发生。多个单位多名作者署名的形式比较麻烦,最好在实验开始前确定单位之间排序,并确定单位内部不同作者的顺序,最后按照不同单位进行混合排序。为了实验顺利进展和以后互助合作,一定要处理好署名排序,避免矛盾发生。集体署名的科研项目一般趋向于综合化、社会化和国际化。近年来,国家合作项目逐渐增加,多个国家或多个研究单位集体参与的科研日益增多,在署名时,个人与个人、单位与单位之间的贡献很难区分大小,署名先后顺序也不易确定,这种情况宜采用集体署名的形式,即在论文标题后依次列出作者单位,在文后列出作者姓名。这种署名形式要求既能兼顾集体又能照顾个人感受,但每个集体中各个作者的贡献和责任是不一样的,因此在署名后列出各个作者姓名时最好能够按照贡献大小进行排序。

在作者署名时,有几点需要注意:

(1) 论文作者署名不宜过多,尤其是个人署名的情形,一般不超过5~6人,如果人数过多,有的期刊可能要求作出解释,来说明署名作者各自的贡献。因此不符合作者资格但也对论文完成有贡献的人可列在致谢部分,但须征得被致谢者同意。

(2) 如果有的作者在文章发表时已去世,应该在姓名外加黑框以示区别。

(3) 由于署名具有法律效力,受法律保护,因此在署名时应该署全名、真名,笔名、佚名等不应出现在论文署名中。

(4) 在署名时,对论文没有任何贡献的科研单位或党政官员和领导以及论文审稿专家不能列在其中,并且在致谢中也不能包括此类人,要严格避免从未参加过实验和对本实验毫无了解的作者出现在论文署名中。

(5) 署名时,一定要征得作者同意,尤其对某个领域的权威而言,因为只要挂上他们的名,论文就很容易发表,为了维护论文的知识产权和论文发表的公平性,一定要避免此类事件发生。

2.2.3 作者署名不同称谓的含义和排列顺序

在作者署名排序中,大家最关注两个位置,一是第一作者,另一个是通信作者,那么这两个称谓都有什么含义呢?具有什么资格才能在这两个位置署名呢?

1. 第一作者

在SCI论文中,第一作者译为first author,是整个署名中最重要的人物,对该作者身份的要求是:必须是参与全部或大部分研究工作的人,是对本论文全面负责和贡献最大的作者。在整个研究工作中，如果分工明确，第一作者完成大部分工作，而其他人只是互相帮助，彼此协作，那么第一作者的人选毋庸置疑。但有时在大的课题中，一人负责一部分，实验完成后结果汇总写出综合性论文时，第一作者就会有争议。这时，各位作者应该平衡权益，彼此退让，沟通后得到让大家满意的结果。为了解决这一矛盾，催生出共同第一作者（co-first author）这一称谓，即列出各个作者的姓名后，在这些作者姓名右上角使用符号（如 * 或 ♯）进行标注，或者在脚注中标明，表示共同第一作者与第一作者对研究工作的贡献是等同的。这种写法大多出现在综合性和协作化的科研项目中。为了避免矛盾和尴尬，在实验开始前谈妥甚至签署协议书，不失为明智之举。

2. 通信作者

通信作者在英文中译为 corresponding author，一般是导师或课题科研项目总负责人，该作者的责任是承担课题整体设计和指导，掌握数据资料，全面处理投稿和修改审稿意见、回复读者咨询问题等工作。因此，通信作者又叫责任作者，在课题整体设计和实施过程中，其贡献可能要高于论文第一作者。在署名时，通信作者应使用符号标注，并且要提供其详细的信息，如工作地点、通信地址、E-mail 地址和电话等。随着科研范围扩大，与共同第一作者一样，出现了共同通信作者（co-corresponding author）这一称谓。这种情况多出现在有两个或多个单位参与的科研项目，有时为了解决作者资格排序问题，可以考虑采用这种方式。但一定要在作者姓名的右上方用符号标注或脚注说明。

目前作者署名排列顺序的原则是根据所做实验工作的重要性和对论文贡献的大小进行排列，避免按资论辈的现象。署名时，第一作者是第一位的，这是毋庸置疑的问题。关于通信作者的位置，大多数期刊要求置于最后一位，并在姓名右侧上角加标注以示区别，而有的期刊要求置于第二个位置。在确定通信作者的人选后，通信作者的位置一般不会有大的争议。如果第一作者和通信作者是同一人，则在第一作者姓名右上角加标注以示区别。矛盾一般出现在中间位置人选的确定上。在研究中，具体贡献大小很难直接量化，不可能做到百分之百的公平合理。一般而言，第二作者对论文工作做出了显著贡献，而第三和第四作者的贡献在原则上没有本质区别。因此，在署名时，要坚持责任是第一位的，避免斤斤计较，在沟通交流的基础上尽量保证每个人都满意地接受安排。

2.2.4　中国作者译名的方法

根据国家标准，中国人姓名在英译时采用汉语拼音的写法，姓和名分开来写，姓可在名前也可在名后。目前在 SCI 论文中，中国人的姓名有不同的表达方式，尚无统一标准，比如"王小明"，其常见的译名表达形式和检索关键词如表 2-1 所示。在投稿时，比较可行的方法是作者可以下载几篇已经在欲投稿杂志上中国人发表的文章，参照其署名格式并严格按照稿约中作者须知的要求，采用其规定的表达形式。另外还要注意，作者在 SCI 期刊上投稿的所有署名应该一致，以便于读者进行检索，并可以表明成果归属权的问题。因此，第一次发表文章的署名非常重要。

在论文中，作者姓名一般写在标题下方，居中。多个作者时，用逗号分开，最后一名作者的前面改用 and 相连。作者署名的右上角须标注符号或数字，在其下对标注符号或数字的意义进行解释，用以说明不同工作单位和作者身份。

表2-1 中国作者译名常见表达形式和检索关键词

常见表达形式	表达形式	检索关键词	较少见表达形式	表达形式	检索关键词
	Xiaoming Wang	Wang, X		Wang Xiaoming	Wang, X
	XiaoMing Wang	Wang, X		WANG Xiaoming	Wang, X
	Xiao-Ming Wang	Wang, XM			

2.2.5 如何书写单位地址

在过去没有电子邮件联系方式时，论文投稿和相互沟通联系主要通过邮寄的方式来完成，因此在论文中书写单位地址是一件非常重要的事情，尽管现在 E-mail 和电话已成为主要的联系方式，但在论文中仍需书写单位地址，主要作用有三个：一是有助于确认论文来源，进一步核对其真实性；二是便于读者和作者联系，向作者咨询、请教问题；三是便于杂志编辑部和作者联系。那么如何书写单位地址呢？

在论文稿件上，标题正下方是作者姓名，在作者姓名下方书写单位地址。一般单位都有英文名称，要按照统一译法写出英文全称，并按照由小到大的顺序，写出单位所在地和地址，要详细到街道名、城市、国家和邮政编码等。如果有两个或多个单位地址时，可以根据投稿杂志要求，在作者姓名右上方标注不同符号（阿拉伯数字或英文字母）来表示不同单位，要写明所有单位的名称，但有些杂志仅要求写出通信作者的地址。具体要求要严格按照期刊稿约来完成。

下面列出了一位中国作者2011年发表在 *The New England Journal of Medicine* 杂志第365卷4期370～372页上的文章，该篇论文体裁为综述，标题为 *Stem cells and eye development*，单位地址书写如下，仅供参考：Molecular Medicine Research Center and Department of Ophthalmology, State Key Laboratory of Biotherapy, West China Hospital, Sichuan University, Chengdu, China.

2.3 如何撰写摘要

2.3.1 摘要的意义和作用

摘要又称概要或内容提要，即为 SCI 论文中的 Abstract 或 Summary。为了国际学术交流需要，联合国教科文组织在科学技术杂志准则中规定，摘要是论文的必要部分，不仅英文论文中应附有摘要，非英语论文中也应附有英文摘要。《科学技术期刊编排规则》（GB 3179—1982）中规定，在科技期刊上发表论文应附有中英文摘要。这说明，在整个论文中，撰写英文摘要有其重要性和必要性。那么摘要是什么呢？具体有什么作用呢？

摘要是一篇较长文章主要观点的概括总结，它以最少的文字总结论文的主要观点和内容，是全文的浓缩和精华所在。摘要用词简练，能够简明扼要、准确地概括出全文信息。摘要的内容包括论文的研究目的、意义、方法、重要结果和结论。读者拿到全文后，不看原文，通过阅读摘要就能了解全文的主要信息。尽管在 IMRaD 格式中不包括摘要，但在整个论文中，摘要具有十分重要的意义和作用，简述如下。

1. 用于审稿过程

审稿人在审理稿件时，首先接触的是论文标题和摘要，而论文标题太短、太凝练，不足以概括总结全文内容，而摘要可以补充题目的不足。审稿人通过阅读摘要大体掌握论文内容后，决定对稿件是否有兴趣或者值得花时间审阅稿件。因此，摘要质量直接影响到论文能否及时顺利发表。

2. 提供论文信息

摘要以提供论文内容为目的，不添加任何评论和补充解释，涵盖论文主要内容，自身构成一个小型文章。读者在阅读文献时，通过摘要，不需阅读全文也能了解文章阐述的主要内容。根据摘要内容，读者决定是否有兴趣阅读全文，这样既浏览了大量信息，又节省精力。因此，好的摘要不仅提供信息，还能吸引读者阅读全文，增加文章被引用的概率。

3. 文献检索需要

摘要是二次文献的著录内容，读者在数据库内查找论文时，首先显示的是论文标题和摘要，摘要中包含足够的关键信息。同时，摘要索引也是读者检索文献的重要工具。论文发表后，文摘杂志或各种数据库对摘要可以不作修改或稍作修改而直接利用。因此论文摘要的质量高低，直接影响论文被检索率和被引频次，影响论文的交流和传播。

2.3.2 摘要的分类

目前，摘要有两种分类方式：一是按照摘要内容分类，二是按照摘要形式分类。按照摘要内容分类时，可以把摘要分为报道性摘要、指示性摘要和报道-指示性摘要；还有一种是分为信息性摘要（等同于报道性摘要）、描述性摘要（等同于指示性摘要）和评论性摘要（等同于报道-指示性摘要）。按照摘要形式分类，摘要可分为结构式摘要和传统式摘要。

报道性摘要相当于论文简介，是说明文献主题范围及内容梗概的报道性短文。报道性摘要一般包括论文目的、方法及主要结果与结论，要求用有限的词语提供尽可能多的定性或定量信息，因此也等同于信息性摘要。一般报道性摘要篇幅稍长，在300字左右，学术性期刊或论文集中的研究原著多选用报道性摘要的形式。指示性摘要主要描述论文的主题范围和内容梗概，一般不包括具体方法、结果和结论，因此也等同于描述性摘要。该类摘要的目的是使读者对研究的主要内容有一个大致的了解。创新内容较少或数据不多的论文，其摘要可写成指示性摘要。该类摘要篇幅较短，以100字左右为宜。报道-指示性摘要介于上述两者之间，一般以报道性摘要的形式描述论文中价值最高的内容，其余部分则以指示性摘要形式表达。该类摘要侧重于说理和评论，多用于理论型和综述类论文，篇幅在200字左右。以上三种摘要形式都可供作者选用。但一般原则是，向学术性期刊投稿时，研究原著应选用报道性摘要形式；创新内容和数据较少的论文，其摘要可写成指示性摘要。综述或理论类论文一般写成指示性摘要或报道-指示性摘要。作者要根据论文内容和期刊要求选择合适的摘要形式，以增加论文的吸引力和被引频次。

在论文撰写和阅读文献的过程中，较方便的分类方法是按照摘要形式进行分类，可将摘要分为传统式摘要和结构式摘要。传统式摘要不分段，不加内容小标题，以整段的形式概括论文主要内容，全段层次清晰，逻辑合理，衔接性强。大多数社会医学和传统医学如中医等，倾向于采用传统式摘要。论文类型为综述、述评、病例报告及读者来信之类的文献，不太适合结构式摘要，多选择传统式摘要形式。随着期刊规则的修改，目前大多数SCI论文采用结构式摘要，作者要按照一定的结构模式撰写，不能随心所欲。这种摘要形式也称为"更多内容摘要"，是指从内容上看该类摘要属于报道性摘要，包含的信息量大，内容主要包括研究的背景、目的、方法、结果和结论；从结构上要求摘要有小标题，分为四部分，即目的、研究设计和方法、结果和结论，而有的杂志要求将摘要分为六部分，即背景、目的、方法、结果、局限和结论。不论期刊要求如何改变，这种结构式摘要总的框架是不变的，作者在写作时根据内容小标题来撰写，思路清晰明了，读者在阅读时易于抓住重点。

2.3.3 摘要的内容和字数要求

1995年，Jenkins提出摘要具有四大要素：研究目的、方法、结果和结论。尽管有的杂志要求将摘要分为六部分，但现在大多数杂志在稿约中要求摘要按照这四个部分来撰写。目前不论是结构式摘要还是传统式摘要，其内容都包括以上四个方面。本节将以已经发表的两篇论文的摘要为例，详细讲述摘要各部分的内容和写作方法。这两篇摘要分属于不同的形式，例2-1是典型的结构式摘要，例2-2为传统式摘要。例2-2为一段式摘要，为了方便分析，在例2-2中进行了标注，将整段内容分为了四部分。

例 2-1 摘自 *A new rat model of human breast cancer for evaluating efficacy of new anti-cancer agents in vivo*

Purpose：Advanced stage breast cancer patients may benefit from high dose chemotherapy, but only a minority will respond. A method to select non-responders as early as possible is essential for preventing unnecessary toxicity, possibly enabling a switch to an alternative treatment. Positron emission tomography (PET), a noninvasive molecular imaging modality, is able to detect functional changes well before anatomical changes are visible. The purpose of the present study was to develop a rat model of human breast cancer suitable for PET. This model, together with PET, would provide a means for investigating the efficacy of new anti-cancer drugs in an experimental setting.

Methods：Human breast cancer cells MDA MB231 were injected subcutaneously into nude rats. Tumor take, tumor doubling time and growth inhibition after treatment with maximum tolerable doses of 5-fluorouracil, doxorubicin, cyclophosphamide and paclitaxel were established. As thymidine competes with ^{18}FLT and plasma thymidine levels are high in rodents, this could affect ^{18}FLT uptake. Therefore, use of thymidine phosphorylase to lower plasma thymidine levels was investigated. Finally, as an illustration of the potential use of the model, a pilot PET study was performed using ^{18}FDG and ^{18}FLT.

Results：Tumor take rate was 68% when matrigel was conjected. Tumor doubling time was 6 days. Treating animals with anti-cancer drugs resulted in tumor growth inhibition ranging from 7% to 68%, depending on the type of drug. Using thymidine phosphorylase, plasma concentrations of thymidine could be decreased by more than 80% and these reduced levels were stable for more than an hour, i.e., long enough for a PET study. Tumors could clearly be visualised using ^{18}FDG and ^{18}FLT PET.

Conclusions: A new in vivo breast cancer model was successfully established in nude rats, allowing for quantitative PET studies of anti-cancer agents.

例 2-2 摘自 *Effect of 5-Fluorouracil Treatment on SN-38 Absorption from Intestine in Rats*

①5-Fluorouracil (5-FU)-based chemotherapies with irinotecan have been applied for the treatment of cancers, and a common dose-limiting toxicity is neutropenia and diarrhea. In this study, we investigated the effect of 5-FU treatment on expression levels of drug transporters for SN-38 transportation and SN-38 absorption from the intestine following 5-FU treatment. ②Expression levels of several drug transporters and unclear receptors in rats after 5-FU treatment were evaluated. SN-38 absorption from the intestine was evaluated by SN-38 concentration levels in serum following SN-38 injection into the intestine of 5-FU treated rats. ③The levels of renal multidrug resistance protein 2 (Mrp2) on day 4 after treatment (400 mg/kg) showed significant upregulation, (359.2±33.2)% (mean±S.E.) of control. Mrp2 levels in the intestine were downregulated to (26.2±8.4)% of control. 5-FU treatment (400 mg/kg) also significantly downregulated expression levels of P-glycoprotein (P-gp) and breast cancer resistance protein (Bcrp) to (41.2±14.7)%, (15.7±4.3)% of control, respectively. To evaluate SN-38 absorption from the intestine, SN-38 was loaded in to the intestine on day 4 after 5-FU treatment. Pretreatment with 5-FU significantly increased SN-38 concentration in the blood 30, 60 and 90 min after SN-38 administration. The area under the curve for SN-38 in the 5-FU group was significantly higher than in vehicle groups. 5-FU treatment decreased expression levels of P-glycoprotein and Bcrp in intestine. ④The present study suggests that combination chemotherapy of 5-FU with irinotecan (CPT-11) may elevate SN-38 absorption from intestine.

1. 目的

目的(objective, aim, purpose)是指简要而准确地描述实验和撰写此文的意义或本文欲解决的主要问题。一般用2～3句话交代文章的定位，语言简明扼要、清晰流畅。如果有多个实验目的，则选择主要的加以说明。在目的中，应尽量少地涉及背景信息，除非是与本实验相关的。另外还要注意，摘要的第一句话尤为重要，要避免重复标题内容。

从上面的两个例子可以看出，例2-1的目的稍长，共有五个句子。分析一下可以发现，前三句话主要描述实验研究的背景，第一句话指出了目前临床化学疗法治疗晚期乳腺癌的现状和存在的问题，第二句话指出了为改变现状欲解决的问题，第三句话指出了欲解决第二句话中提出的问题可能采用的方法。最后两句写出了本实验的目的，通过建立鼠的模型，联合第三句中的方法，来解决第二句中欲解决的问题，以推进第一句中的现状并解决第一句中的问题。可以说，目的中的这五句话层层相扣，逻辑清晰明了。在例2-2中，仔细分析可以发现，前两句话可以归为目的一类，与例一相比较，该部分稍短。其中第一句话指出了研究背景，第二句话用一长句指出了本实验的研究目的，简单明了。两者各有千秋，适应不同的论文，且与期刊要求有关。

2. 方法

方法(methods)部分主要描述论文中的实验设计、实施过程和采用的实验手段，包括研究对象，研究对象的主要特点和特征，如何分组进行处理，所用的主要设备、试剂和检测方法和观察的指标等。方法承接目的中欲解决的问题，即围绕如何解决问题进行展开。在方法描述中要注意，不能泛泛而谈，要按照实验顺序，有逻辑有条理地展开描写，使读者在阅读完此部分后，能够对实验的开展过程有大体了解。

该部分在撰写时比较简单，把握重点合理概括即可。从上面的两个例子可以看出，例 2-1 的方法描述共五句话，从这五句话可以得出此实验的研究对象、实验进展过程和主要试剂。在例 2-2 中，第三、四句话(标注为②)可归为方法部分，这两句话同样总结出了研究对象、处理方法及处理后检测指标的方法。两者大同小异，在本质上没有区别。

3. 结果

结果(results)是摘要中的主要部分，也是论文中最应展示的内容。其撰写原则是重点描述本研究的主要结果和创新性发现，包括观察的现象、主要数据和有无统计学意义等。但要注意，结果不是简单地罗列实验得出的数据，而是有选择、有逻辑地向读者展示获得的有意义的结果，可以按照实验展开的时间顺序进行描写。在上述两个例子中，例 2-1 的结果部分详细描述了根据实验过程得到的数据和结果。在例 2-2 中，标注为③的部分可归为结果，占了较大篇幅，详细描述了应用不同处理方式取得的数据。

4. 结论

结论(consclusions)部分主要阐述根据实验结果得出的创造性结论及可能的应用价值，也可以提出有待于解决的研究问题。在结论写作时要注意，结论的总结要与段首的目的呈现首尾呼应的关系，要围绕目的结合实验结果下结论，使结论言之有物，有根有据，言简意赅。有时在与他人研究结果相比较后，可以得出本实验的贡献、创新和独到之处，有助于吸引读者注意力。例 2-1 的结论部分和例 2-2 的最后一句话均简明扼要地写出了论文的结论。

从上述两个例子可以看出，不论是何种形式的摘要，其内容均包括上述四部分内容。那么摘要在文章中占有多大篇幅，用多少字进行描述比较合适呢？摘要是简略概括论文内容，篇幅小、内容精是其特点。一般而言，摘要的平均长度是 200 个单词，绝大多数在 150～250 个单词之间，一般不超过 300 个单词。也有的专家建议结构型摘要最长为 250 个单词，传统型摘要实词 150 个。上述两个例子中，例 2-1 字数为 288 个单词，例 2-2 为 246 个，充分体现了结构型摘要单词较多，传统型摘要单词较少的特点。关于字数的具体要求，各个期刊的要求是不一样的，因此在决定投稿期刊后，一定要按照稿约认真修改，确保写出符合内容的摘要。

2.3.4 摘要的时态和语态以及常用句型

1. 时态

生物医学论文的摘要中,关于英语时态的运用尚无统一标准,因此在写作时要根据具体情况而定,力求表达自然、简练、妥当。通过总结数篇论文摘要的时态发现,摘要中英语时态变化较多,包括一般现在时、一般过去时、现在完成时等。统计下来发现,以一般过去时居多,尤其在结果描述中。即总原则是,在摘要的时态中,多采用一般现在时和一般过去时,很少采用现在完成时和过去完成时,而现在进行时和过去进行时则一般不用。在此,根据上文的两个例子,介绍各个时态应用要求。

(1) 一般现在时:主要用于描述实验的研究背景、说明实验目的、描述论文结论等,句子内容不受时间影响。在描述真理性、自然规律、永恒定律时也用一般现在时。如例2-1的目的和例2-2的最后一句表示结论的话采用的都是一般现在时的时态。

(2) 一般过去时:在描述实验程序、实验方法和结果及发现时,主要采用一般过去时,说明当时发生的情况。在例2-1中,除目的以外的其余部分和例2-2表示方法和结果的部分均采用一般过去时的时态。

在例2-1和例2-2摘要中,也有采用一般将来时、过去将来时和现在完成时等时态的部分,但运用较少,暂不做描述。然而,不同期刊对时态的运用有不同的要求,有的杂志要求比较特殊,比如 *Cell* 杂志要求摘要全部采用一般现在时。因此,在投稿前,要仔细阅读稿约,严格按照稿约来修改论文摘要。

2. 语态

语态分为被动语态和主动语态,两者各有优势,在具体采用时,既要满足表达需要,又要综合考虑论文特点。在英语摘要中,以被动语态使用居多。使用被动语态主要是为了说明事实经过,强调动作的承受者符合客观事实。而主动语态因其文字表达清晰、简明,能够突出动作的实施者,近年有使用逐渐增多的趋势。

在上述两个例子中,既有主动语态,如"Advanced stage breast cancer patients may benefit from high dose chemotherapy, but only a minority will respond",又有被动语态,如"5-Fluorouracil (5-FU)-based chemotherapies with irinotecan have been applied for the treatment of cancers, and a common dose-limiting toxicity is neutropenia and diarrhea"。两种语态没有必然的优劣,在使用时需仔细推敲和斟酌。

3. 常用句型举例

虽然摘要写法千差万别,但对母语为非英语的作者来说,掌握几类常用的英语句型可以起到辅助摘要写作的作用。

1) 表达研究目的

The purpose of this study was to test/explore/examine/investigate/determine/compare…

The purpose of this paper is toreport/analyse/disscuse…

The aim of this study was to…
To evaluate/determine the…

2）表达研究方法

a pilot study was performed using…
by means of…
by the use of…

3）描述研究结果

The results suggest/indicate/show/demonstrated that…
The date/experiments suggest/reveal/show that…

4）总结结论

It is concluded/believed/pointed out/indicated that…

2.3.5 书写摘要的注意事项

摘要是论文中非常重要的部分，但在摘要写作过程中，有时会出现散漫、信息量不足、重要环节被遗漏、重点不突出等问题，有时又会出现重复论文标题、结果罗列过于详细等问题，即不了解哪些内容应该置于摘要中，哪些应该被省略。为了避免上述情形的发生，写出高质量的摘要，在写作时要注意：

（1）摘要是论文的高度概括和总结，在写作时要认真推敲，字字核对，精益求精。
（2）摘要中要严格避免图和化学结构式、数学公式的出现，只是文字描述。
（3）避免阿拉伯数字作为第一个词语出现，要将其翻译成英文。
（4）根据期刊要求，采用其要求的形式，但要保证论文中的重要内容已包含在摘要中。
（5）缩略语的使用可能会误导读者，应该尽量避免使用。

摘要是一篇论文的高度概括总结，建议在论文完成后再来书写，在书写时，一定要参考已发表的杂志中的论文。在摘要撰写完成后，可以大声读出来，读给未参与这部分实验和论文写作的同事听，看是否通顺易懂。通过这种方法，不断进行修改，改掉摘要中模糊晦涩的描述性词语。在论文投稿前，根据稿约将论文摘要进行格式化调整，以符合期刊要求。

2.4 SCI 论文关键词的选择

2.4.1 关键词的意义和作用

关键词在 SCI 论文中为 key words，是为了文献标引工作从论文中选取出来的用以表示全文主题内容信息的单词或术语。它是摘要内容的浓缩，是用来反映 SCI 论文主题内容的最重要的词、词组或短语。从 20 世纪 60 年代开始，出现关键词这种检索语言，根据联合国教科文组织的规定：国际上公开发表的科技论文，必须附有关键词，关键词是科技论文的重要组成部分。那么，关键词在论文中具体有什么作用呢？

首先，大多数关键词是从论文标题、摘要和结论中提炼、精选出来的具有实质性意义的词语，能够表达论文主题，概括论文内容。关键词有时还能够体现论文种类、目的及实施方法，是论文中出现次数最多、最重要的词语。

其次，关键词可满足文献索引及检索工作的需要。读者在检索文献时，在数据库内可以通过关键词查找需要的论文，关键词检索是重要的论文查找途径和方法。合理地选择关键词能够增加论文的检出率，提高读者阅读论文的兴趣，增加论文和杂志的被引用率。因此在论文写作过程中要正确地选择关键词。

2.4.2 关键词的词性和数量

关键词对词性没有具体要求，通常可以是名词、动词、形容词、动名词和复合名词等。统计数篇论文关键词的词性发现，使用最多的是名词和复合名词，其他词性相对较少甚至没有，如以下已发表的两篇论文的关键词所示。

例 2-3 摘自 *PARP-1 and PARP-2：New players in tumour development*
Key words：Poly（ADP-ribose）polymerases, poly（ADP-ribosyl）ation, DNA repair, genomic instability, therapeutic approaches, prognostic markers, cancer

例 2-4 摘自 *Effect of 5-Fluorouracil Treatment on SN-38 Absorption from Intestine in Rats*
Key words：5-fluorouracil；SN-38；irinotecan；absorption；neutropenia；diarrhea

关键词一般写在摘要之后，数量有限，应精炼而规范。不同的 SCI 期刊对论文中的关键词数量有不同的要求，但一定要遵循"宁缺毋滥"的原则。在 SCI 期刊中，有的期刊要求关键词最少是 3 个，有的期刊要求最多是 10 个，但要求数量在 4～6 个之间的期刊比较多。如上述两个例子所示，例 2-3 有 7 个关键词，例 2-4 有 6 个关键词。因此，在实际写作中，要根据论文内容和期刊要求选择合适的关键词。

2.4.3 如何选择关键词

关键词选择不当不仅会影响审稿过程，给编者审阅论文带来一定困难，还能影响读者决定是否继续阅读下去。因此在选择关键词时，一定要仔细分析。关键词一般是在论文写作基本完成后，纵观全文，分析主要内容后进行选择。那么关键词都有哪些来源呢？

1. 来源于论文标题

标题是论文主题思想的高度浓缩，而且在确定标题时可以采用关键词进行拼接，一般均会涉及该论文最主要的关键词，因此关键词与标题关系密切，在标题中也最易找到关键词。

2. 来源于论文摘要

摘要包含了论文中的主要内容，即最重要的研究背景、实验对象、主要方法和结果，扩展了标题信息，因此在摘要中也很容易找到关键词。

3. 来源于论文的小标题

论文小标题反映论文的层次思想，并且是围绕主题展开的，有时在标题和摘要中没有的关键词可以在小标题中找到。

4. 来源于论文结论

论文结论是整个论文的价值体现，有时在结论中可以找到较为重要的关键词。

一般从上述四个方面可以找到论文中的全部关键词,作者按照重要性进行排序后,可以找到符合要求的关键词。

2.4.4 关键词与主题词和自由词的关系

关键词根据来源可分为主题词和自由词。目前,关键词很大程度上来自主题词表,自由词起一定的补充作用。

1. 主题词

主题词又称叙词,是为了满足利用互联网进行数据库检索,而人为制订的、规范化的标识词。通过网址 http://www.nlm.nih.gov/mesh/2012/mesh_browser/MBrowser.html,可以进入医学主题词表(Medical Subject Headings,MeSH)网站,如图 2-1 所示界面。MeSH 是美国国立医学图书馆编制的权威性主题词表,汇集约 18 000 个医学主题词。在其界面的检索输入对话框内,输入欲查找的关键词术语,为了扩大检索范围,在"Search for these record types"下,选择第四项"All of the Above",然后单击下方的按钮出现 MeSH 检索结果。美国国立医学图书馆以它作为生物医学标引依据,编制《医学索引》(index medicus)及建立计算机文献联机检索系统 MEDLINE 数据库,因此主题词常被用来选作关键词。但有时,在 MeSH 中找不到合适的关键词时,可以使用现行的科技术语即自由词来替代。

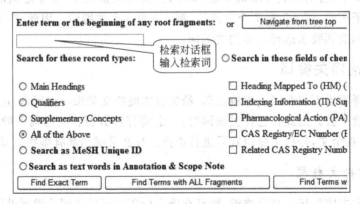

图 2-1　MeSH 主题词表界面

2. 自由词

自由词是指没有经过人为规范的词语,与主题词相对。随着现代科技的迅猛发展,新技术、新学科不断出现,由此产生未被主题词表收录的新名词术语。如果主题词表不能满足论文选择关键词的要求,适当选择自由词作为补充是必要的。尽管主题词在关键词的选择时起重要作用,但自由词和主题词是相辅相成的,缺一不可。

有的期刊为了方便投稿作者选择关键词并有助于杂志管理,在稿约和读者须知中会给出本杂志的关键词选择范围,这时只需完全按照期刊要求进行规范选择即可。

2.4.5 撰写关键词的注意事项

(1) 在 SCI 论文中,Key words 自身有不同的格式和写法,比如字母大小写问题、黑体还是斜体的问题、两个词之间是否有空格的问题,如 Keywords、Key Words、KEYWORDS、*Keywords*、**Keywords** 等格式,在写作时,要严格按照期刊要求,一字不差的撰写。

(2) 缩略语的使用。目前已被国际公认的缩略语如"RNA"、"DNA"等可以选作关键词进行使用,而未被国际公认的缩略语,不应选为关键词,以避免误解含义。

(3) 选择意义确定的词语,避免概念笼统的词语出现。

(4) 不可重复选择关键词,这里的重复选择不仅指完全一致的重复,还指意义相似词语的重复,即同义词和近义词,不可同时被选为关键词。

(5) 关键词选出后,要根据论文主题内容,进行逻辑排序。一般要按照研究对象、目的、方法、结果和主要结论的顺序进行排列,以免引起读者误解。

在整个论文中,关键词有其重要意义。因其可以选择自由词,所以选择关键词相对比较简单。但对于初写 SCI 论文的新手来说,这一过程还要多加注意,可以在论文完成后,回顾性分析关键词的选择是否合适,做到书写规范化、标准化,争取完全符合期刊稿约要求。

2.5 如何撰写引言

2.5.1 引言的意义和作用

引言又称前言、导言、绪言或绪论,在 SCI 论文中为 introductions,是用来引出本论文研究范围和目的的部分。中国国家标准 GB 7713—1987 规定,引言(或绪论)应简要说明研究工作的目的、范围、相关领域的前人工作和知识空白、理论基础和分析、研究设想、研究方法和实验设计、预期结果和意义等。引言的作用主要有两个:

(1) 引言是正文的引子,主要概括全文的研究背景、研究动机、目前现状和不足。引言写在正文之前,对正文有提纲挈领的作用。

(2) 引导读者进入论文正文,帮助读者理解论文内容,使读者在阅读时引起兴趣,为读者阅读进行过渡。

引言是连接读者基础知识和文章内容之间的桥梁,作为正文的开头,尤其是引言的第一句话,能够给读者留下深刻的第一印象。好的引言是论文成功的一半,在写作时,作者要多下工夫撰写引言部分。

2.5.2 引言的内容

美国医学写作协会在《医学论文写作要领》中,对引言部分的要求如下:

(1) Defines the scientific problem that stimulated the work
定义激发此工作的科学问题

(2) Explains the authors' technical approach or hypotheses
解释作者的技术方法或假说

(3) States the purpose and scope of the study
陈述研究目的和范围

(4) Introduces and defines terms and abbreviations
引出并解释名词术语和缩略语

这四条要求概括出了引言的主要内容,本节将以已发表的一篇论文的引言为例,详细讲述引言的主要内容。为了方便分析,将下段例子中的每一句话均标注了序号,由于此处仅关注引言的内容,因此在摘引时删去了参考文献的序号。

例 2-5　摘自 *PARP-1 expression in breast cancer including BRCA1-associated, triple negative and basal-like tumors : possible implications for PARP-1 inhibitor therapy*

①Poly (ADP-ribose) polymerase-1 (PARP-1) is a nuclear enzyme that participates in the repair of DNA single-strand breaks via the base excision repair pathway. ②In *BRCA*-associated breast cancers this repair pathway can be made nonfunctional by the use of PARP inhibitors. ③Because unrepaired single-strand breaks are converted into double-strand breaks and *BRCA*-associated tumors cannot repair them by homologous recombination, the result is tumor cell death. ④Initial studies showing that PARP-1 inhibition results in synthetic lethality in *BRCA*1 and *BRCA*2-deficient cell lines and the preclinical studies that followed paved the way for clinical studies. ⑤There are now several PARP inhibitors undergoing clinical trials in *BRCA*-associated and triple negative (TN) breast cancers. ⑥However, it is not known which patients may be best suited for PARP inhibitor therapy. ⑦Clinical studies with PARP inhibitors suggest that the extent of PARP enzyme inhibition may be important because the results are dose-dependent. ⑧Nuclear expression of PARP-1 has been reported in colorectal carcinomas and melanomas; however, the extent of PARP protein expression in clinical specimens of breast cancer is not known. ⑨The purpose of this report is to assess the expression of PARP-1 protein in breast cancer including *BRCA*1-associated, TN, and basal-like tumors.

一般来讲,引言的内容可以分三个层次来描述。第一个层次要简短概括研究领域的背景知识,即对历史问题进行回顾,讲述目前已掌握的知识点和尚存在哪些问题未能解决,即与"定义激发此工作的科学问题"相吻合。此处讲述的背景知识要比文献综述简单且精粹,篇幅要小,只出现那些与本研究相关的知识,描述对理解目前研究有帮助的、必不可缺的内容即可。第二个层次总结目前研究的现状,有哪些地方可以创新,还有哪些问题亟须解决,陈述一下本研究的目的和范围。第三个层次要重点描述本实验为什么要做,做了哪些工作,采用的技术方法是什么,预期结果有什么意义。按这三个流程下来,从宏观现状过渡到要研究的问题,结构呈漏斗状,逻辑清晰,简单明了,有助于作者把握重点,更能吸引读者眼球。

结合上面的例子可以发现,这段引言总共9句话,篇幅较小,但内容精辟,包含了引言的必备内容。首先,引言第一句话解释了特定的名词术语,在解释意义的基础上又标注了缩略语,为下文书写提供方便。第二句话引出了研究对象的背景知识,即在乳腺癌中使用PARP抑制剂进行治疗的现状。第三句话概括了用该抑制剂治疗肿瘤的作用机制,第四句话详细讲述了这一抑制剂治疗肿瘤的作用机制的现状,第五句话则讲述了该抑制剂在临床应用的情况。这五句话可以总结为引言的第一个层次内容,即论文研究的背景知识,尽管只有五句话,比较简单,却是十分精炼的概括性描述。从第六句到第八句话,话题一转,主要描写了目前研究的不足,以及需要解决的问题,引出了本研究的目的和范围,这可以视为引言的第二个层次。最后一句话则总结概括了本实验的目的和意义。仅有九句话的引言直来直去,既总结了现状,又提出了目前的问题,不失为一篇较好的引言。这篇论文发表在 *Breast*

Cancer Research and Treatment 杂志上，该杂志 2010 年的影响因子为 4.859。

2.5.3 撰写引言的技巧和注意事项

通过上文的理论性讲解和对上述例子的分析，大致了解了引言的主要内容和写作方法，但引言写作有哪些技巧和注意事项呢？

(1) 言简意赅，内容精辟。教科书中已有的知识或大家熟知的常规理论，在引言中不必赘述。如上述例子所示，引言中并没有提乳腺癌如何高发，发病率是多少，又如何危害妇女健康。这样，整个引言读起来不落俗套，简单明了。

(2) 突出重点。在撰写研究的背景知识、回顾历史问题时，有时会出现背景介绍不详、交代含糊或背景铺垫太远、抓不到重点的现象。因此在写作时要注意选取与本研究最相关的背景知识。这就要求不能把引言写成历史进展，更不能写成小综述，而应字字点题，切中目的，几句话概括出重点即可。

(3) 过于自吹自擂的词语如"首次"、"价值极高"、"填补空白"等词尽量不用。这些词语通常反映研究论文的创新性，但此类词语有夸大研究成果价值的嫌疑，读者和审稿专家可能会认为该总结不合适。因此作者在描述研究意义时要科学适当地做自我论文评价。

(4) 时态的运用。关于时态没有统一规定，一般原则是在描述有关现象或现在发生的事情，以及大家熟知的理论知识或观点时，使用现在时态。如果是描述某种趋势，或者已经完成的事情对现在产生的影响时，可以采用现在完成时的时态。当描述过去前人的研究结果以及阐述以前的发现或问题时，采用过去时。在引言中，时态变化相对简单，比较容易掌握。

(5) 尽量避免出现参考文献的作者姓名。一般引言概括的内容比较精辟，只需引出别人的结论，直截了当地总结主题内容即可，不需要在引言中提出引用参考文献的作者姓名，只需按照杂志要求引用参考文献。当然，如果期刊要求引用参考文献的格式是直接在后面标出作者姓名和论文标题时，要按照期刊要求进行引用。

(6) 参考文献的引用。由于引言中写出的背景和问题是站在前人研究的基础上，并且所做的研究是别人研究的继续或改进，因此一定要引用参考文献，使得研究来源有理有据。标示出参考文献一是有助于读者了解研究背景，二是表示对前人工作的肯定和尊敬。但要注意，在引用文献时，要引用最新阅读的文献，一般是 5~10 年以内的文献。对于引用文献的数目，与引言的内容多少有关，没有具体要求。如上述这段引言例子共 9 句话，但引用了 10 篇参考文献。引用参考文献标示的格式与期刊要求有关。关于参考文献的引用注意事项，详见 2.10 节。

(7) 引言的篇幅和字数。引言不能太长，太长会使读者失去耐心，读得乏味，得不偿失；而太短可能会产生研究背景描述不清的现象。引言对字数同样没有特殊要求，只需在写作时注意讲出重点，交代清楚即可。因此，作者在撰写论文时，对引言的篇幅和字数要有一个度的把握。

总之，在引言写作前，作者一定要系统查阅文献，对前人的研究基础有全面的掌握后才能着手撰写，使得引言描述层次清楚，内容全面，做到既简洁又包含重点。在查阅文献时，可以把常见的英文词组记下来，整理后，对之后论文的写作会有所帮助。引言是论文中非常重要的一部分，大家在写作时一定要重视。

2.6 如何撰写材料与方法

2.6.1 材料与方法的意义和作用

在论文的小标题中,材料与方法又可以写为材料和方法、对象与方法、资料与方法等,在SCI论文中,多写为"Materials and Methods",也有的论文写为"Methods"或"EXPERIMENTAL PROCEDURES"。尽管人们在阅读和写作时并不把这部分内容放在首要或最重要的地位,但材料与方法仍是论文重要的组成部分。如果说引言部分说明了为什么做这个研究,那么材料与方法这部分则回答了用什么方法和手段来实施整个研究过程。缺少了这部分内容,研究论文不可能成立,因此其重要性是毋庸置疑的。

此部分内容主要说明研究所用的材料、方法以及研究实施的基本过程和流程,它不仅回答了实验怎样做的问题,又为下文结果的顺利得出提供物质前提和基础,在论文中起承上启下的作用。材料是表达论文结果的客观物体,方法是完成实验数据的手段。那么材料与方法这部分内容具体有什么作用呢?

(1) 使读者了解实验的进展过程,为他人重复研究提供依据。科学研究是要经得起推敲和重复的,材料与方法提供实验细节和过程,具体讲述实验做了什么,是怎样做的,保证他人可以重复实验过程,验证实验结果。

(2) 审稿者依据论文中描写的实验对象、试剂和仪器的合理性和可靠性来判断论文结果是否可信。材料和结果本身即包含实验设计的理念,如果实验设计本身和实验实施过程被认为是有失误的或者是不合理的,那么,该论文的结果会被怀疑为不可信的,是没有意义的,这样的论文不可能被接收。

因此,尽管此部分内容相对简单,并在论文的写作顺序中推荐该部分作为第一个部分来撰写,但细节一定要把握,以做到完整、准确地描述实验过程。

2.6.2 材料与方法的内容

材料与方法的内容主要包括研究对象、实验药品、试剂、设备和实验步骤,以及统计实验数据采用的统计学方法和标准。本节按照内容分类,结合各部分的例子,详细介绍各部分的内容和写作要点。

1. 研究对象

论文中应详细说明选择的研究对象是什么、研究对象的特征。一般研究对象分为人或人体标本、动物和细胞。它们的基本信息要描述准确。在进行实验对象分组时要严格遵循随机、对照、盲法的原则,使组间具有可比性。

1) 人或人体标本

在使用正常人、患者的资料以及人体标本时,一定要注意需要得到患者的知情同意,在实验取材或索取资料前与患者签署知情同意书,交由伦理委员会审批,批准后才能使用。在描述患者的基本信息时,主要包括研究对象的人数、性别、年龄、所得疾病的状况、研究对象来源于门诊或住院。①在研究疾病的病因时,研究对象的实验组为患该疾病的患者,应详细写出该疾病的公认诊断标准,并说明在本研究中研究对象的纳入标准和排除标准。在选择对照组时,一定要注意可比性原则,应该为同期未患该疾病的人群,该类人群的来源应写清楚。笔者注意到,单位同事发表论文时,因未注意对照组选择的合理性和代表性,论文被质疑,最后被拒收。这一代价是巨大的,建议作者在实验设计时注意实验对象的选择标准。②在研究临床疾病不同的诊断和治疗方法时,首先应遵循以人为本的原则,以减轻患者疼痛和促进患者痊愈为目的。此类研究对象为患该疾病的不同患者,在分组时要注意研究对象的来源和组间的均衡性,以利于组间比较。③有的研究需要从患者身上取材,以人体标本为研究对象,这时一定要仔细描述取材的步骤、标本的保存方法以及如何进行后续处理等过程,使得读者和审稿专家信服。例2-6是摘自一篇论文的材料与方法中的一部分,作者给这部分的小标题命名为"Patients",这段内容详细说明了研究对象的数量,研究对象来源于手术患者,是随机取得的,与该研究无关。研究对象的入选标准和排除标准均详细列出并进一步解释了原因。最后写出了取材后样本的保存方法和伦理委员会知情同意的问题,可以说这部分内容包含了研究对象的全部信息。

例2-6 摘自 *Insulin-Like Growth Factor 1 Receptor mRNA Expression and Autophosphorylation in Human Myometrium and Leiomyoma*

Patients

Samples were obtained from 14 patients at the time of hysterectomy indicated by their doctors, independently of this study. The patients were not taking any hormonal medication or oral contraceptives and did not have diabetes. Leiomyomas <1 cm or >5 cm in diameter were not used. This size of leiomyomas was selected to avoid contamination by myometrium and minimize the chance of tissue necrosis and degeneration. The cycle phase of each patient was classified as proliferative or secretory according to her menstrual history and confirmed by endometrial histology. Normal and adjacent tumor samples were immediately frozen in liquid nitrogen and stored at $-80℃$. This study was approved by the Research Committee of the Hospital de Clínicas de Porto Alegre, Porto Alegre, Brazil.

2) 动物

所有以动物为研究对象的实验设计均须经动物委员会批准,一般实验单位都有批准证书,实验者要贯彻在实验过程中爱护动物、善待动物、减轻动物在实验中受到伤害的理念。在论文撰写时首先要提到动物委员会批准该实验,然后详细描述动物名称、种系、来源、数量、性别、体重、饲料来源、饲养条件、健康状况、处理因素等。有两点需要注意的地方:一是动物繁殖较快,年龄一般可用天、周、月和年为单位来表示,需要给出详细数值;二是在对动物进行分组时,体重是一个经常采用的衡量标准,因为不同体重对处理或药物的耐受是不同的,因此需要描述动物详细分组状况,但应注意组间可比性的原则。如例2-7所示,作者将这一部分的小标题命名为"Animals and drug treatment",实验对象为大鼠,详细写出了大鼠的年龄、种系、来源、饲养条件、实验方法、取材以及动物委员会的问题,内容面面俱到、详细但不啰唆。

例 2-7 摘自 *Effects of acid antisecretory drugs on mucus barrier of the rat against 5-fluorouracil-induced gastrointestinal mucositis*

Material and methods

Animals and drug treatment

Seven-week-old male Wistar rats purchased from CLEA-Japan (Tokyo, Japan) were used in this study. These animals were housed in our animal care facility for 1-2 weeks while body-weight stabilized. The animals were housed in individual cages with raised mesh bottoms and in a temperature- and humidity-controlled environment with a 12-h dark-light cycle. At the beginning of the experimental period, the animals were weighed after fasting for 24 h. During the below-mentioned treatment, rats were given food and water *ad libitum*. After 24 h of food deprivation following final administration of drugs, the animals were again weighed, sacrificed, and their stomachs, proximal and distal small intestines (corresponding to the jejunum and ileum, respectively) were removed. The present study was conducted according to the guidelines of the Animal Laboratory Center of Kitasato University School of Medicine.

3) 细胞

以细胞为研究对象时，细胞培养的过程比较繁琐。在论文中，对常规细胞的培养方法可简单描述，只需写出细胞种系、来源、类别、所用的培养液和温度等；对有些特殊细胞需要详细描述特定培养基和处理方式。比如，要详细描写细胞如何传代、在哪一代进行的实验、具体分组情况及如何对细胞进行鉴定等。如例 2-8 所示，作者将这部分命名为"Cell culture"，首先介绍了培养试剂的来源公司，然后介绍了细胞种系、培养条件等。该例子中提到的细胞和培养条件属于比较常规的内容，因此描写比较简单。

例 2-8 摘自 *Role of PARP-1 and PARP-2 in the expression of apoptosis-regulating genes in HeLa cells*

Materials and methods

Cell culture

All media and supplements used for cell culturing were obtained from GIBCO (Invitrogen, Basel, Switzerland). Human cervical carcinoma cells (HeLa S3) were cultured at 37℃ in a water-saturated 5% CO_2/95% air atmosphere, in Dulbecco's modified Eagle's medium (DMEM) containing 4,500 mg/l glucose and supplemented with 10% (v/v) hfetal bovine serum and antibiotics (complete DMEM).

2. 实验药品、试剂和所用设备

1) 实验药品和试剂

如果实验中用到的药品属常规药品，实验室中常备，只需写出药品名称、厂家、规格、批号和来源。如是新的非常规药品，还要写出药品的分子式、结构式、纯度、浓度等。需要研究人员配置的药品，需要作者详细说明配置方法、浓度、保存要求等。在购买商品化试剂盒时，要在论文中写出试剂盒的厂家、型号、批号及简单的使用方法，但公司地址不需写明。

2）实验设备

所用设备的操作方法如属前人用过的,或者是众所周知的,作者只需交代设备名称,简单描述操作方法即可。如果是较新的设备和操作,则应详细说明操作步骤,并标注出处和参考文献。如果对实验设备的操作方法进行了改进,则要交代改进的根据和内容。

如例 2-9 所示,作者将实验中使用的药品和试剂单独作为一部分来写,小标题命名为"Materials",这部分内容详细说明了药品来源、配制方法和存储条件。而试剂盒的使用方法则一句话概括为按照试剂盒操作说明书来完成。把药品和试剂单独列出来,方便读者查找并据此购买试剂。而有的论文是在描写实验步骤的过程中,用到了该药品或试剂盒后,在名称后用括号标出,如例 2-10 所示,该篇论文的"材料与方法"下包含 7 个小标题,其中第一个为上述例 2-6 的"Patients"部分,此处仅摘录了第二部分。相对而言,这种写法有助于读者理解实验步骤,一般论文多采用这种写法。

例 2-9 摘自 *Intracellular Regulation of TRAIL-Induced Apoptosis in Human Melanoma Cells*

Materials

The tetrapeptide caspase inhibitors, carbobenzyloxy-Val-Ala-Asp (OMe) fluoromethyl ketone (z-VAD-fmk), carbobenzyloxy-Asp-Glu-Val-Asp fluoromethyl ketone (z-DEVD-fmk), and carbobenzyloxy-Ile-Glu(OMe)-Thr- Asp(OMe)-fluoromethyl ketone (z-IETD-fmk), were obtained from Enzyme Systems Products (Livermore, CA). Stock solutions of the inhibitors were prepared in DMSO and stored at 4℃. The Abs against caspase-8 (provided by Dr. M. Peter, Heidelberg, Germany), caspase-3 (Transduction Laboratories, Lexington, KY), and poly(ADP-ribose) polymerase (PARP; PharMingen, San Diego, CA) were used according to the manufacturer's instruction. Antiserum against human FLICE-inhibitory protein (FLIP) was generated by injecting rats with a peptide spanning amino acids 2 to 26 (SAEVIHQVEEALDTDEKEMLFLCRD). The FLIP peptide was synthesized on solid support resins (Novabiochem, La Jolla, CA) on an Applied Biosystems 433A peptide synthesizer (Foster City, CA) using Fmoc chemistry. Peptides were cleaved from the resin using a cleavage mixture (1/2/2/3/40, ethanedithiol/thioanisole/water/-phenol/trifluoroacetic acid) and were purified on a Vydac C_{18} column (Resolution Systems, Wilmette, IL) using a 0 to 60% acetonitrile gradient in 0.1% trifluoroacetic acid. The identity and purity of the peptide were confirmed by HPLC, amino acid analysis, and mass spectrometry using a PerSeptive Biosystems Voyager-DE STR Biospectrometer (Framingham, MA).

例 2-10 摘自 *Insulin-Like Growth Factor 1 Receptor mRNA Expression and Autophosphorylation in Human Myometrium and Leiomyoma*

Extraction of RNA and Synthesis of cDNA

The extraction of RNA and the synthesis of cDNA were carried out as previously described. Myometrium and leiomyoma samples were homogenized in phenol-guanidine isothiocyanate (Trizol, Gibco BRL, Gaithersburg, Md., USA). Total RNA was extracted with chloroform and precipitated with isopropanol by 12,000-gravity centrifugation at 4℃. The RNA pellet was washed twice with 75% ethanol, resuspended in diethylpyrocarbonate-treated water and quantified by light absorbance at 260 nm. First-strand cDNA was synthesized from 2 ug total RNA, using the SuperScript Preamplification System (Gibco BRL).

3. 实验步骤

一般按照实验完成的先后顺序来写，如第一步做了什么，第二步的操作是什么等。为了层次清楚，可以将整个实验过程分为几个小部分，单独命名小标题后进行描述。如果是大家熟知的方法，步骤可简单描述，几句话带过即可。如果采用了新方法或旧方法进行了改进，那么实验步骤需要详细描写，以利于读者重复实验过程。在写作时，作者可以借鉴已发表的相似论文的写法，但一定要避免重复和抄袭。

4. 统计学分析/处理

这部分内容在材料与方法中必不可少，一般列于该栏目的最后，并要求作者有一定的统计学基础。在撰写该部分时，有四个关键点需要注意：

（1）实验重复的次数：为了保证实验结果的可靠性，一般实验需要重复三次。

（2）实验数据的表示方法：如数值资料可以采用均数±标准差、95%可信区间等；计量资料可以采用阴性、阳性、强阳性等来表示。

（3）简要介绍使用的统计学方法，不必描述具体过程。要根据研究对象和方法，实验数据的特征，选用合适的统计学方法，如T检验、F检验或方差分析等。

（4）标明检验水准，一般以$P<0.05$为统计学标准。

如下述两个例子所示，均标出了上述提出的四个关键点。实验结果在进行统计学分析时比较复杂，但在论文撰写时只要稍加注意，写作就比较简单。关于数据的统计方法和技巧参见本书第四部分SPSS章节，在此不作详细讲解。

例 2-11 摘自 *Role of PARP-1 and PARP-2 in the expression of apoptosis-regulating genes in HeLa cells*

Statistical analyses

Data are expressed as mean±SD. All statistical analyses were conducted with NCSS (NCSS, Statistical & Power Analysis Software, Utah, USA). For statistical analyses, a one-sample t test or a Kruskal-Wallis test was used as indicated. The analyses were two-tailed, and p values <0.05 were considered statistically significant.

例 2-12 摘自 *Subcutaneous or intrahepatic injection of suicide gene modified tumour cells induces a systemic antitumour response in a metastatic model of colon carcinoma in rats*

Statistical analyses

Results are expressed as median (95% confidence intervals (CI) and range) and comparison of tumour volumes between vaccinated and control rats was performed using the Mann-Whitney test, which is a non-parametric two-tailed probability test. Qualitative analysis (presence of a tumour) was performed using the two tailed Fisher's exact test. All statistics were computed with MINITAB Inc. V12.2 (State College, Pennsylvania, USA). Due to Bonferroni's correction, p values were considered statistically significant when less than 0.017.

2.6.3 材料与方法中小标题的使用

作者在撰写论文时,为了书写简单明了、层次清晰并方便读者阅读,多选择在材料与方法部分列出小标题。而且有的期刊在稿约中已经明确要求列出小标题。列小标题的方法和数目没有明确规定,一般原则是将实验分成几个部分,按照实验方法的不同来命名不同的小标题,读者可以有选择性地根据小标题来阅读论文内容。表 2-2 是已发表的两篇论文中的材料与方法的小标题,供参考。为了与上文中的例子相对应并有助于读者理解小标题的含义,左侧的例子摘自例 2-11,右侧的例子摘自例 2-12。

表 2-2 两篇论文的材料与方法中的小标题举例

Cell Culture	Animals and Tumors
Synthesis of siRNAs (small interfering RNAs) and transfection	Drugs
MNNG treatment	Drug Doses and Schedules
RNA extraction and reverse transcription	MTD and Toxicity Evaluation
mRNA gene analyses by quantitative reversetranscriptase polymerase chain reaction	Antitumor Activity
Western blot analyses	Statistical Analysis
Statistical analyses	

2.6.4 撰写材料与方法的注意事项

(1) 首要原则是既做到面面俱到,又不过于简单或繁琐。如果材料与方法描写不够详细,审稿人可能会质疑论文内容,或者发表后读者不能重复实验结果,从而使论文失去被引用的机会;但如果描写过于繁琐,审稿人在阅读时感觉过于累赘、冗长,又会影响论文被杂志接收的可能。因此,建议作者在写作时,多参考几篇描写类似实验方法的论文,增加经验。

(2) 注意不要把结果写入。材料与方法只是简单地描述操作和实验过程,在写作时一定要与结果内容严格区分开,千万不能把两者混淆。

(3) 正确使用时态。一般使用过去时的时态,因为是以前完成的动作和步骤,多不采用现在时等其他时态。

(4) 正确书写单位和名词术语。此部分可能会涉及较多的专有名词和数值单位,在撰写时可能会有特殊要求,比如 p 值,有的文献可能会要求用斜体或者小写字母来表示,需要作者细心完成。

(5) 尽量使小标题与结果呈现顺序一致。为了呈现结果时简单明了,最好在命名小标题时与结果的展示顺序相吻合,以做到前后呼应。

总之，撰写材料与方法相对来说比较简单，建议在实验进行时完成。撰写时可以按照各个实验步骤来书写，既熟悉又方便。同时在写作过程中还能反思实验安排的合理性和科学性，反过来指导实验设计和进展。然而，论文在最后排版时，材料与方法的展示要合乎逻辑顺序，不能一味地按照实验顺序来展示。材料与方法是论文中必不可少的部分，写作时要给予相应的重视，切不可因为简单而忽视。

2.7 如何展示实验结果

在 SCI 论文写作排版上，结果与讨论的写法共有三种形式：一是结果与讨论分开来写，在结果部分客观描述实验所得，讨论部分展开解释，这是目前多数杂志要求的形式；二是结果与讨论放在一起写，两者没有明显的界限。有的 SCI 论文讨论内容较少，不适合单列，采用这种写法的论文篇幅较小，描述结果后紧接着进行讨论，针对性强，目前采用这种写法的论文较少，有些 SCI 期刊的 Rapid Communication 栏目要求将结果与讨论合并；第三种写法形式是论文中只有结果，没有讨论，这种写法一般适应于描述性研究论文，目前采用这种写法的论文很少，很多期刊也不推荐这种格式。因此本书将按照第一种写作形式，将两者分开描述，首先讲解结果的写法和注意事项，下一节重点讲述讨论的写法和注意事项，方便读者参阅。

2.7.1 结果的意义和作用

研究结果（results）是论文中极为重要的部分，要将通过实验获得的原始资料和数据，经过核对、分析总结和统计后得到的统计学数据和结果展示出来。一篇论文水平的高低取决于实验的成败以及实验结果的价值。研究结果是读者和审稿专家的重点关注之处，因为其不仅验证了引言中的问题，又是材料与方法的总结，还是讨论的前提和基础，并由此进行判断推理，在论文中起承上启下的作用。那么结果展示具体有什么作用呢？

1. 验证引言提出的假设，回答论文的研究目的

一般在引言部分提出问题和假设，材料与方法部分描述验证问题使用的手段和过程，那么结果就是回答引言的假设和问题，用具体事实和数据来证明引言提出的假设和问题是否合理。结果中的内容又是实验过程的总结，其内包含了支持引言提出的假设和问题的全部资料。

2. 总结论文和实验所得，展示研究发现

没有结果的研究是没有意义的，即使是阴性结果，也是实验发现。将论文结果展示出来，就是将实验中观察到的现象、得到的资料和数据客观而准确地呈现在读者面前，表明研究的价值和意义。

因此，在实验和实际写作过程中，要重视观察并记录实验现象，统计数据和资料，将结果客观、真实、准确地呈现在审稿专家和读者面前。

2.7.2 结果展示的表达形式

一般而言，在 SCI 论文中，结果展示的表达形式有三种：文字、图和表。这三种表达形式相辅相成为更好地描述结果而服务。有的现象或结果不适合在图或表中展示，可以用文字进行描述说明；而有的内容用文字描述不够明了、简洁，可以采用图或表的形式展示出来（如例 2-13 所示，既有文字描述，又有组织学图片）。那么，这三种表达形式各有什么特点呢？在哪些情况下分别选用呢？

1. 文字

文字描述是整个论文的表达载体，更是展示结果最重要的、必不可少的手段和方法，其他两种形式是文字描述的辅助手段。用文字展示结果时，要求简明扼要、重点突出、结构严谨、层次清楚、客观陈述实验现象和数据。结果部分一般不引用参考文献，只需用最少的字和词语组合，客观准确地把结果表达清楚即可。当结果中数据较少，或者因素比较单一，与其他资料没有明显联系和比较，用较少的文字就能说明情况，此时适合用文字来描述。当所写论文以观察形态为主，形态学和组织学图片可以展示出观察结果时，一般需要在正文中用文字简要描述出观察的组别和大体情形，然后紧跟着给出具体的图片，这就是文字和图片相组合的形式。如例 2-13 所示，首先用文字简短描述了大体情形，并给出了几个数据，然后引出组织学分析的实验手段，最后接上具体图片。

例 2-13 摘自 *Peroxisome Proliferator-activated Receptor α（PPARα）Agonist Treatment Reverses PPARα Dysfunction and Abnormalities in Hepatic Lipid Metabolism in Ethanol-fed Mice*

Results

Characterization of the liver response to the diets and drug treatment To determine the effect of ethanol on PPARα *in vivo*, we fed mice ethanol (27.5% of the total calories) using the Lieber-DeCarli liquid diet and a pair feeding protocol for four weeks. Ethanol was introduced gradually into the diet; after the animals were accommodated to the liquid diet, they were given alcohol 9% of the total calories for two days, then 18% for three days and finally 27.5%. Two groups of mice were given 0.1% Wy 14,643 for the last two weeks of the study with or without ethanol in their diet. Ethanol consumption had no apparent effect on the health status of the mice. An average 1-2g increase in the body weight was observed in all four groups at the end of the feeding period. Ethanol feeding did not cause a significant increase in the liver/body weight ratio. Wy14,643 treatment enlarged the livers of both ethanol- and pair-fed mice, increasing the liver/body weight ratio from 0.04 ± 0.004 to 0.08 ± 0.007, a known effect of the hepatocyte hypertrophy and hyperplasia caused by PPARα in rodents.

Histological analysis of the livers with Oil Red O staining revealed prominent lipid accumulation in the livers of ethanol-fed animals (Fig B) whereas lipid droplets were rare in the livers of the control group (Fig A). Liver sections of pair-fed mice given Wy14,643 treatment looked similar to those of controls (Fig C). When the ethanol-fed animals were co-treated with Wy14,643 for the last two weeks of the experiment, the Oil Red O staining showed no sign of hepatic steatosis (Fig D).

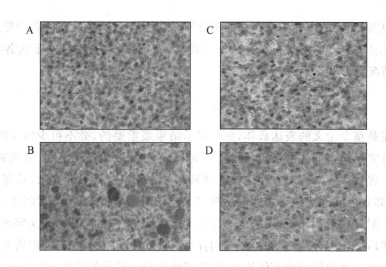

2. 图

图可以直观地表达研究结果，是一种形象化的表达方式，能以较小的空间分析数据揭示规律，具有文字描述不能比拟的优点。图的种类很多，常用的有统计图、菜单式图、文字简述图、流程图、具有记录功能的照片（如例 2-13 给出的四幅图片）、人体学图片和实验过程中实时拍摄的图片等，其中最常见的是照片和统计图，照片具有记录真实、直观、信息量大等特点，要求给出的图片背景清晰、格式正确、对比强烈、重点突出。而统计图又可以分为直条图、圆图、百分比条图、线图和直方图等。统计图能够清晰地展示数据，说明各组数据之间的变化，便于数据之间的比较。在结果展示时，如果能够用图来表示，作者一般会选择制作符合规格的图片。有的审稿专家和读者在拿到论文后，可能最先审视的就是论文中展示的图，根据论文中的图示获取论文结果的主要信息，据此概括出论文的大体内容。因此，图的设计要主题明确、内容真实、重点突出、格式正确，并兼顾线条美观、可视性强等特点，做出符合标准的图片。

统计图中较常见的是线图和直条图，如图 2-2 和图 2-3 所示，线图主要根据线段升降来表示数值变化，而直条图则根据直条长短来表示数值大小，清晰明了。在图的下方或一侧需要标出图注，图注包括图序和题目，然后用文字和符号描述图中未能表达的必要信息，使读者不必依赖正文而理解图所要说明的问题。根据数据类型和指标不同，选用不同的图示。关于图的制作方法和选择原则，具体参见本书的第五和第六部分，在此不作详细讲解。

摘自 *In silico and in vitro pharmacogenetics*：*aldehyde oxidase rapidly metabolizes a p38 kinase inhibitor*

3. 表

表格是简明、规范的表达形式，可以将大量的数据或资料系列化，便于理解和比较。适用于呈现较多的精确数值或无明显规律的复杂分类数据和数据之间平行、对比、相互关系的描述。表格主要分为处理表、对照表、数据表、影响表、分布表、关系表等。表格内容简明扼要、重点突出、栏目清楚，一目了然。表格包含标题、项目栏、表体和脚注。标题要简洁清晰，

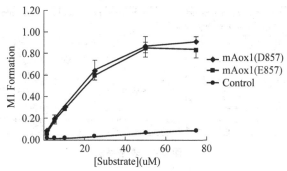

Figure 4 Expressed recombinant murine AOX1 catalyzes the production of drug metabolite M1. cDNAs encoding two different allelic forms of murine *Aox1* were expressed in insect cells using the baculovirus system. The indicated concentrations of RO2 were incubated with insect cell lysates (protein concentration of 1 mgml^{-1}) for 60min, and the amount of M1 formed was determined by LC/MS/MS analysis. Both recombinant AOXs generated significant amounts of M1, whereas control lysates did not. However, the two different allelic forms of murine AOX1 catalyzed the same rate of M1 formation.

图 2-2 线图和图注举例

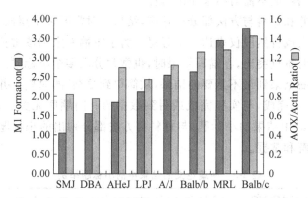

Figure 5 The amount of AOX1 protein in hepatic cytosol correlates with the rate of M1 formation among the inbred strains. The amount of AOX1 protein in hepatic cytosolic preparations from eight inbred mouse strains was determined by immunoblotting. β-actin was used as a loading and normalization control. The rate of M1 formation in the eight hepatic cytosol preparations was determined as in Figure 3. The enzyme activities were plotted along with the normalized amount of AOX1 protein in the cytosol fraction. The amount of protein was significantly correlated with enzyme activity ($r^2 = 0.93$, $P = 0.0009$).

图 2-3 直条图和图注举例

能够概括表的主要内容，项目栏要明确标示各个数值的意义。表体的设计一般采用三线式，即顶线、底线和栏目线，两侧开口，没有竖线，在表体下方写上脚注，进行解释。一般表格是黑白两色制作，避免彩色表格。如图 2-4 展示的表格所示。一般而言，在论文中，既能用表又能用图表示的内容，推荐用图来表示。关于表格的制作原则和方法，具体参见本书的第五和第六部分，在此不作详细描述。

摘自 *Subcutaneous or intrahepatic injection of suicide gene modified tumour cells induces a systemic antitumour response in a metastatic model of colon carcinoma in rats*

图 2-4　表格举例

(表格内容：Table 1 Presence of wound tumour nodes and peritoneal carcinomatosis in the different vaccination groups of rats)

Vaccination	Wound nodes		Peritoneal carcinomatosis	
None	12/12 (100%)		7/12 (58%)	
Subcutaneous	2/10 (20%)	p=0.0001	1/10 (10%)	p=0.03
Subcapsular	5/11 (45%)	p=0.005	0/11 (0%)	p=0.004

p values for comparison with the control group using Fisher's exact test are given. Due to Bonferroni's correction, p values were considered statistically significant when less than 0.017.

2.7.3　结果包含的内容和小标题的使用

在撰写时结果通常包含两方面内容：

（1）提供详细的研究数据和统计结果，数据是否有统计学意义。论文中并不要求将实验得到的所有数据均列出，而是要求有选择性地将整理后的重要数据向大家展示出来。

（2）客观描述实验过程取得的研究结果，主要是对研究结果给出一个平白的叙述，不能重复材料与方法的内容，更不需对结果作出解释。

为了表达清楚，并和材料与方法部分相呼应，结果有时需要多个层次或多个自然段来撰写，其中任何一个层次或自然段仅表达一个意思。为了审稿专家和读者把握重点，阅读时思路清晰，作者在写作时重点突出，在描写结果时，也常常分出多个小标题。在列小标题时，一般是按照"从最重要的结果到最不重要的结果，从简单到复杂"的原则。并且在写作时，按照研究问题的逻辑关系来完成，与实验完成或得到数据的时间顺序无关。表 2-3 列出了两篇文章（例 2-11、例 2-12）中结果的小标题，与材料与方法部分列出的小标题来自同一论文，上下对应，便于读者理解和掌握。

表 2-3　两篇论文的结果中的小标题举例

Gene expression profile of MNNG-treated HeLa cells	Determination of the MTDs of CPT-11 and FUra
Suppression of PARP-1 and PARP-2 by siRNA technique	Antitumor Activity and Toxicity of CPT-11 in Combination with FUra：Role of Drug Sequence
Analysis of the effects of PARP-1 and PARP-2 deficiency on gene expression	Antitumor Activity and Toxicity of CPT-11 in Combination with FUra：Role of Drug Dose
Up-regulated expression of specific proteins after PARP-1 down-regulation in MNNG-treated HeLa cells	

2.7.4　撰写结果的注意事项

结果是论文的重要组成部分，体现研究的内容和成就，因此在写作时需要注意：

（1）言简意赅，避免重复。结果是简明扼要地呈现实验取得的数据和资料，尤其要突出有意义和代表性的数据，而不是将观察到的现象和取得的所有数据均堆积到论文中，因此要做到高度概括和凝练。另外要注意避免重复罗列数据，文字、表和图在展示时起相辅相成的作用，更不能将材料与方法的内容重复在结果中进行描述。

（2）如实汇报结果和数据，无须加入解释。尽管在发表论文时，编辑倾向于发表结果为阳性的论文，但一旦取得了阴性结果或结果与预想的有差别时，不得随意按照主观意愿更改或伪造实验数据，而应该尊重事实，将实验结果客观、准确地进行报道。

（3）重点突出，详略得当。能用文字说清的，不必用图表；图表能说清的，压缩文字，两者所表示的内容尽量不重复。另外要能够区分主要结果和次要结果，使读者在阅读论文时能够抓住重点，快速掌握论文的中心思想。

（4）时态的运用。结果一般描述的是过去所做的实验取得的结果，因此撰写结果时，一般采用过去时态。

（5）未经统计学处理的数据为原始数据，而结果中描述的数据均是经过统计学处理的，据此才能得出可靠的结果和结论。

总之，论文结果是论文价值的体现。在撰写时要注意，尽管结果部分只是客观地展示实验数据，但要做到重点突出、言简意赅，在写作时注意总结，争取能够通过结果吸引审稿专家和读者的眼球。

2.8 如何撰写讨论

2.8.1 讨论的意义和作用

讨论（discussion）是论文中最重要的和不可缺少的组成部分，如果把结果看成是"摆事实"，那么讨论部分就是"讲道理"。讨论是把结果表现的客观现象和基本数据提高到理论认知的层面，是结果的继续和延伸，是文章的精华和灵魂所在，也是论文中最难写、价值最高和最反映作者水平的部分。讨论要以结果事实为依据，合理分析，阐明现象内在的联系，从深层次和多个角度来分析、解释实验结果，并对可能的机制进行阐述。有时，审稿专家和读者会简略阅读前面的内容而重点关注讨论部分，讨论水平的高低可能会决定论文的最终结局，因此，讨论的撰写需要作者多下工夫，尤其对初写 SCI 论文的年轻学者而言，要想写好讨论绝非易事。那么讨论具体有什么作用呢？

（1）进一步解释结果，阐明实验和论文的新颖独到之处。结果部分只是客观描述实验所见和所得，不进行具体解释，而讨论是结果的升华，以结果为依据，进行合理解释并得出科学的结论，因此讨论是论文的精华和灵魂。

（2）讨论要从多个角度解释实验现象，并提出下一步需要解决的问题，因此需要总结全文和国内外有关该课题的研究进展，对课题研究有促进作用。

（3）讨论展示作者学术水平和理论思维能力。讨论水平的高低反映作者的知识深度和广度，是作者学术思想的展示。

2.8.2 讨论的主要内容

在论文的各个组成部分中，前言和方法在实验设计时已经确定，结果是在实验进展过程中得出的，只有讨论在全文中大有发展空间，大有文章可作，也是作者最难把握和撰写的部分。每篇论文的关注点和主题思想是不一样的，因此讨论的切入点也是不同的，对其撰写尚没有统一的模板和规定，笔者参阅了数篇 SCI 论文，结合自己撰写 SCI 论文的经验，概括出讨论部分可分为如下几个方面：

(1) 总结本实验和论文的主要结果。此处不是重复描述结果，而是在进行理论解释和说明时要结合实验取得的结果进行概括说明。

(2) 对所得结果进行分析和评价，对实验中得出的阳性或阴性结果作出合理的解释和说明，并解释因果关系。

(3) 概括国内外关于本课题的研究现状，总结本研究的结果和结论对该课题的研究有什么作用和意义。重点指出本实验的创新之处，以及哪些结果支持创新。

(4) 以本文主要结果和创新之处为依据，提出令人信服的观点和见解，并与引言相呼应，将观点和见解引申到较高的层次。

(5) 客观实际地指出本实验的缺陷之处，并可以简略描述改进方法，指出需要进一步研究的问题等。

(6) 总结全文，得出结论。

这六个方面并不全是必须具备的。在实际写作时，为了说明论文目的，突出中心思想，还要围绕论文主题展开讨论。由于各个论文的中心思想和关注点是不同的，篇幅所限，在此不再进行讨论部分的举例。

2.8.3　讨论写作的注意事项

讨论部分的写作绝非一日之功，在写作时需要注意：

(1) 在写作前，要查阅大量文献，了解该课题的国内外研究现状，找到合理的切入点，不主观猜测，有理有据。

(2) 切勿在讨论部分过多的重复材料、方法和结果的内容。有时在讨论中总结结果是必不可少的，但不应过多重复，要进一步解释说明以升华结果。

(3) 在解释说明时，要围绕重点和主题进行，并能够沿着切入点深入下去，切忌平铺直叙、浮在表面、面面俱到。

(4) 当结果与引言提出的问题相呼应时，在合理引用文献的基础上，就比较容易解释可能的机制或假说，读者也易于接受。但如果出现不一致的实验结果时，应该慎重考虑。怎样合理解释这些"意外"情况？有哪些理论知识能够支撑这些结果？如何引用文献支持使读者信服？这些结果的出现是必然还是实验操作导致的？

(5) 要实事求是地评价实验取得的结果和成就，要做到谦虚而不卑微。如"首次报道"、"填补空白"、"取得历史性成就和意义"等词尽量不用，以免因为疏忽，话说的太大，使审稿专家和读者对结果产生质疑。

(6) 合理引用参考文献。引用参考文献可以为结果的解释和说明提供依据，但在引用参考文献时要注意引用的参考文献一定亲自阅读，避免间接转引，另外参考文献的年代要求较新，以近5～10年的为主。

(7) 讨论中的语言要简明扼要，尽量使用主动语态，可以使用第一人称描述结果。时态多采用一般现在时和过去时，其他时态使用较少。

2.8.4　讨论中的"结论"如何撰写

在讨论的最后，多数作者通过高度概括、总结和推理而得出一个较好的结论来结束论文。一般而言，在讨论之后给出总结是合乎情理的安排，并且目前不少期刊要求论文在讨论之后给出结论。那么讨论中的结论与摘要中的总结性结论有什么区别和联系呢？

（1）讨论中的结论没有明确的篇幅要求，可以适当发挥。两者的结论和观点是一致的，有时在摘要中由于篇幅限制不适合展开的语句，可以在讨论的结论中完成，可以将讨论中的结论看成是摘要中结论的展开。

（2）讨论中的结论同样需要简明扼要，几句话概括，避免冗长拖沓。有时为了层次清楚，可以分几个层次来说明。

（3）避免重复。尽管结论和观点一致，但描述和表达可以有区别，不可能一成不变而使用完全相同的语句。

讨论是论文中最精彩的部分，同时也是最考验作者科研水平和理论思维的部分，尤其对初写论文的年轻科研人员而言，这部分无疑是最难写的。这就要求作者在日常工作和学习中，要多读文献，多思考，争取早日写出高质量的讨论。

2.9　如何表达致谢

2.9.1　致谢的意义和作用

致谢（acknowledgments）部分并非每一篇论文在发表时编辑部均要求撰写。但在实际工作中，随着实验项目的扩大以及交流合作的增加，实验设计、实施和论文撰写的顺利完成离不开别人的帮助和支持，然而，这些提供帮助和支持的个人或单位还不足以或不方便列在作者一栏中，因此致谢部分就是为作者提供向这些人和单位表示感谢的机会。致谢是作者可以选择的栏目，并非硬性规定，有的论文没有值得致谢的对象时可以不写。如果需要撰写，在排版时，致谢一般写在正文的讨论部分之后，参考文献之前。目前绝大多数论文在发表时均包含致谢部分。

致谢不仅表达了作者对曾经提供帮助的个人和单位的尊敬和感谢，更是对他人工作和贡献的一种肯定。因此，在实验完成得出成果、论文发表之际，用文字形式表达感谢，是必然的，是理所应当的，也是非常必要的。

2.9.2　致谢的内容

致谢主要围绕两方面内容来完成：

（1）从实验设计、实施、总结到实验完成后撰写论文的过程中，任何提供帮助的个人或单位，不符合作者身份标准，但确有贡献者，可列在致谢部分。这些提供帮助的个人和单位或参与了实验的部分工作，或进行实验设计、指导，或给予建议，或帮助撰写论文，或帮助审稿，他们的帮助确实对实验工作和论文完成发挥了重要作用，并产生了价值。因此，向其表示感谢是必然的。

（2）对实验过程中的资金支持表示感谢。需描述提供资金支持的机构名称，中国一般是国家自然科学基金（National Natural Science Foundation of China）、国家重点基础研究发展规划项目——973项目（Major State Basic Research Development Program of China，973-Program）、国家高技术研究发展计划资助项目——863计划（National High Technology Research and Development Program of China，863-Program）。向基金项目表示感谢时，要

写清楚基金号码，以表示是该基金项目的研究成果。也有的期刊要求将基金项目列在论文的首页，写作时的具体安排要参照期刊稿约和作者须知。

如例2-14所示，在致谢中首先向提供支持的单位表示感谢，然后分别列出了个人对整个实验中的具体帮助和贡献，言简意赅又清晰明了。

例2-14 摘自 *Subcutaneous or intrahepatic injection of suicide gene modified tumour cells induces a systemic antitumour response in a metastatic model of colon carcinoma in rats*

ACKNOWLEDGEMENTS

This work was supported by the Institut National de la Santé et de la Recherche Médicale, Ligue Départementale contre le Cancer and Association pour la Recherche sur le Cancer (ARC). The authors are indebted to Professor F Martin (Unité INSERM 517, Dijon, France) for kindly providing the DHD/K12/PROb (PROb) cell line. We thank Produits Roche (France) for supplying 5-FC. The expert technical assistance of R Grattery is gratefully acknowledged.

2.9.3 撰写致谢的注意事项

(1) 致谢时要征得被致谢者的个人和单位同意，尤其是知名专家，论文需要交由其审核，同意后方能向其致谢。因为文章中包含一些观点和内容，向其表示感谢后，则暗示其对文章观点和内容的认同。

(2) 致谢时，在被致谢者名字后面应标出对该论文的主要贡献和工作内容，使读者能了解其参与的主要工作。

(3) 致谢人员与作者身份应严格界定，避免把符合作者身份的人列在致谢部分，以免引起不满；也不应把本是致谢的个人和单位列在作者一栏中，以免夸大其所做的工作和贡献，两者应严格区分。

(4) 言简意赅，但又具体化，使审稿专家和读者在阅读后能够清楚了解各个被致谢者实际参与的工作和内容。

2.10 如何引用参考文献

2.10.1 引用参考文献的意义和作用

在一篇论文中，参考文献虽不是最重要的，但是必不可少的，是一篇论文中重要的组成部分。《文后参考文献著录规则》(GB/T 7714—2005)中，对参考文献定义如下：参考文献是指为撰写或编辑论文和著作而引用的有关文献信息资源，它不仅表明论文的科学依据和历史背景，而且强调作者在前人研究基础上的提高、发展与创新所在。医学杂志编辑国际委员会(ICMJE)制定的《生物医学杂志投稿统一要求》中也规定生物医学论文中要包括参考文献部分。由此可见，参考文献在论文中起着重要的作用。归纳下来，其主要作用有五点：

(1) 能够表明该论文的科学根据和基础，说明实验是在充分的理论根据指导下完成的。

论文中的观点、资料和方法标明来源和出处，说明论文是在前人工作的基础上进一步研究或深层次探究，能够体现科研工作的继承性，同时也说明该论文在科学发展道路上起承前启后的作用。

（2）便于读者查阅原始资料。有时读者在检索论文时，不仅看本文的研究成果，还要查阅早期的文献及其他相关材料。因此，列出参考文献后，读者可以据此追溯检索文献，查找原文，并核对作者引用的参考文献是否正确。

（3）便于科技情报人员据此进行情报研究和文献计量学分析。科技情报人员可以根据文献的被引用次数来分析当前的热点问题和高水平的文献，并且 JCR 报道中关于期刊影响因子的报告即是通过期刊发表论文的被引用次数来计算的（详见第 1.1.2 节和第 1.1.3 节），有利于分析期刊质量和水平。

（4）对前人成果和著作权的尊重和肯定，同时也能把本论文的实验成果与前人成果区分开来，表明论文的创新之处。

（5）省略文字，避免重复，有利于节省论文篇幅。引用参考文献后，不必在论文中详细描述想要表达的内容，只需写出主题思想并在论文的相应位置标明出处即可。

2.10.2 参考文献的引用原则

参考文献是论文中重要的一部分，不能随便引用。在引用时，为了保证引用质量，要遵循一定的原则。

1. 权威

论文中引用的参考文献水平在一定程度上反映了作者对文献的把握程度和论文的学术水平，体现了论文的先进性、科学性和可信性。因此，作者在阅读论文时，要选取权威期刊上的文献并注意积累，在引用时，多引用权威期刊上的文献。当然，这并不是说不引用一般期刊上的文献或否认其价值，如果一般期刊上的文献质量和价值水平较高，并与论文中想要表述的内容密切相关，当然可以引用。而且要注意，不要一味追求引用权威期刊文献而出现牵强引用的现象。

2. 新颖

原则上讲，在选择参考文献时，应以文章质量为标准。但较新的参考文献代表了科技的发展水平，在一定程度上体现了论文的先进性，因此，在同样条件下，应选择最新的文献，尤其是近 1~2 年发表的文献。目前，衡量引用的参考文献新旧标准的指标是普赖斯指数（Price index），计算方法是：

$$普赖斯指数(\%)=\frac{该论文中引用的最近五年内公开发表的文献数}{该论文中引用的所有文献数}\times 100\%$$

生物医学论文的普赖斯指数一般要求在 50%~70% 之间。根据普赖斯指数的要求，作者在引用参考文献时应尽可能多地引用 5 年以内发表的文献。审稿专家和读者在阅读文献时，如果发现有最新的重要文献未被引用时，可能会对该论文的质量表示怀疑。因此，在撰写论文时，作者要全面查找相关文献，多引用较新的文献，一般不将年代久远的文献和教科书的内容列入其中。除非是与研究主题极为接近的经典文献，不论年代多么久远，均应引用。

3. 全面

在引用参考文献时，要尽可能全面地涉及国内外研究成果。因此，作者在阅读文献时，要兼顾中文文献与外文文献，虽然我国科研水平总体不高，但仍有一些研究促进了医学研究的发展，在国际医学领域做出了重大贡献。因此，在引用参考文献时，不要一味盯在英文文献上。在 SCI 论文中，应以英文文献为主。

4. 准确

在引用参考文献时，为了保证引用的质量，要求论文中参考文献的标注内容和标注位点准确。在引用阅读过的文献时，内容容易掌握，能够忠实于原文。而有些作者在实际写作时，间接引用或多次转引其他论文中的参考文献，就可能出现断章取义、歪曲原文的现象。而标注位点则要求按照参考文献标注的规范，在原文中采取统一的标注方法。因此，为确保论文质量和促进论文发表，要保证论文中标注内容和位点准确。

5. 规范

参考文献在引用时，应采用索引性参考文献体系，根据标注方法的规范要求，在论文的相应位置采取标准化的引用格式进行标注。而对于文献的引用数量，目前没有严格要求。一般而言，科技论文引用 30~40 篇比较合适，而综述类的论文要稍多一些。

6. 公开

非公开发表的文献、内部资料、保密刊物或个人通信等通常不能作为参考文献引用，因为读者不易查找到原始文献。已被杂志接收但尚未印刷发表的文献可以引用，但应在刊名后注明"印刷中"(in press)的字样。

2.10.3 参考文献的引用格式

目前参考文献的引用格式共有四种：温哥华格式、哈佛格式、牛津格式和混合格式。关于生物医学论文中参考文献的引用格式，国际标准化组织(ISO)、英国国际标准、美国国家标准和中国国家标准均对此作出了详细规定，主要推荐温哥华格式和哈佛格式。因此前两种格式在生物医学论文中常见，后两种格式多见于人文学科和社会科学领域，故在此详细介绍前两种。

1. 温哥华格式

温哥华格式(Vancouver style)也称为顺序编码体系(numbering system)，是 1978 年在温哥华召开的生物杂志编辑人员会议上确定的，主要用于生物医学领域。此格式的标注方法是在正文中用阿拉伯数字列录、标明参考文献的顺序号，然后在文后按正文的阿拉伯数字顺序，根据相应的格式要求列出参考文献。根据阿拉伯数字的不同位置，该格式又可分为两种类型。第一种是用方括号或圆括号将阿拉伯数字括起来，然后置于引用内容之后，阿拉伯数字从 1 开始，依次下排，如(1)、(2)或[1]、[2]。当引用两篇文献或间断引用几篇文献时，文献顺序号用逗号隔开,如(5,6)、(10,13-15)或[8,9]、[12,14-17]。另一种类型是将顺序号用方括号或圆括号括出来后,置于引用内容的右上角。如[(1)、(2)]或[[1]、[2]],有些杂志要求不加括号直接将阿拉伯数字号置于引文的右上角,如[1,2-5]。两种类型仅在阿拉伯顺序号放置位置上是不同的,其他没有明显区别。目前两种类型均在使用。

在文后的参考文献列表中,各条文献均应按照序号排列,列出完整项目和内容,各个项目和著录格式应符合期刊规定。根据不同的参考文献类型及不同的杂志要求,列录参考文献的格式多种多样。比如引用单篇论文时,有的杂志要求著录格式为:文献顺序号,作者名缩写(全部作者均列出或只写前三位作者或前六位作者,后面的用,et al 表示),题目(有的期刊为了节省篇幅,不要求列出题目),文献类型标志代码(可以用方括号括起来,也有的期刊不要求写),杂志名,出版年(可写于杂志名之后、作者名之后或整个引文之后),卷,期(有的杂志不要求写明期号),起止页数(有的期刊要求全写,如 211-215;有的要求删除重复字数,如 211-5)。文后参考文献的引用格式如下面三个例子所示。

例 2-15 Chen X, Kandasamy K, Srivastava RK. Differential roles of RelA (p65) and c-Rel subunits of nuclear factor kappa B in tumor necrosis factor-related apoptosis-inducing ligand signaling. Cancer Res. 2003;63:1059-66.

例 2-16 Pantaleo, M. A., et al. (2011) SDHA loss-of-function mutations in KITPDGFRA wild-type gastrointestinal stromal tumors identified by massively parallel sequencing. J. Natl. Cancer Inst. (in press)

例 2-17 Delhommeau F, Dupont S, Della Valle V, et al. Mutation in TET2 in myeloid cancers. N Engl J Med 2009;360:2289-301.

专著的著录格式较为单一,主要是顺序号,主要责任者,专著名称,文献类型标识代码(一般用方括号括起来),版本(第一版不标注),出版地,出版者,出版年(有的杂志可能要求列在最后),引文起止页数。当引用专著中各个章节时,著录格式为顺序号,作者名,引用的章节标题,In:主编姓名,Editor 专著名称,文献类型标志代码(一般用方括号括起来),版本(第一版不标注),出版地,出版者,出版年(有的杂志可能要求列在最后),起止页数。引用专著的情况比较少见,在引用时,更要注意格式准确。

2. 哈佛格式

哈佛格式(Harvard style)也称著者-出版年体系(name-and-year system)。该格式始于 1881 年,目前在自然科学论文中应用普遍,在生物医学领域的应用比温哥华格式要少,国外只有少部分期刊要求使用该格式,国内杂志几乎不采用这种格式。

在引用参考文献时,该格式写法比较简单,只需在引用处的圆括号内列出所引用文献的作者姓氏和出版年代即可,多篇参考文献同时被引用时,在圆括号内用分号隔开。一般只列出一个或两个作者名,如果有三个作者以上,则只列出第一作者,后面用", et al.,"代替。然后在文后按照作者姓名进行排序,完整列出参考文献的信息。

如下面例子所示,该篇论文的参考文献引用格式为哈佛格式。这一段是论文的引言部分,段中加黑的部分为引用的参考文献的作者名和出版年代。

例 2-18 摘自 ***BRCA1 is required for hMLH1 stabilization following doxorubicin-induced DNA damage***

DNA mismatch repair (MMR) system contributes to the maintenance of the genomic stability in both prokaryotes and eukaryotes (**Kolodner and Marsischky, 1999**) through the correction of replication errors, the suppression of recombination between non identical, but homologous sequences, and the activation of cell cycle arrest and apoptosis in response to DNA damage (**Buermeyer et al., 1999a; Kunkel and Erie, 2005; Schofield and Hsieh, 2003**). The MMR system is composed by a group of highly conserved proteins that recognize and repair base-base mismatches and small insertion-deletion mispairs generated during DNA synthesis (**Kolodner and Marsischky, 1999; Harfe and Jinks-Robertson, 2000**).

文后参考文献引用格式，此处按照原论文的格式列出了其中 4 篇供大家学习借鉴。

Acharya S, Wilson T, Gradia S, Kane MF, Guerrette S, Marsischky GT, et al. hMSH2 forms specific mispair-binding complexes with hMSH3 and hMSH6. Proc Natl Acad Sci USA 1996;93:13629-34.

Banin S, Moyal L, Shieh S, Taya Y, Anderson CW, Chessa L, et al. Enhanced phosphorylation of p53 by ATM in response to DNA damage. Science 1998;281: 1674-7.

Canman CE, Lim DS, Cimprich KA, Taya Y, Tamai K, Sakaguchi K, et al. Activation of the ATM kinase by ionizing radiation and phosphorylation of p53. Science 1998;281: 1677-9.

Chang DK, Ricciardiello L, Goel A, Chang CL, Boland CR. Steady-state regulation of the human DNA mismatch repair system. J Biol Chem 2000;275: 29178.

引用不同的文献类型时，标识代码是不一样的，在著录时，要选择正确的标识代码。有的电子文献是以磁带、磁盘、光盘或联机网络作为载体向大众传播发行的信息资源，如表 2-4 所示，列出了不同文献类型和电子文献载体的标志代码，方便读者在引用文献时查阅。

表 2-4 文献类型、电子文献载体和标志代码

文献类型	普通图书	会议记录	资料汇编	报纸	期刊	学位论文
标识代码	M	C	G	N	J	D
文献类型	报告	标准	专利	数据库	计算机程序	电子公告
标识代码	R	S	P	DB	CP	EB
电子文献载体	磁带(maganetic tape)		磁盘(disk)		光盘(CD-ROM)	联机网络(online)
标识代码	MT		DK		CD	OL

杂志名在列录时，不要求写杂志名的全称，而是写出杂志名的缩写。目前网上查询杂志名缩写的方法方便而且准确，完全可以满足要求。下面讲述两种查询杂志名缩写的比较权威的方法，建议读者在使用时以第一种方法为主。

第一种方法：在 Pubmed 主页进行检索，选择"NLM Catalog"检索项，在检索对话框内

输入要查询的杂志名称如"CA：A Cancer Journal for Clinicians"，如图 2-5 所示，单击"Search"后，出现所查询杂志的缩写（Title Abbreviation）、第一次出版年（Publication Start Year）、出版商、语言等相关资料，如图 2-6 所示。当结果不需要这么详细时，可在"Display Settings"处进行设置，选择"Summary"格式。也可以在 Pubmed 主页界面，选择"Pubmed"检索项，输入欲引用的文献名称后，查找到该篇文献，单击文献链接后出现该文献的题目、作者姓名和摘要。在文献标题上方，可以看到收录该文献的杂志名缩写以及论文发表的卷、期、页等信息，如图 2-7 所示。一般在论文完成后，需要对所有引用的参考文献进行如上核对，确认引文的信息完全正确。

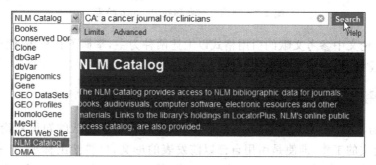

图 2-5　Pubmed 界面检索杂志名称缩写

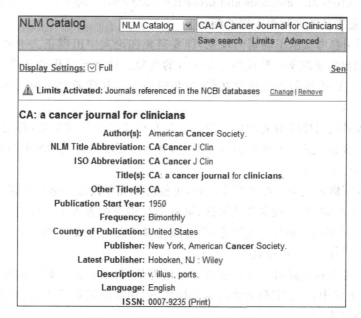

图 2-6　检索杂志信息结果显示界面

第二种方法：通过 http://v3beta.medch.cn/ 网址，进入医知网数据库，注册并登录后，在期刊导航界面可以看到，如第 1 章图 1-6 所示，期刊名称后均附有期刊简称、参考中文名称和期刊的影响因子，单击期刊名称后可以查看该期刊的详细信息。

读者也可以利用强大的互联网在线搜索功能，在搜索引擎内输入期刊名进行查找，但没有上述两种方法查找出来的结果权威可靠。

> CA Cancer J Clin. 2011 Jan-Feb;61(1):50-62. Epub 2011 Jan 4. —— 期刊名缩写、出版年、卷、期、页
>
> **Self-management: Enabling and empowering patients living with cancer as a chronic illness.**
>
> McCorkle R, Ercolano E, Lazenby M, Schulman-Green D, Schilling LS, Lorig K, Wagner EH.
> School of Nursing, Yale University, New Haven, CT, USA. ruth.mcCorkle@yale.edu
>
> **Abstract**
> With recent improvements in the early detection, diagnosis, and treatment of cancer, people with cancer are living longer, and their cancer may be managed as a chronic illness. Cancer as a chronic illness places new demands on patients and families to manage their own care, and it challenges old paradigms that oncology's work is done after treatment. As a chronic illness,

图 2-7 利用文献名称在 Pubmed 检索

生物医学论文中参考文献的引用格式以上述两种为主,掌握了其写法,然后结合不同期刊的稿约,注意细节,一丝不苟地按照稿约要求来排列参考文献。

2.10.4 引用参考文献的注意事项

(1)"用而不引,无异于剽窃"。一般而言,除了教科书上公认的知识和论点外,只要不是本实验和论文的工作,即使是引用自己以前发表的论文,也要给出标示,并完整列出相应文献。在论文中,凡是出现"… research report"、"Recent studies show that"、"… research point out"、"Experimental methods and procedures are according to …"等字样时,均需列出参考文献,特别是重要的文献更不能遗漏。

(2)避免引用参考文献不确切的现象,即要避免在论文中出现正文中列出的标志与文后参考文献中列出的文献不一致或编号不相符的现象。这就要求作者在论文写作时,要注意作笔记进行记录,投稿前认真核对文献,以免审稿专家和读者对本论文和实验结果产生怀疑。

(3)避免转引或间接引用文献的现象。凡是在论文中引用的文献,都是经过作者仔细认真阅读过的。要深入理解文献的内容和意义,避免出现断章取义的现象,以免影响论文的可信度和作者的学术水平。

(4)注意编写格式正确。在引用文献时,可能会出现年代位置书写错误、标点符号标注错误、杂志名缩写错误、作者姓名格式错误、页数书写错误或者著录文献的项目不全等。编排参考文献的错误相当普遍且种类繁多,作者在为参考文献排版时,要一丝不苟地按照目标杂志的格式和稿约来完成,避免此类错误出现。

(5)引用参考文献主要用来支撑引言和讨论部分,用以引出要研究的问题并佐证自己的观点,在描写方法中,关于实验方法的基本操作,引用文献后就不需再详细赘述。要注意摘要中不出现参考文献。

引用参考文献是一件看似简单实则复杂、烦琐的工作和任务,在实际工作中,要注意做好笔记,按照期刊要求来引用,并在论文完成后逐一认真核对。随着科学技术的发展,各种文献管理软件不断问世,在这些软件中,EndNote 软件因其强大的文献管理性能而日益受到重视,给实际工作带来了便利。本节简单介绍了引用参考文献的意义和注意事项,具体如何使用 EndNote 软件来简化参考文献的著录过程,参见本书第二部分 EndNote 章节。

第 3 章 不同体裁的 SCI 论文撰写技巧

除论著外,医务人员常撰写的 SCI 论文类型还包括文献综述、病例报道和会议摘要等,尽管在写作时各种类型的论文各有其特点及不同之处,但鉴于其与论著类论文的相通之处,本章不再按照各个类型论文的不同部分进行讲述,而是围绕各种类型论文的整体特点以及写作注意事项展开,从不同着眼点讲述 SCI 论文的写作技巧。

3.1 如何撰写综述

3.1.1 综述的意义和特点

综述从字面上可以理解为综合概述。综述类论文是指作者在广泛阅读某一领域(或课题)已发表的文献资料的基础上,选取有用的信息,分析研究、归纳整理,将零散的知识点集中、凝练后,写成的具有科学性、逻辑性和综合性的论文。综述属三次文献,是对现有成果加以评论、综合并预测其发展趋势的文献,属于这类文献的还有评论、评述、进展、动态等,具有较高的实用价值。影响因子较高的杂志发表的英文综述的作者是被期刊邀请的对某个领域前沿动态及发展趋势有深入研究和了解的专家,因此一篇高质量的综述具有很强的专业深度,能反映出这一专题的历史背景、研究现状和发展趋势,具有较高的情报学价值。

一篇医学文献综述是综合数十篇甚至数百篇原始文献的信息并升华,因此,通过阅读综述,可在较短时间内了解该专题的研究历史、现状及今后的研究方向,了解若干篇有关该专题的原始研究论文,并能在较短时间内掌握某一专题或研究的新发现、新原理和新技术等。阅读综述还能积累资料,为科研选题、科研设计和实验实施提供依据。通过阅读综述,读者可以了解过去与当前专题研究工作的进展和动向,总结别人的经验和教训,最大限度地利用前人成果,在别人的论点和构思中得到启发,以制定正确的科研规划,选择合适的科研项目、方案和措施。

目前,国内外大多数医学期刊都设有综述栏目。就中文综述而言,我国目前有几百种医药杂志和医学院校学报都刊登不同数量的医学综述。研究生在学位论文开题前,通过阅读相关领域的国内外前沿文献,全面系统地了解和掌握本研究领域的研究现状、发展趋势和待解决的关键问题后,完成本课题综述的写作。在写作过程中,可以提高自身理解、归纳、综合和分析能力。因此,撰写综述是每一位科研人员都应掌握的基本功。尽管在期刊上发表英文综述的难度相对较大,但每一位科研工作者都应该学会如何查找并撰写英文综述。通过练习撰写英文综述,不仅可以帮助我们查阅外文文献、搜集资料、丰富知识、开阔思路,更能锻炼我们判断评估的逻辑思维,还能提高用英语撰写论文的能力。

与论著、病例报道等其他体裁的论文相比，综述有其独特的特点，表现在综合性、评述性和新颖性三个方面。

1. 综合性

各种类型的综述的基础都是综合叙述，因此综合性是综述类论文最基本的特点，主要指在广泛的时空范围内对内容的综合。只有以某一专题的发展为纵线，同时又对国内、外文献进行横向比较，纵横交错下文章才会占有大量素材，反映当前课题进展，进而把握本专题发展规律和预测发展趋势。但这并不意味着把所有文献不分主次、不分重点、不加选择地堆积和罗列在一起，而是按照文献内容特征与逻辑顺序进行高度概括和总结。在语言方面，综述是在理解原文的基础上，用简洁、精炼的语言将其概括出来，并不是简单地照抄或摘录。因此，综合性要求论文既有内容的综合又有语言的凝练。

2. 评述性

综述不是知识内容的简单罗列，而是作者在查阅大量文献的基础上，对所收集的知识和材料进行加工处理，去粗取精，吸取精华，对所综述的内容归纳总结后进行综合分析评价，在评价中反映作者的观点和见解，这实际是一个理论的再创造过程。缺少评述性内容，论文就不能成为综述，而是手册或讲座了。但要注意评述的内容要有客观性，即在分析、比较、评论各种理论、观点和方法时要有客观的态度，以科学的分析方法为手段，基于客观事实进行分析、评价，避免个人倾向。

3. 新颖性

新颖性主要包括三个方面：内容新、角度新和文献新。综述不是写学科发展历史，而是要搜集最新资料，获取最新内容，将最新的医学信息和科研动向及时传递给读者。因此选题应围绕新方法、新成果、新进展和新动向来完成。对某一课题或某一科学技术而言，可能有不少综述已发表，但如果能从一个与众不同的角度，揭示新概念和新问题，那么这一综述就具有较高的价值。检索和阅读文献是撰写综述的重要前提工作，参考文献的新旧在一定程度上反映综述内容和选题的新颖性，因此在写作过程中，不宜过多地引用年代久远的文献，应重点关注近5~10年发表的论文，以保证综述的新颖性。

3.1.2 综述的写作格式

综述类论文与论著类论文的关注点是不同的，主要区别在于，论著类论文强调研究方法和结果，而综述则着重于总结、评述主题的已有资料、动态进展和未来展望。因此，综述的格式并无严格规定，相对灵活多样。一般而言，除标题、作者、作者单位、关键词外，综述的写作格式还包括关键的四部分，即前言、主体、小结、参考文献。对于摘要的要求，各个期刊是不一样的，有的外文医学期刊在接收综述类论文时，要求作者必须撰写一份符合规定的摘要，因此是否有摘要，要根据期刊要求而定。

综述类论文与论著类论文写作格式的区别，主要在标题、前言、主体、小结部分，因此，本节主要围绕这四点进行讲述。关于综述类论文中作者、作者单位、关键词的选择原则和参考文献的引用原则，除期刊有特殊要求外，与其他论文无明显区别，可参见第 2 章中对应的各个部分,此处不再详细讲述。

1. 标题

综述的标题与论著类论文的标题是不一样的,其作用是使读者一看标题就能了解综述的大致内容,并能反映学科研究范围和学术深度。因此标题应高度概括、重点突出,既简洁又有涵盖性。标题多用名词词组表达,英文标题一般不超过 10 个实词。命题技巧是可以直接写出综述的主题内容,也可以在主题内容后加上"……研究现状"、"……研究进展"、"……评估"、"……评价"、"……现状和未来"等字样,如以下已发表的几篇综述类论文的标题所示。

Anti-inflammatory Agents: Present and Future.
Mapping cancer origins.
Lymphangiogenesis: Molecular mechanisms and future promise.
Diabetes in Asia: epidemiology, risk factors, and pathophysiology.

2. 前言

前言也称为引言或导言,是一篇综述的开始。一般 200～300 字为宜,避免冗长。主要包括以精炼的文字综述主题的历史和现状,并引出本综述的目的、意义和作用;对下文中的专有名词进行解释,对下文中的概念进行明确定义,并介绍综述的主要内容。要使读者和审稿专家在读完引言之后,能够大体了解综述包含的主要问题,引起进一步阅读全文的兴趣。

3. 主体

主体即为综述的正文,是整个综述的重点、价值最高的部分。根据选题的不同,写作方式是不一样的,因此主体在写作上没有固定的格式,只要能较好地表达综述内容即可。主体主要包括论点和论据两大部分,一般写作安排是提出问题作为论点,然后围绕提出的问题,比较不同研究人员发表的论文对这一问题的看法及理论依据,分析总结后,进一步阐明问题的来龙去脉以及作者的观点和见解。当然,作者也可从问题发生的历史背景、目前现状、发展方向等分析总结文献的不同观点。主体部分的写法有下列三种。

1) 纵式写法

作者在写作时主要围绕某一专题,按事物发展的先后顺序或课题本身发展层次,对其历史演变、目前状况、发展趋势作纵向描述,说明某一专题的来龙去脉和发展轨迹,体现各阶段的研究水平。纵式写法强调时间的进展性和课题的动态发展,重点描述已经解决了哪些问题,取得了什么成果,还存在哪些问题,今后发展趋向如何等。这种写法不是孤立地按时间顺序罗列事实,而是要把这些内容的发展层次交代清楚,并且文字描述要衔接紧密。有些课题时间跨度大,科研成果多,在总结描述时要把握创造性、突破性的成果,对其作详细介绍,而那些不重要的课题研究结果只需简略介绍,做到详略得当。这种写作方式能够很好地按照时间走势展示课题的发展动向,层次表达清楚。

2) 横式写法

这种写法的时间跨度短,是对某一课题在国际和国内各个方面的发展状况作一个总结描述。关于某一课题,可能在短时间内引起了国际和国内同行的关注,近期发表了许多论文，及时加工整理后写成综述，可能对同行起到借鉴、指示和指导作用。因此，通过横向对比总结，既可以分辨出各种观点、见解、方法、成果的优劣利弊，又可以看出国际水平、国内水平和本单位水平，从而找到差距。

3）纵横结合式写法

在同一篇综述中，可以同时采用纵式与横式写法。例如，写历史背景时利用时间为主线采用纵式写法，写目前状况时以目前的横断面为基点采用横式写法。纵横交错下，能够广泛地综合文献资料，全面系统地认识某一专题及其发展方向，作出比较可靠的趋向预测，为新的研究工作选择突破口或提供参考依据。

对于正文内容和层次较多的综述，可根据撰写目的，分为若干个2级标题，2级标题下可设3级标题、4级标题，每个标题下论述一个观点、时间或内容，各个标题还要具有递进关系，并且围绕主题进行。无论是纵式、横式还是纵横结合式写法，都要求做到：①全面系统地搜集资料，客观公正地反映事实；②分析透彻，恰当综合；③层次分明，条理清楚；④语言简练，详略得当。

4. 小结

小结的作用首先是对综述正文部分作简明扼要的总结，将正文中的主要观点、结论进行综合概括评价后，使重点、要点突出，并与前言部分提出的问题相呼应；其次是对课题发展进行展望，指出今后的发展方向，提出自己的看法和观点，以启示新的科研课题。

3.1.3 综述的写作步骤

综述中包含大量的知识点，是在查阅大量文献的基础上，对文献资料进行综合分析后撰写而成的。综述不是简单地罗列和组合知识内容，而是一个全新的理论再创造过程。因此，要想写出高质量的综述，必须有充分的准备，并按照一定的步骤进行。这些步骤包括：确定主题后检索并阅读文献，总结资料，拟定提纲后有的放矢地撰写成文，最后对综述内容进行修改定稿。

1. 确定主题

主题是综述的着眼点和立足点，选题的恰当与否在综述的写作过程中至关重要，关系到综述的质量和实用价值。所选主题要具有先进性、科学性、实用性和可行性。为了满足这些要求，选题一般要遵循以下原则。

（1）新颖。只有新颖的主题才能撰写出反映学科动向的综述，对读者有吸引力，有发表价值。因此在选题时，要依据国内外医学发展现状和水平，选择能够代表该领域发展方向和水平的主题，或者总结有重大突破的专题，对科研进展有指导作用。可以着眼于该领域的新理论、新成果、新技术或新动向等。

（2）熟悉。所谓"熟悉"是指选题要结合自己的日常研究工作，与自己的科研成果有机结合起来，或者是与所从事专业密切相关的专题，在熟悉中把握新颖，使综述更有针对性，更好地描述其发展历史、现状和发展趋势，做到综中有述，述中有综。

（3）大小适中。过大或过小的主题对于综述的撰写都是不利的。一篇综述的容量是有限的，主题过大时，在查阅大量文献的基础上可以做到内容较全但不够精细，不易把握重点，可能出现空洞无物、漫无边际的现象，既费时又费力，写出的综述内容还不够深入。而主题过小时，尽管内容易深入但扩展面不够，不足以形成大的网络全面反映主题进展，对于综述的质量是有影响的。但对于初学者而言，要把握"宁小勿大"的原则，建议先从较小、较窄的主题入手，积累经验后再将主题范围扩大。

按照上述三个原则，深入思考后选择合适的主题和研究方向。还有一点需要作者注意，综述的主题与论文标题既有联系又有区别，标题是在主题和论文撰写的基础上选定的，标题是选题的高度概括总结，但选题不受标题的限制。

2. 检索文献

综述是由不同的知识点组成的，而知识点来源于不同的文献，因此文献是综述的物质基础，检索文献是综述撰写的基础和准备工作。因此选定主题后，要围绕主题搜集大量相关文献，以保证收集的资料齐全、新颖。检索的文献要具有代表性、新颖性、重要性。因此在检索文献时要注意：①尽可能收集最新的原文，特别是近5年发表的论文，这些论文反映主题最新的研究动态；②与本课题相关的论文，尤其是在权威期刊上发表的、被引用次数较高的论文，这类论文的全文要尽力下载阅读。

检索文献的方法有手工检索和计算机检索。随着计算机的普及和国际互联网的应用，手工检索这种传统方法的使用越来越少，而计算机检索的作用越来越突出，它可以节省大量的时间和精力，并且检索速度极快。计算机检索主要是通过检索各种数据库实现的。医学研究生使用的数据库既有中文数据库又有英文数据库，常用的中文数据库有：国家知识基础设施（National Knowledge Infrastructure，CNKI）即《中国知识资源总库》——CNKI 系列数据库、维普中文科技期刊全文数据库、万方数据库等。常用的英文数据库有：Pubmed 数据库、MEDLINE 数据库、荷兰的《医学文摘》光盘数据库、美国《生物学文摘》数据库等。近年来，随着科技的进步和教育的改革，许多大学都开设有《医学文献信息检索》等相关课程，提高了大家检索文献、收集知识的能力。

3. 总结资料

对于检索到的文献，要从中挑选出具有代表性、科学性和可靠性的文献进行阅读，通过浏览文献标题和摘要，根据文献价值将其分为粗读、精读和细读三类。与主题联系密切、最新的、影响因子较高的期刊上发表的论文应归为精读一类，反复仔细阅读，透彻理解论文信息。而相对次要的论文细读理解其内容即可，那些参考价值较低、论文质量较差的文献则可以选择粗略阅读的方式，甚至有的论文可以放弃阅读。从某种意义上讲，阅读文献的水平高低将直接影响综述的质量，因此在阅读文献时，应仔细分析，对文献中的背景、方法、结果、新发现和结论等认真体会和理解，做好读书笔记和文献摘录卡片，并用自己的语言总结并记录阅读文献时得到的启示、体会和想法。还要注意，在阅读文献时，不能曲解原文的结果和结论，对于较难理解的内容，应在彻底弄懂的情况下，准确理解原文含义。在上述基础上，整理、分析、归纳读书笔记和文献摘录卡片，从中总结规律，形成自己的观点，为综述撰写准备资料。

4. 拟定提纲

在检索文献、总结资料后，综述的大体轮廓和思路已成形。为保证写作时思路连贯、条理清晰、层次分明，并抓住重点、紧扣中心、防止遗漏，一般在正式写作前，先拟定一个详细的写作提纲，此类提纲应比较具体，包含各级标题以及标题下要讨论的大体内容。提纲要求紧扣主题、层次分明、用词精炼。初步拟定后，要对提纲进行全面检查和回顾，看文献资料是否充足，各部分下的项目是否匀称，对有疑问或不合理的地方，可重新加以调整。反复几次后，提纲渐趋完善，整个综述的"骨架"也就搭起来了。

5. 撰写成文

撰写成文是整个过程中最重要的一步，前面所有的工作都为这一步准备。提纲拟定后，文章的思路和结构已了然于胸，即可以下笔撰写。撰写时，按照提纲形成的文章框架，逐项将内容展开，要注意论点清晰，引证论据时说理透彻、把握重点。在引用参考文献时，要忠于原著。当讲述不同观点时，作者可有客观倾向性和自己的观点及评论，但不同观点也要列出，并注意引用参考文献。对目前存在的问题，作者可给出合理化建议并对研究前景进行展望。全文的论点应集中并贴近主题思想，内容应如实反映原作者的观点，不能任意改动，文中出现的专有名词要按照规范撰写，使整个文章的内容客观、结构严谨、语言凝练、逻辑性强。初稿形成后，要字字斟酌，反复加工。

6. 修改定稿

综述初稿完成后，作者需将论文反复修改和补充，以期向大家展示一篇高质量的论文。修改时主要考虑以下方面：①语言表达要精炼，语句通顺，逻辑清晰；②要反复核对原始文献，保证文章内容准确无误，并对文中模糊晦涩的内容进行精简；③文中引用的参考文献的序号要和文后所列的参考文献相匹配，并且文后参考文献的著录要齐全，格式正确。做到以上三点后，可以将论文交由该领域的专家或导师进行审核，进一步提高综述的学术水平和文字水平。

3.1.4 综述写作的注意事项

综述是一类非常重要的论文体裁，研究生在开题前均需撰写综述，因此本节不厌其烦地强调综述写作的注意事项，以期帮助大家尽快掌握综述写作。

1. 选题要新，大小适宜

这个新是相对的，并不要求所写综述是大家未研究过的，而是要求作者能够从新角度、新方向、新思路去撰写综述，并尽量在熟悉的内容中把握新的切入点。因此，在选题时，必须检索近期是否有类似综述发表，若与已发表的综述文章"撞车"，则应另选主题，避免无效劳动和重复劳动。过大或过小的主题均不适合。在选题时要量力而行，实事求是。尽量选择稍小但具体的主题，以保证写出的综述重点突出，穿透力强，有深度。

2. 思路清晰，层次清楚

综述是对很多资料的总结和概括，在写作时，作者需分清主要观点、次要观点和上下级标题的关系，并能做到写作时思路清晰、层次清楚，先写什么，后写什么，写到什么程度，前后如何呼应，都能很好地把握，使整个综述结构严谨、逻辑合理。在综述写作时，因综述容量有限,无法做到面面俱到、一一描述,因此要注意详略得当,突出重点。

3. 避免参考文献太旧或不全

一篇综述的质量如何,很大程度上取决于作者对本课题相关的最新文献的掌握程度。因此要想写出一篇高质量的综述,检索和阅读文献是撰写综述的重要前提工作。综述一定要反映他人的最新研究情况,如果所引述文献都是若干年前的陈旧参考文献,则不能反映最新的研究动态。因此,在引用文献时,尽量选择近5年的文献,依引用先后次序排列在综述文末,并将序号置入正文引用处的相应位置。引用文献必须准确,以便读者查阅参考。参考文献数量的多少可体现作者对本课题掌握的广度和深度,但目前对参考文献的数量没有具体要求,不同期刊可能对此要求不同。为了避免引用参考文献不全的现象,要做到论文中讲述的论点来源有理有据。同时,应引用质量较高的参考文献。

3.2 如何撰写病例报道

3.2.1 病例报道的意义和特点

1. 重要性

病例报道(case report)即个案报道,是一种特殊形式的医学论文。通过对一两个或几个特殊病例的报道,在疾病的临床表现、发病机制、实验室检查、影像学检查、诊断、治疗及疗效等方面提供第一手感性资料的医学报告。多为临床工作者在工作中对遇到的特殊或罕见病例进行总结描述。大多数情况下,病例报道主要报道已知疾病的特殊临床表现、影像学资料、诊断及治疗等,有助于医疗人员进一步掌握罕见疾病的特点和本质并进行交流。

目前许多医学期刊都接收病例报道类论文,医务工作者在工作过程中治疗了一种不熟悉的疾病获得了宝贵的经验,或者是熟悉的疾病但出现了特殊情况时,均可撰写成病例报道的形式与同行分享。病例报道的意义和作用是由病例的质量和新颖程度决定的,如果病例罕见或者这个病例改变了我们对这类疾病的常规认识,那么这个病例报道的意义是巨大的。而且医学的很多新发现来源于病例报道,因此从某种角度上讲,病例报道类论文促进了医学的发展和进步。

从科研角度来讲,病例报道是开启医学研究之门的钥匙。作为描述少见或罕见临床事件的唯一方式,病例报道记录了疾病的临床特征,包括患者起病情况、治疗状况以及预后,这些第一手的资料为临床工作中形成各种研究假设提供了基础和资源,尽管病例报道本身不能验证这些假设,但可据此引发一系列深入研究。因此,医务工作者在日常工作中,要注意对罕见疾病进行收集,充分评估后,总结病例的特殊之处,将其发表出来。

在医学论文中,病例报道因其重要的作用和地位,是别的论文不可取代的,除了重要性之外,病例报道还有如下显著特点。

2. 新颖性

病例报道强调未曾在文献中报道过的少见或罕见疾病,或者是熟悉的疾病出现新的机制、诊断及治疗手段，病例报道的内容决定了其新颖性的特点。

3. 客观性

病例报道的客观性体现在其描述的现象和内容是客观存在的，论文中描述的内容无个人主观倾向性，根据疾病的症状得出的诊断有理有据，并且结论是正确的。全文语言严谨、逻辑清晰、结构有层次感，充分体现其客观公正的特点。

4. 易学性

易学性主要体现在两个方面：①病例报道类论文无须大量的实验或临床观察，对于写作的要求较低。医务工作者在日常工作中，会接触大量病人，碰到适合写病例报道的机会较多，因此极容易写出该类论文。在写作过程中能够培养作者的逻辑思维和观察力，激发科研和写作兴趣。②根据病例报道的内容，读者容易掌握相同疾病的诊断和治疗过程，能够通过对病例报道的阅读熟悉疾病，并对该病的诊断和治疗制定一个相对成熟的诊疗常规，为今后遇到这类疾病从容应对打下基础。

5. 局限性

尽管病例报道是对疾病临床特征详尽描述与记录的唯一方式和手段，但仍存在难以避免的局限性。首先病例报道仅强调时间点上疾病的表现和治疗，没有因果之间的时间跨度；其次是文中描述的病例是少数个体的诊疗情况报告，而在现实中很难找到相同情形的两个或多个病人，可推广性极低；再次是文中缺少对照，在对研究结果进行解释时无法排除非研究因素的混杂效应；最后是在病例报道中同样存在发表偏倚，阴性结果可能很少写成病例报道形式进行发表。这些局限性是由其论文类型决定的，只能通过后续研究进行补充。

3.2.2 病例报道的格式和内容

在撰写病例报告时，首先应查阅相关的文献资料，判断所报告病例的医学价值，是不是首发或罕见病例等。如果符合病例报道的特点，则应按照相应的格式和内容将其撰写出来。目前大多数临床杂志均刊登病例报道，且每年发表的病例报道数量都在稳定增长。与综述和论著类论文相比，病例报道的内容较少、篇幅较小，重点在于对病例本身的描述，重点突出，简单明了。不同期刊对论文的字数有不同的要求，一般全文千字左右即可，但少则二三百字，多者可达数千字。比如 *Lancet*（柳叶刀）杂志要求病例报道文字在 3000 字以内（包括参考文献和附录），而 *The New England journal of medicine*（新英格兰杂志）要求 2000 字以内。不同杂志对病例报道的格式并无严格规定，相对灵活多样。一篇完整的病例报道包括标题、作者、作者单位、摘要、引言、病例介绍、讨论、致谢及参考文献。其中最主要的是病例介绍和讨论部分。

1. 标题

任何一篇论文的标题都是极为重要的，标题的写作原则是以精确、简洁的语言概括文章最主要的内容，并能吸引读者眼球阅读全文。病例报道的标题最好能够反映病例少有、特殊、新颖的特点。因此可在标题中出现疾病名称或疾病的特殊表现，但不可过于直白，以免读者产生看完标题即认为了解了全文内容的感觉。

2. 摘要

根据期刊稿约和作者须知，许多英文期刊要求病例报道都有摘要，但摘要不是文章中的必要部分。病例报道的摘要和论著类论文的摘要是不同的。病例报道的摘要不能按照目的、材料与方法、结果、结论的格式来撰写，而是叙述性的，用描述性语言讲述文章的大体内容。摘要的内容会被录入数据库的检索系统，因此，在决定投稿杂志后，要根据稿约和例文修改摘要，以增加文章接收后被他人引用的概率。

3. 引言

引言的篇幅较短小，在100字左右，因此要求精确而有吸引力，并能很好地过渡到正文。引言一般是简要交代有无类似病例的报道，该病在诊断和治疗上的困难和意义，该病的危害和预后，以及该病的特殊性等方面的内容。即通过引言用最精炼的词语概括病例的主要特征和内容，展示文章的亮点。而有些病例报道可以没有引言，直接是病例介绍部分。

4. 病例介绍

此部分是文章的主体，主要介绍病例和病情进展的所有情况。可以按照时间先后顺序详细描述病史、体检结果、影像学检查结果、实验室化验结果等。格式和内容与临床病历中的病历摘要类似，但在描述时要注意突出重点，尤其是阳性结果。文中一般采用过去时态，客观描述所有事件发展。

发表病例报道是为了医务人员交流学习，使读者在阅读后能够参照文章处理自己的病人，或根据文章中的技术、方法进一步研究。因此在撰写这部分内容时，要想到读者在阅读该文时可能问到的问题，并将问题的答案描述出来。对于患者的病情变化过程，比如生命体征的改变、药物用量、实验室检查结果等，要列出具体数据，以帮助读者查证和学习。为了帮助读者理解病情，可配上相应的图片来表示，如患者的影像学图片（CT、MRI或X线片）、手术时的视频截图或照片等，图片比文字直观，而且不占字数，应用得当时，有助于读者更好地理解该文内涵。对一些特殊内容的病例报道或手术处理方式，也可以通过制作一段视频对文章内容作补充。因此在临床中要注意收集这些资料。

在书写病例报道前，要征得患者同意并签署书面知情同意书，有的期刊在接收论文时还要求患者的授权委托书。因此在描写过程中，要注意保护患者隐私，患者身份不能暴露。而患者年龄、性别、职业和居住地是经常要在病例报道中提到的，对于住院日期、出院日期、住院号、身份证等内容则尽量不出现在论文中。在使用图片时，图片上患者的隐私内容需要隐去。在投稿前要反复核对确认以保护患者隐私。

5. 讨论

讨论是病例报道中最重要的部分，可以对文章中的病例内容进一步扩展，并对相关文献进行重点回顾。但检索的文献过多，了解许多相关信息后，很容易将综述性内容写在讨论中，这是不可取的。因此，讨论最重要的是找一个切入点来陈述自己的病例与其他文献报道的不同之处,点出文章的新内容,即全文的亮点。在讨论中还要分析患者为什么会出现这一状况,在处理患者时的决策,以及这些决策的原因。一个好的病例报道能够明确清晰地告诉读者在今后实践中遇到同样病例应如何处理。在讨论之后,有时会引出结论,但结论不是必须的部分,部分杂志会要求写出总结。总结不是简单地总结全文,而是总结通过该病例报道能够发现哪些新的东西,对后续研究有什么影响。

对于病例报道中的作者、作者单位、致谢和参考文献的引用原则,与论著类论文是一致的,具体可参考第2章中的对应章节,本节不再重复讲述。

对医务工作者而言,临床工作可能会遇到相当多的病例,适合写成病例报道的类型。建议本书读者在工作中做个有心人,按照上述病例报道的格式和内容,结合临床上的新病例,充分评估该疾病的文献发表情况,找到病例的独特之处,克服语言障碍,写成英文病例报道,大胆向国外杂志投稿。

3.3 如何撰写国际会议摘要

3.3.1 撰写国际会议摘要的意义

会议摘要(meeting abstract)也称为会议文摘,简称文摘,可以看作是一篇大论文的概述和摘要,但又与论文中的摘要有区别,会议摘要比论文摘要的内容要多,规格要大,接收后发表在会议论文集中,是一篇独立的小型文章。随着国际交流的增加,很多科研人员、医务工作者有机会参加国际性的学术会议,在参加会议之前,可能需要撰写国际会议摘要并投稿;或者在会议摘要接收后才被邀请参加会议,并且接收的会议摘要中的优秀稿件可能会被选作墙报展示。会议摘要已成为国际交流、展示科技成果的重要途径,其重要性也日益增加。因此,学会撰写会议摘要,有助于医务工作者进行国际性科研交流和学习。

3.3.2 国际会议摘要的格式和内容

国际会议摘要的基本要素包括标题、作者、作者单位、摘要内容、关键词。其中摘要内容是关键之处,包括研究背景、研究目的、材料与方法、结果和结论,有时还包括讨论部分。一般组委会在会议网站或会议通知上会明确要求会议摘要的格式。关于会议摘要的选题,主要根据会议主题的要求而定,比较局限。作者在撰写时要按照大会主题要求,与具体工作结合起来。相对来讲,因为选题比较局限,故主题相对容易确定。

确定主题后,在撰写时,首先用词要准确严谨、避免错误,对于专业名词的使用和语法、句法的表达应遵守国际惯例,避免口语和生僻的词语。其次内容要充实,抓住核心问题。研究目的、材料与方法、结果和结论是摘要中最重要的四要素。研究目的不是主题的简单重复,而是指出研究的重要性、任务、研究范围。材料与方法部分是简述课题的工作流程,包括使用了哪些材料,做了哪些工作,具体流程如何。结果是陈述研究之后的新发现、新成果和价值。结论是点题之处,主要是讲出通过这个课题的研究得出的重要结论,有何理论和实际应用价值及意义。会议的组委会一般对会议摘要的格式和内容有详细的要求,并会注明如何投稿、投稿的截止日期等,具体参见下面两个例子,例3-1是国际会议对会议摘要的要求,例3-2是已发表的一篇会议摘要。

例 3-1 这是第八届国际脑血管病高峰论坛,关于会议摘要的具体要求和通知。本次会议定于 2012 年 7 月 6 日—8 日在中国南京召开,摘自 http://www.stroke.net.cn/en/hyzw/hyzw.asp。

CALL FOR ABSTRACTS

The International Stroke Summit Committee welcomes the submission of abstracts on the following topics. Thirty best abstracts selected for oral presentation will be published on Cerebrovascular Diseases which is the official journal of the European Stroke Council. Share your scientific contribution and enjoy the scientific merits of the meeting!

INSTRUCTIONS FOR ABSTRACTS

All abstracts submitted should place the title on the first line, followed by authors' full name, affiliations, city, country and corresponding author's E-mail. The abstract should be as informative as possible, including: Objective (indicate the purpose of the study or the hypothesis that was tested), Methods (state method used if pertinent), Results (summarize the results obtained) and Conclusions (briefly discuss the data and emphasis the significance of the results). Abstract length should not exceed 300 words.

ONLINE SUBMISSION

Online submission via email is preferred. Submission via regular mail could also be accepted. Please submit your abstract to gelinxumd@yahoo.com.cn or via the internet: www.stroke.net.cn. Submission deadline: May 20th, 2011.

总结例 3-1 中会议摘要的要求可以发现,第一段指出了大会征集会议摘要的稿件,其中优秀的 30 份会选作口头发言并刊登在会议集中。第二段讲出了会议摘要的具体撰写要求,排版格式包括标题的位置、作者姓名、城市、国家以及通信作者的邮箱。摘要正文包括目的、方法和结论,各部分的具体写作方法和内容。摘要全长不超过 300 字。第三段指出了大会的网址、如何投稿以及投稿的截止日期。在网页界面上,还可以看到会议的主题以及大会组委会的联系方式等。通过阅读该篇会议摘要的征集要求,大家可以非常清楚地了解大会对会议摘要的具体要求。

例 3-2 这是一篇已经接收并发表的会议摘要,摘自 *Royal College of Radiologists Breast Group Annual Scientific Meeting 2011*。这篇摘要根据会议的主题要求,制定了摘要标题,然后按照引言、方法、结果、结论的顺序进行撰写,整个摘要只有一篇参考文献,全文只有 2000 多字,简要描述了主题思想。

Symptomatic breast services in Ireland: how do they compare with national and international standards?

D O'Leary, L Rainford

UCD, School of Medicine and Medical Science, Dublin, Ireland

Breast Cancer Research 2011, 13 (Suppl 1): O2 (doi: 10.1186/bcr2948)

Introduction A study of symptomatic breast units geographically spread over Ireland collected image quality, compression and radiation dose data from 18 mammography units;

so how do these optimization parameters compare nationally and internationally? The mean glandular dose (MGD) diagnostic reference level was proposed for the all-digital breast screening service [1] but not for the symptomatic breast service.

Methods The quantitative and qualitative data were analysed using SPSS. Recommendations of MGD diagnostic reference levels were made at various levels for film-screen mammography (FSM) and full-field digital mammography (FFDM) units to match those levels published in worldwide.

Results MGDs received by symptomatic breast patients within Ireland are higher than those received in the all-digital Irish Breast Screening service, although the differences for FFDM are not substantial; 55 to 65 mm breast: 1.75 mGy (screening) versus 2.4 mGy (symptomatic) at the 95th percentile. The four-view routine mammography MGDs obtained in symptomatic breast units in Ireland are, however, substantially different from other screening units with mixed FSM/FFDM modalities: 4.5 mGy (UK); 4.98 mGy (USA) versus 5.96 mGy (FFDM, symptomatic) and 9.63 mGy (FSM, symptomatic). Various reasons are proposed for the differences.

Conclusion MGD diagnostic reference levels achieved in the screening service may be lower due to the exacting requirements for radiographer training, nonsurgical alteration of patient breasts and equipment quality assurance levels. Greater training of radiographers performing mammography in the symptomatic breast services is required to standardise mammographic projections with regard to MGDs delivered.

Reference

Baldelli P, McCullagh J, Phelan N, Flanagan F: Comprehensive dose survey of breast screening in Ireland. Radiat Prot Dosimetry 2011, 145: 52-60.

3.3.3 国际会议摘要的写作注意事项

撰写国际会议摘要时，有几点注意事项需要大家注意：

(1) 国际会议摘要必须是没有正式公开发表的内容，或者是正在进行研究的内容。

(2) 与其他体裁论文最大的不同是，会议摘要的参考文献很少，多为5篇以内。笔者查阅了在会议集 *Royal College of Radiologists Breast Group Annual Scientific Meeting 2011* 上发表的34篇会议摘要，发现引用参考文献数最多是3篇。

(3) 大会组委会需要根据所有投稿摘要合理安排摘要是否接收，因此投稿日期有限制，要在截止日期之前完成摘要投稿。

(4) 国际会议摘要的篇幅较小，语言精练，一般字数在200～3000之间，因此句子要尽可能少而完整。尽量使用短句，但要避免单调和重复。

(5) 摘要是从客观的角度讲述论文的主要内容，因此多用第三人称语态。摘要的句子很短，时态常用一般过去时，像现在完成时、过去完成时等其他时态基本不用。

通过上文的讲述和列举的两个例子，相信大家对会议摘要的撰写已基本掌握。尽管用英语撰写论文是国内科研工作者的瓶颈，但多看英文文献，多与英语国家的同行接触，积累经验，摸索规律，按照大会主题和摘要投稿的要求，一定能写出符合规定的摘要。

3.4 如何撰写 Letter

3.4.1 Letter 的概念和意义

Letter 或 Letter to the editor 即读者来信或给编辑的一封信，与论著、综述一样，是 SCI 论文发表的一种体裁形式。但又与论著和综述类论文不同，Letter 在学术论文中主要在三种情形下发表：一是一篇投稿论文，主编和审稿人审阅后，认为该论文的研究成果有一定的科学价值，值得报道，但由于期刊版面限制，只能简短报道研究情况和成果，故建议作者将论文格式改为 Letter 形式发表。二是作者在阅读论文时，可能会对论文中的研究成果或结论有疑问或分歧时，可以采取该形式向主编反映并发表看法，或与原作者进行沟通。而论文的原作者也可对此进行回应。一般在高质量期刊上发表的论文有争议时，可能会引起较多的读者撰写 Letter。三是对某一现象或结论进行评论时可以撰写 Letter。此类论文对某现象或结论的态度非褒即贬，并在文中明确表示自己的观点。有时，论文在撰写或发表时可能会出现理解或解释错误，作者可以以这种方式指出。Letter 的篇幅较小，随着学术争鸣和交流的增加，发表数量也逐渐增加，这也从另一个角度反映了大家对知识和学问的怀疑精神。因此，Letter 的出现有其特殊的意义和价值。

3.4.2 Letter 的格式和写作步骤

在 Letter 写作前，首先应确定写作主题，有时可以将作者近期阅读论文时看到的有疑问的知识点列为主题，此时要求作者充分查阅文献，以充实知识储备，来评定观点是否正确，并思考从哪些角度来分析评价这一观点。一般作者对所选的主题应极为感兴趣。

写作的格式框架包括论文标题、作者信息、论文主体、致谢和参考文献部分。论文标题应能够反映论文的主要观点，原则是准确、简洁、有效并吸引人，一般不超过 20 字，可以采用 "Comment on …" 作为文章题目，或者在题目中写上别人的论文标题，然后接上自己的观点；或者选择其他更加醒目的题目。作者和作者单位的信息与论著类论文的撰写要求是一致的，但有一点区别是放在正文结束之后。致谢的要点和参考文献的引用原则与论著类论文是一致的，但由于 Letter 类论文的篇幅较小，要求用词准确、凝练，在参考文献引用时，引用最重要的原始文献，一般引用数量较少，但具体要根据期刊要求而定。

笔者为了大家能更好地理解这类论文的框架和写作技巧，选择了一篇在 *Revista española de cardiología* 杂志上发表的例文，题目是 *Metabolic Syndrome, Diabetes, and Coronary Artery Disease: a Very Common Association*，参照这篇例文给大家讲解，供大家学习借鉴。此处仅列出了该篇论文的主体部分。

论文主体是 Letter 类论文最重要的部分，通常以 To the Editor 开头，在主体部分没有分标题。为了方便大家理解，仍然按照引言、材料与方法、结果和讨论四部分来讲述。

例 3-3   To the Editor

We read with interest Jover et al's article1 on the prevalence of metabolic syndrome (MS) in patients with acute coronary syndrome. The authors included a subanalysis of the components of MS after excluding 265 patients with known diabetes. The main characteristic of patients with MS is the presence of insulin resistance. An association between MS and abdominal obesity, atherogenic hyperlipidemia, inflammation, and increased risk of cardiovascular disease has also been reported. Insulin resistance is also one of the most important pathogenic factors in the development of diabetes mellitus and atherosclerosis, two conditions with parallel natural histories from the rise in blood insulin and fatty material to clinical hyperglycemia and acute atherothrombotic events. We consider it important to highlight the relationship between MS, diabetes, and cardiovascular disease. We therefore provide new data from a recent analysis of the prevalence study of newly diagnosed diabetes in percutaneous coronary interventions (PCI) published by our group.

A total of 580 patients undergoing PCI were included in a prospective study. An oral glucose tolerance test (OGTT) was performed in 83% of nondiabetic patients to establish their glucometabolic status and screen for occult diabetes. Patients in whom an OGTT was performed had a mean age of 66.5 years; 80.1% were male, 49.7% had hypertension, 35.6% were obese, 37.3% had had a previous infarction, and 76% of patients received PCI for acute coronary syndrome.

After the OGTT, 41.4% of patients were considered normoglycemic and 22.8% had newly diagnosed diabetes (blood glucose at 2 h > 200 mg/dl). In total, 198 patients (58.6%) had some alteration in carbohydrate metabolism and abnormal glucose regulation. Based on International Diabetes Federation (IDF) criteria, the prevalence of MS in the study population was 59.9%. This figure compares to one of 51.3% obtained using the Adult Treatment Panel III (ATPIII) criteria and a figure of 42.6% using World Health Organization (WHO) criteria. Of patients undergoing PCI, 28.4% met all 3 criteria for MS. The prevalence of newly diagnosed diabetes was higher among patients with MS, regardless of the criteria used: IDF, 31% vs 13.3% ($P<0.001$); WHO, 42.7% vs 13% ($P<0.001$); ATPIII, 32.5% vs 14.5% (odds ratio [OR]=3.4, $P<0.001$). A multivariate analysis to determine the independent association between MS and newly diagnosed diabetes gave the following results after adjusting for age, sex, and clinical and laboratory variables: IDF criteria, OR=3.3 (95% confidence interval [95%CI], 1.7 to 6.3, $P<.001$); WHO, OR=5.5 (95%CI, 3.1 to 9.9, $P<.001$); ATPIII OR=3.4 (95%CI, 1.9 to 6.1, $P<.001$). There was therefore a clear and strong relationship between newly diagnosed diabetes and MS, regardless of the diagnostic criteria used.

Data from this study reinforce those reported by Jover et al., which also indicated a high prevalence of MS in patients with coronary disease. They also provide further evidence of the strong relationship between MS and newly diagnosed diabetes. The presence of MS or a high score on a model proposed by our group help us identify patients at high risk for occult diabetes who need an OGTT. The incorporation of a new diagnosis of diabetes will help to improve the residual risk mentioned by Jover et al. by optimizing secondary prevention in these patients.

1. 引言

如例 3-3 所示，引言第一句话写出作者感兴趣的论文，紧接着简要讲述了论文内有争议的观点。然后讲述目前的研究进展、尚未阐明和解决的问题，有何学术争议性，并引出自己的观点和研究内容，要有逻辑性并循序渐进。在回顾文献时，要认真阅读该文献并查询相关文献，全面了解研究领域的相关知识。在回顾文献之后要用自己的语言进行概括总结，然后提出需要解决的问题或有争议、有疑问之处，最后引出自己的观点和研究内容，并说明重要性。引言一般简明扼要，指出重点即可。

2. 材料与方法

如果有支撑观点的实验对象和研究方法，则按照论著类论文材料与方法的撰写原则来进行，按照实验步骤有序地简短描述。但如果根据多篇论文的观点和理论来综合分析引证时，此处的材料与方法就变为各个文献的观点和内容。

3. 结果

按照材料与方法的撰写顺序，描述实验结果。如果是批判或赞同某观点或理论时，可给出描述。有时在展示实验结果时，可以借助图和表，并需要相应的图表说明。实验结果要突出重点，客观真实。

4. 讨论

讨论是最难撰写的部分，要求作者有丰富的知识储备，总结全文的主要观点、研究发现，概括论文的成就和不足，指出研究的下一步设想。在比较自己和前人的观点时，不可全盘否定前人的工作，必须客观地、实事求是地指出区别，然后提出自己的观点。

3.4.3　Letter 写作的注意事项

（1）该类论文在撰写时一般没有摘要，但有的期刊可能会要求作者撰写 100～200 个单词的摘要以备论文接收发表后检索使用。

（2）观点应客观准确，证据确凿。如果证据充分，可以肯定地提出自己的理论和观点；但如果证据尚有争议，则最好采用可能之类的词语，委婉表达自己的意思。论文全文在评论时要对事不对人，不要人身攻击，主观片面的东西不要出现。

（3）有时在针对一些有争议或敏感性话题撰写 Letter 时，可能不方便列出作者姓名，此时作者可不署名，在 Letter 前或论文末尾着重指出。

（4）用词和语法应准确无误，符合国际医学论文的编写要求。

作者在撰写时，充分查阅文献，按照上述写作格式和步骤，依照注意事项的要求，力争写出高质量的 Letter。

第4章 SCI 论文投稿和发表

在 SCI 论文的整个创作过程中,如果把论文比作我们的产品,那么实验设计即是产品雏形设计规划过程,实验过程是创建产品雏形的过程,论文撰写是成品制作的过程,论文投稿和发表就是产品出售获得回报和产值的过程。不论是真正的科学研究还是为了评定职称、工作的需要,论文撰写的最终目的都是为了发表即"出售",以供大家交流学习,自身获得回报和产值。同实物产品一样,产品质量好,价值高,价钱必然要高,出售的速度和难度也因此而改变。那么在出售之前,必然需要掌握产品的定位、买家和销售技巧。因此,本章重点讲述英文论文的自身定位、怎样选择合适的杂志——即"买家"、投稿技巧和注意事项、审稿意见及如何回复审稿人的问题等,期望本章内容在论文投稿和发表上对大家有一定的指导和帮助。

4.1 如何选择合适的目标期刊

在研究工作基本完成后,为论文选择一本合适的杂志发表是必不可少的环节,也是至关重要的一步,甚至在进行实验设计或撰写文章之前,作者可能已经做到心中有数,初步确定将文章投在哪个最适合自己论文的杂志上。如果论文所投期刊不正确或不合适,可能编辑部会以"稿件不符合本刊要求"被简单退回而耽误几个星期或几个月。因此,为了增加投稿命中率,在选择期刊时,作者往往需要花费较多的时间,既对自己论文的学术水平有初步估计,又对所投期刊有一定了解。那么如何评价论文水平和期刊质量呢?

4.1.1 客观评价论文水平

一般而言,多数作者尤其是初学者或年轻作者,在掌握了一些实验和撰写论文的技巧后,因自身成就感或其他原因,论文写成后,容易对自己的论文水平估计过高。在这种情况下,往往会把论文投到水平较高的杂志,但如果两者水平相差过大,可能会被直接拒稿,延误发表。但有时,一些作者为了评定职称或晋级的需要,急需发表论文,或有的作者对自己论文自信心不足,同时也为了避免退稿的发生,顾全面子,把文章投到档次较低的杂志发表,一味追求论文发表的现象也经常发生。由于杂志的影响力较低,专业认同度较差,论文可能达不到其应有的社会效益和影响力。这种情况下,在论文发表后想改变已不可能,因此在选择欲投期刊时,第一步就是客观评价论文水平。

1. 充分查阅相关资料,并与已发表的类似论文进行比较

这里的相关资料主要是指相关领域的文献,尤其是待选的目标杂志近期刊登的论文。尽管在进行实验设计、实验立题和论文撰写时,读者已检索了相关文章,并对科研进展已有一定了解,但此时,仍需查阅文献并进行分析。在对与自己研究内容相近、框架结构类似的论文有充分了解和认识后,才能进行分析比较。因此,对目前研究现状的充分掌握和了解是评估论文水平的基础。

2. 总结文章的体裁类型

如前面三章所述,论文的体裁类型主要有论著、综述、病例报道、Letter、会议摘要等,不同类型的论文发表难度是不一样的。就论著而言,大多数杂志均接收此类论文,因此可供选择的目标范围较大。对综述而言,有的期刊并不接收综述,或者只刊登向专家约稿的综述,可供选择的范围较小。而病例报道、Letter 等选择范围则更小。因此,在选择期刊时,首先应考虑这一点。

3. 总结论文的特点

如前所述,一篇好的 SCI 论文具备的特点是科学性、创新性、规范性、学术性、实用性和准确性。其中最重要的是创新性,也就是指论文中有没有新的内容或发明,这也是评估论文价值的基本出发点。如果文章创新性比较高,意义较大,可以考虑向高水平的杂志投稿。如果论文创新性稍差,应该考虑向低水平的杂志投稿。因此,要根据自己的论文和当时的实际情形,客观、如实地评估论文的科学意义和实用价值。

4. 认识论文的缺点和不足

任何论文都不是完美无缺的,任何实验都是阶段性的,都具有承上启下的特点。因此在看到论文成就的同时,总结自己论文的缺点和不足,不仅有助于作者客观分析论文水平,还能帮助作者规划下一步实验思路,并有助于作者在投稿后,回答审稿人类似问题时能够准确应对。其中,论文的缺陷主要包括立题依据中机理研究不太完善、总结不够条理清晰、实验数据欠缺、该做的实验未做等。

通过上述四点的总结分析后,相信作者对自己的论文水平和质量已有客观准确的把握和了解。尽管只有四点要求,但作者据此的工作和任务量是巨大的。一分耕耘一分收获,以上述四点为指导,在这个基础上,作者定能把握好论文水平。

4.1.2 综合考虑期刊

作者在考虑期刊时,有两点需要深入思考:一是选择期刊时的考虑因素,二是从何处查找期刊信息,本节就按照这两个角度进行讲解。

1. 选择期刊时应考虑的因素

期刊的评价角度是多方面,但无论怎样选择,都不可能做到面面俱到。因此,在选择杂志时,以下诸因素是作者应重点考虑的,如期刊的办刊宗旨和范围、影响因子、期刊的声望和知名度、论文审阅时间和发表速度等。

1) 期刊办刊宗旨和范围

每个 SCI 期刊都有自己的办刊宗旨和范围(aim and scope),这些内容多出现在期刊的内封面或首页的反面，在没有期刊的印刷版时，期刊的官方网页上可以查找到该信息。有时在期刊的"稿约"或"作者须知"中，更是详细地讲述了这一要求。办刊宗旨和范围主要指期刊的侧重点和兴趣所在，作者此时要重点关注自己论文主题是否在刊物的征稿范围内或者论文内容是否符合刊物要求，可以据此剔除不符合要求的期刊。但在同一领域几本水平相当的杂志中，有时会出现侧重点不同的现象，比如有的杂志倾向于与临床关系密切的文章，而另一个期刊则侧重于基础研究的论文，这些细节均可在"作者须知"中获得。除此之外，还要注意专业对口，这是选择目标杂志的基本要求，否则发表论文将成为不可能实现的事情。掌握了以上几点后，在投稿时就能够做到"有的放矢"地选择了。

2）期刊影响因子及声望和知名度

在第1章中已讲述过，期刊影响因子是评价期刊质量的重要指标，一般来讲，影响因子越高，期刊的质量就越好，其学术水平也越高，声望也越大，知名度也越高。如向其投稿的论文接收，说明该论文研究水平很高，能够被读者广泛引用。建议作者根据自己的研究领域和方向，将国外期刊进行分级。另外根据自己的学科方向，找出专业的权威期刊，看其内发表的文献与自己论文的水平的差别。有时专业内部公认的权威期刊，影响因子并非极高，因此期刊的影响因子虽然非常重要，但不能片面追求。而且不同水平的期刊对论文的要求是不同，多角度对期刊和论文进行定位后，据此选择杂志的原则是：在对自己的论文水平客观而现实评价的基础上，力争在较高水平的期刊上发表论文，并使自己论文的水平与杂志水平相当或接近。在投较高水平的杂志时，论文可能会遭遇退稿但可能也有意外收获，如果论文经过审稿处理，这些审稿人多是本领域的高水平专家，其审稿意见一般都切中要害，根据审稿意见修改论文，可提高论文水平，并能提高作者的整体科研水平和思路。但文章如果经历过多退稿，会延长论文的发表周期。因此，建议作者在客观评估杂志水平的基础上，选择合适的理想杂志进行投稿。

3）论文审阅时间和发表速度

发表周期是指从编辑部收到稿件到文章发表的时间，它能反映论文审阅快慢和发表速度。有的期刊发表周期较短，有的则较长。在 SCI 期刊发表的文章中，大部分文章在首页的作者单位下，会标注稿件的收稿日期（received date）、修回日期（revised date）和文章被接收的日期（accepted date），据此可得出期刊发表周期的长短，建议作者选择发表周期较短的杂志。

4）稿件淘汰率

稿件淘汰率是指编辑部对所投的全部稿件的淘汰百分率，一般高水平的期刊淘汰率较高，这也是评价期刊质量的客观指标之一。据统计，*The New England Journal of Medicine*（新英格兰医学杂志）作为最著名的医学期刊之一，其稿件淘汰率在 90% 以上。如果论文急需发表，建议作者有针对地投稿，避开这种高风险杂志。

5）参考文献主要发表在哪些期刊

论文中引用的参考文献与论文内容和主题有一定的相关性，根据参考文献的发表期刊，可初步判定这些期刊是否适合发表本篇论文。

6）期刊是否收费（包括审稿费、版面费、彩图费、彩图印刷费等）

一般英文期刊不收取审稿费，但有的杂志可能收取版面费。在论文中使用彩色图片可能需要收取附加版面费和期刊彩色图片印刷费，如果收费过高，可能的话作者可以采用黑白图片来代替,并压缩图片大小。尽管影响比较小,但这些均是作者需要关注的问题。

考虑了以上内容后,还需要注意鉴别杂志是否合法。按照第1章的讲述,首先查询杂志是否是SCI杂志,然后可以通过登录Pubmed网站,或利用百度或谷歌查询该杂志的刊名、ISSN编号以及网上对该杂志的评论。一般而言,SCI期刊的合法性是可以保证的。

2. 了解期刊信息的方法和手段

以上六点是在选择期刊时需要考虑的主要因素,那么在投稿前考虑这些因素并对期刊综合评估比较时,采用什么方法收集信息呢?

首先可通过网络数据库,如Pubmed、Web of Science等网站,按照学科进行搜索,或者在SCI和SCI-E的官方网站上,输入期刊名称,了解期刊的影响因子、杂志的基本信息等,初步筛选SCI杂志。另外在杂志的官方网站上,作者可浏览期刊的具体信息以及稿约、投稿须知和要求等内容。其次作者在参加学术活动时,可就实验研究以及论文投稿的相关事宜与同行进行讨论或交流获得相关信息。最后作者可考虑请教图书馆管理员和导师以及本领域专家的建议作为参考意见。

投稿是论文发表的第一步,在投稿前,首要问题就是寻找目标杂志,杂志选择得好,会节省发表时间,论文会很快被接收并发表;杂志选择不合适,会延误发表时间,甚至难以发表。随着SCI数据库收录期刊数量的增加,选择一本合适的SCI期刊并非易事。对于已有几篇英文论文发表的作者来讲,选择杂志的方法相对简单,通过浏览杂志目录和栏目设置,阅读几篇与自己论文相似的几篇论文,再总结自己论文水平和特色后即可决定目标杂志。而对于尚未发表论文的新手来讲,在多种SCI期刊中选择一本合适的杂志很重要,并无捷径可走。因此,建议新手作者按照上述方法和原则客观评价论文水平及期刊后选择合适的杂志投稿。

4.2 投稿前的准备工作

经过4.1节的准备内容,作者按照上述原则和要求,已经选出目标杂志,那么下一步的主要任务就是投稿,在投稿前,需要准备的工作包括仔细阅读期刊的投稿须知、按照投稿须知对论文进行修改并撰写投稿信。那么具体工作如何实施呢?

4.2.1 仔细阅读投稿须知

1. 投稿须知的意义和作用

投稿须知也可称为稿约,不同的英文期刊有不同的表达形式,如 Instructions for Authors、Guide for Authors、General Information for Authors、Advice to Contributors 等。目标杂志的投稿须知在网上均可找到,方法是在 Google 搜索引擎中输入"instruction to author",进入网页,在网页上有搜索对话框,输入期刊名称即可找到投稿须知。投稿须知是投稿人在投稿前对目标杂志必须掌握的事项,可看作是作者投稿指南。尽管英文论文的基本格式是一致的,期刊对投稿的论文框架要求是相同的,但各个杂志都有自身的风格特色,没有任何杂志的投稿须知是完全相同的,即没有任何杂志对论文的要求是一样的。因此,作者在选定目标杂志后，要严格按照投稿须知修改论文格式。可以说投稿须知是一位不会说话的第一审稿专家，又是作者在投稿前对论文再作修改的参谋。作者阅读欲投期刊的投稿须知后，按照其要求修改论文的格式和语言风格，有助于提高论文质量，减少退修次数，加速审稿过程，使论文发表过程更为简捷而有效；同时将论文按照投稿须知要求修改后，也降低编辑的工作难度。因此，投稿前，作者必须认认真真、一字一句地阅读投稿须知的内容，这是一项十分重要且必须完成的工作。

2. 投稿须知包含的基本内容

随着互联网的发展，多数杂志已开办了专属网页，各个期刊的投稿须知在期刊网站的首页上可供下载。投稿须知主要介绍期刊的一般信息并告知作者投稿与论文发表的程序，即投稿须知包括该杂志对写稿、投稿、修稿的具体要求。投稿须知的内容较多，且各个杂志的要求不一样，下面仅就多数期刊中投稿须知的主要内容进行讲述，以使读者对投稿须知的内容有整体的了解。

1) 期刊的办刊宗旨和范围

这部分内容主要强调哪些领域或内容的文章适合在本刊发表，哪些内容不会接收，对论文的基本内容和水平有大体规定。如 *Cell* 杂志对该部分的要求描述如下：*Cell* publishes findings of unusual significance in any area of experimental biology, including but not limited to cell biology, molecular biology, neuroscience, immunology, virology and microbiology, cancer, human genetics, systems biology, signaling, and disease. The basic criterion for considering papers is whether the results provide significant conceptual advances into, or raise provocative questions and hypotheses regarding, an interesting biological question. In addition to primary research articles in four formats, *Cell* features review and opinion articles on recent research advances and issues of interest to its broad readership in the Leading Edge section. 概括一下就是该杂志主要发表实验生物学方面有重大意义的发现，包括细胞生物学、分子生物学、神经系统、免疫、病毒等多个方面的重大成就。除接收原创性实验论文外，该杂志还发表综述和观点类文章。通过阅读该部分内容，可对拟投稿件是否适合在本刊发表作出大致判断。

2) 审稿、修回、录用和发表的大体时限

有的杂志在投稿须知中会标明编辑审稿、修回、录用和发表的时间间隔和周期，以利于作者评估论文的发表速度。作者也可以根据已发表文章的收稿日期、修回日期及接收日期作粗略推算和估计。

3) 期刊编辑职责

投稿须知中会公布编委会的组成和职责、编辑和出版商的工作任务。其中编辑是联系作者与审稿人的中间人，职责是初步审核稿件格式和内容是否符合要求，检查稿件投递材料是否齐全，伦理学是否符合要求，并负责将审稿人的意见及时反馈给作者，告知作者稿件的审稿程序和进程等。

4) 投稿方式

此部分内容详细讲述稿件投递的方式、投递的所有材料、投递时的操作程序等。比如 *Cell* 杂志明确指出通过在线投稿系统进行投稿，即 Please submit your final materials through our online system. 然后下文接着描述投稿时需要准备的材料：如投稿信、上传的稿件电子版本的形式（Word、RTF 或 PDF 版本等）、图片规格、全部作者亲笔签名等。这些材料全部准备好后才能进行投稿。

5）稿件排版和格式的准备

首先规定稿件的格式（Word、RTF 或 PDF 版本等）、对排版的要求，如常见的两倍距、连续页码、三级标题等；其次是上传稿件标题页的内容：对标题的字数、字体、字号、间距、符号及简洁性作明确规定，对作者署名方式和单位地址的写作方法提出要求，并要求写清楚通信作者的详细联系方式，如邮寄稿件的详细地址、E-mail 地址、电话、传真等，如果有共同通信作者和共同第一作者，也需在此处进行详细说明；最后会详细讲述对论文各部分的要求，如正文字数、是否有摘要、摘要的撰写格式、前言如何描写、实验中材料与方法详略程度、是否需要增补材料、结果的描述方式、三级标题如何罗列、图和表的具体要求等。这些内容是重中之重，作者应按照要求进行排版。

6）收费情况

与中文期刊不同的是，SCI 期刊一般不收取审稿费。关于版面费，在此处会详细说明，有的期刊不需要作者缴纳任何费用。在作者需要刊登彩色图片时，有的期刊可能需要缴纳彩色图片的印刷费等。

7）其他

除了上述内容外，有的期刊可能还包括对作者署名资格的规定、作者利益冲突的签名、如何撤稿、稿件被拒后原稿是否被寄回、保密、不能一稿多投等内容，有的期刊可能还为作者提供最新的写作模板。

总之，投稿须知中包含极大的信息量，建议作者找到目标期刊的投稿须知，先通读一遍，对欲投稿的论文的整体要求有一定概括和了解，对论文的结构和要求有一定熟悉，然后精读投稿须知的各个部分，认真仔细、一丝不苟地按照投稿须知修改欲投的论文。

4.2.2 按照投稿须知对论文进行修改

投稿是一件极为严肃的事情，阅读完投稿须知的内容后，作者对如何修改投递稿件已有大体掌握和了解，那么在投稿前对论文进行修改时，作者需要重点关注的内容有哪些呢？

1. 稿件排版格式

医学稿件的典型排版格式为：标题页、摘要、关键词、前言、材料和方法、结果、讨论、致谢和参考文献、图、图注、表、表的说明、稿件的编排页码等。而有的期刊可能要求将材料与方法列于讨论之后，或有的期刊要求将致谢列于参考文献之后等。稿件的格式排版较简单，稍加注意即可。

2. 字体与间距的要求

每种期刊都有自己独特的要求。有的期刊要求 12 号字体，且不同的地方使用的字体、大小写及是否斜体的要求是不一样的。比如小标题，有的期刊可能要求斜体，有的可能要求黑体。上、下、左、右间距和行间距必须按照目标期刊的要求来完成。

3. 作者名字和单位书写方式

如前所述，作者签名有不同的身份，如第一作者、通信作者、共同第一作者等。且中文作者姓名有不同的形式。建议作者检索曾在该期刊上发表过的中国人的文章，借鉴前人已有的经验。关于作者人数，一般期刊无严格要求。对于单位地址的书写，建议作者逐人核对，以确保完全正确。

4. 参考文献的核对方法

核对参考文献是一项大工程。在核对时，作者首先需确认文后引用的参考文献与文中的位置相匹配，其次是核实参考文献的所有内容均包含在内：作者名的数量、标题、杂志名、年、卷、期和起止页码。随着科技的发展，各种参考文献格式化软件不断出现和更新，给作者带来了很多便利，节省时间，提高了效率，其中最常用的文献管理软件是 EndNote 软件，具体使用技巧参见本书的第二部分。

5. 文中缩写如何标注

应该注意文中缩写第一次出现的位置，是否列出了全称进行解释，解释是否恰当。在缩写解释完后，只要出现这一名词术语，必须全是缩写形式。对文中的非常规缩写词应该如何进行注明等。

按照上述内容修改完后，作者检查一下全文的标题层次是否符合逻辑，层次是否清楚，最后通读全文，注意英文语言的流畅性和优美性，以保证用词准确、语句通顺。完成上述工作后，准备好投稿信，即可进行投稿。

4.2.3 如何书写投稿信

在 SCI 论文投稿时，不管采用何种方式进行投稿，都需要在投寄文章的同时附上一封称为 *Cover Letter* 或 *Submission Letter* 的投稿信，投稿信中包含了作者的重要信息和承诺，并为编辑提供有助于全文送审及决策的信息，是投稿时不可缺少的内容。因此在投稿前，作者需要按照目标杂志的要求准备一封符合要求的投稿信。

投稿信的具体写作要求在期刊的投稿须知中有详细描述。现摘录 *JAMA* 杂志全称为 *Journal of the American Medical Association* 的投稿信，以供参考，该期刊对投稿信的要求比较简单。

Cover Letter: Include a cover letter and complete contact information for the corresponding author (postal/mail address, e-mail address, and telephone and fax numbers) and whether the authors have published or submitted any related papers from the same study (see Duplicate/Previous Publication or Submission).

一般来说，投稿信主要包含以下内容：

(1) 论文题目和所有作者的姓名以及单位地址；
(2) 为什么此论文适合在该期刊上发表，而不投其他期刊；
(3) 论文的主要发现及创新点和重要性（一两句话即可）；
(4) 论文无一稿多投的承诺；

(5) 所有列出作者对论文的确切贡献;
(6) 承诺论文内容真实,无伪造;
(7) 所有作者均已阅读论文,且同意论文以该版本投稿;
(8) 向编辑建议审稿人或因存在竞争关系而不宜做审稿人的名单;
(9) 通信作者的姓名、详细地址、电话和传真号码、E-mail 地址;
(10) 通信作者签名。

现摘录两篇投稿信的范例,供大家撰写投稿信时作为参考。

例 4-1

Dear Editor,

We would like to submit an original article (or a review) entitled "××××" (title of the article) for consideration for publication in ×××× (name of the journal).

然后用一小段总结一下论文的发现或创新点。

This article has not been published elsewhere in whole or in part. All authors have read and approved the content, and agree to submit for consideration for publication in the journal. There are no any ethical/legal conflicts involved in the article.

We would suggest any of the following individuals as potential reviewers: ×××× (name and address), ×××× (name and address), ×××× (name and address), or ×××× (name and address).

Your consideration for this manuscript is highly appreciated. We look forward to hearing from you.

Yours sincerely,

×××× (name of the corresponding author)

×××× (address of the corresponding author)

Corresponding author

E-mail: ××××

例 4-2

Dear Editor,

Enclosed (attachment) is a manuscript entitled "××××" (title of the article) for review and consideration for publication in ×××× (name of the journal).

同例 4-1 一样,用一小段总结一下论文的发现或创新点。

This data has not been published before in whole or in part. All authors have read and approved the content, and agree to submit for consideration for publication in the journal. There are no any ethical/legal conflicts involved in the article.

Thank you for your consideration of this manuscript for publication.

Yours sincerely,

×××× (name of the corresponding author)

×××× (address of the corresponding author)

Corresponding author

E-mail: ××××

4.3 SCI 论文的投稿方式

4.3.1 邮寄投稿

邮寄纸质稿件进行投稿曾是 SCI 论文投稿的唯一方式,随着科技发展、互联网的使用,目前采用这种方式接收来稿的 SCI 期刊越来越少。邮寄投稿是指投稿作者通过国际快件或航空将论文(包括图表)的所有资料通过邮寄方式寄至指定的地址。邮寄前,要在投稿须知中看清编辑部对文稿份数、所需材料的要求,并确定正确的投稿地址和收稿人。通过邮寄投稿一般需准备如下资料:

(1) 投稿信。一般将投稿信打印在通信作者单位的公用信笺上。

(2) 论文原稿。论文的全部内容,包括图表及所有资料,一般要求 3~4 份。

(3) 版权转让声明。有的期刊可能在论文接收后才需要(详见 4.6.2 版权转让一节)。

有的期刊可能还需要与稿件有关的其他资料或稿件对照检查表等,在投稿须知中有详细说明。邮寄时,最好用曲别针固定,避免用订书钉装订而可能刮破文件。邮寄照片时可选用大号结实的信封并加用硬纸板保护。由于邮寄投稿的准备比较繁琐、手续复杂,而且稿件往返周期长,邮寄过程可能丢失,而且现在已有比较高级的投稿方式,这种原始的投稿方式将很快被彻底淘汰。

4.3.2 电子邮件投稿

目前接受电子邮件投稿的期刊也越来越少。电子邮件投稿是指作者根据投稿须知提供的电子邮箱将电子版的稿件发送至编辑部,通常对稿件的格式有要求,如 Word、PDF 版本等。在给编辑部发送电子邮件时,投稿人同样需要提交电子版的投稿信、扫描的版权转让声明等。建议作者在投稿时,将电子邮件的主题标明为投稿,并选择国际大型网站的邮箱,并随时关注邮箱内的邮件。

4.3.3 互联网在线投稿

随着互联网的发展,越来越多的杂志接受互联网在线投稿,而在线投稿时,每种期刊的具体要求是不一样的。因此,选定杂志后,一定要仔细阅读杂志的投稿须知,根据投稿指南要求,正确完成投稿。虽然各个期刊的具体要求和投稿细节是不同的,但总体而言,互联网在线投稿共由四个步骤组成:

(1) 网上注册。网上投稿前,找到目标杂志的网页后,进入在线投稿链接(online submission)窗口。第一次向该杂志投稿时,需先进入注册(register)系统,填写基本信息,包括作者姓名、单位地址、联系方式、E-mail 地址等,注册成功后,在邮箱内会收到回执,回执信息提示作者已完成注册,并反馈登记号和密码。登记号和密码是查看稿件的处理状态、修改稿和下次继续投稿时都会用到的信息,需妥善管理。一般注册的是通信作者的信息和邮箱地址。注册完成后,进入下一步。

(2) 登录投稿系统,上传稿件。通过回执邮件内的注册号和密码,登录投稿系统,多数杂志会先要求作者输入稿件的一般信息,包括题目、作者、摘要、关键词,然后上传正文和图表。

（3）确认上传的稿件完整准确。在上传正文和图表前，作者需要通读期刊对上传各部分的具体要求，如正文字数限制、稿件采用的格式、图表的质量，图的格式、分辨率是否够高等，在上传后，需再次确认上传的稿件是否符合要求，稿件内容是否完整准确。

（4）完成投稿。按部就班地完成上述操作后，单击投稿发送键（sending 或 submission），投稿即认为已完成，编辑部收到稿件后，作者会收到邮件回执。

4.3.4 投稿时的注意事项

1. 投稿前准备好所有需要的材料

互联网在线投稿时，多数作者是比较紧张的，建议作者在正式投稿前准备好所有必需的材料，如提前写好审稿信，投稿时只需复制即可，将稿件转为合适的格式准备好等。

2. 杜绝一稿多投和重复发表

向编辑部保证稿件未一稿多投和重复发表是作者在投稿信里列出的事项，但有的作者未遵守此项要求，明知故犯，一稿多投；或者编辑部收稿后，审稿周期极长，作者等不到稿件审理的结果，另投其他期刊。这些现象违反了投稿的最基本要求，是需要杜绝的。

3. 可接受的二次发表的情况

有些类型的文章在某种情况下允许二次发表，如专业机构发布的诊疗指南，但要求比较严格，那么在什么情况下接受二次发表呢？

首先二次发表前，作者需征得各个期刊编辑的许可，且作者需向二次发表期刊的编辑提供首次发表的稿件或复印件。其次能够允许二次发表的情形是发表的论文面向不同的读者群，或者二次发表使用另一种语言。最后需要作者在二次发表稿件中标注该文已经被全文或部分发表，并注明首次发表的文献出处。

4. 随时查阅稿件状态，多与编辑部沟通

编辑部收到稿件后，多数期刊会给作者发送回执，但有的期刊可能不发送收稿通知，遇到这种情况时，建议作者发送电子邮件进行询问。互联网在线投稿系统的一个好处是在线跟踪服务，作者可以随时登录系统，检查稿件进展情况，查阅需要办理的事情。因此，需要作者随时查阅稿件状态，多与编辑部沟通联系，若有需要办理的事情作者可直接办理，保证论文尽早发表。

4.4 SCI 论文的审稿过程

稿件投递后，作者等待稿件的审理结果，那么在审稿过程中，稿件会经历怎样的过程呢？一般而言，审稿的过程大致是这样的：编辑部初审→审稿专家审稿→根据审稿专家意见决定论文命运，或接受或修改，或拒稿。作者了解论文审稿的相关知识后，对提高论文发表的成功率有帮助。

4.4.1 编辑部初审

杂志的编辑包括主编和副主编,在编辑部收到稿件后,会向通信作者发送稿件的唯一稿号,然后由负责该稿件的编辑对稿件进行初审。初审的内容主要是稿件的科学性、创新性和学术性如何,上传的稿件是否符合杂志的要求(如字数、图表格式等),论文内容和水平是否符合期刊要求,英文撰写是否合格,以及稿件有无一稿多投的问题等。

一般编辑部初审有三种结果:

(1)稿件送至审稿专家接受进一步审理。初审的标准稍低,但也有稿件在初审时即被淘汰。

(2)初审时直接淘汰被拒绝。被拒绝的原因是多方面的,如论文水平不符合期刊要求、论文研究内容不符合期刊的办刊宗旨和范围。随着论文投稿数量的增多,稿件被拒的比例也随之升高,尤其是高水平的期刊,大部分在编辑初审被拒。被拒后,作者可以根据对应的原因,改投其他期刊。

(3)稿件需要修改。如果编辑部发现论文存在一些问题,如论文字数过多或过少、图片格式不对或英文撰写不符合要求等,编辑部会将稿件返回作者进行修改,一般将稿件退至网上投稿的文件夹里,然后发送电子邮件向作者说明需要修改的地方和注意事项。作者按照其要求修改后,需要上网重新将修改后的稿件上传发送至编辑部,与最初的投稿过程类似。

4.4.2 稿件送至审稿专家

经历了编辑部初审后,稿件会送给 2~4 名审稿专家进行审理,SCI 期刊的审稿人一般是各个领域的专家和学术带头人,杂志一般综合考虑多个因素选择最佳的审稿队伍,有的期刊会要求作者向编辑部推荐合适的审稿人并提出需要回避的人物。审稿专家的态度大多极其认真,尽管审稿专家对论文没有任何控制权和所有权,但其意见会影响编辑部作出决定,从而影响稿件的命运。审稿专家审理稿件在很大程度上对论文质量和真实性进行把关,是一种行之有效的审稿方式和手段,一般在线审稿的期限是 2~4 周。

关于审稿标准,目前国际和国内尚未制定公认而统一的标准,加之审稿人来自不同的国家和地区,有着不同学科的专业背景,尽管编辑部要求审稿人在审理稿件时本着"为学术科研负责、为作者负责,客观准确地评审稿件"的态度,但不同审稿人的审稿角度和观点可能存在区别。现简要描述多数期刊要求的审稿专家审阅论文时重点关注的几个方面,供投稿者学习借鉴。

(1)论文的创新性:创新性是 SCI 期刊的灵魂和基本要求,任何期刊都不希望发表重复或陈旧的内容;

(2)论文的内容和水平是否符合该期刊的要求;

(3)论文的主题是否有研究价值和意义;

(4)研究设计和方法是否合理,立题依据是否充分,实验方法的评价是否真实可靠,技术含量如何;

(5)论文的结果和结论是什么,是否正确且有意义,结果和结论是否具有新颖性,结论的提出是否明确且与主题相关联;

(6)论文的英文表达、图、表是否合理明确;

（7）论文中对论文缺陷的描述是否客观真实。

有的编辑部在通知审稿人审理稿件时，会给审稿人发送一个文件，文件中详细列出了审理稿件时的所有关注点，从而使审稿人有重点地去评审稿件，以增加客观性。审稿人按照所列内容逐条审理后，将审理意见附在后面即可。通过审稿人的审理，大约在投稿后 2～3 个月内，编辑部会汇总所有审稿人的意见，综合所有因素，将审稿意见与编辑的一封概括信，反馈给作者，那么审稿意见都有哪些情形呢？

1. 直接接受发表

这是投稿作者最期望的情形，但这种情形是极为罕见的。一般发生在国际顶尖的科学家、专家学者身上，普通论文很少出现这种情况。此类论文一般包含研究中重大的新发现、新创造和新理论，有重大的理论意义和实际价值。但要注意，直接接受的稿件只能说明该论文具有发表的意义和价值，其水平符合期刊的要求，但仍有细微的地方需要作者按照编辑部的要求作出相应的修改后才能发表。

2. 稿件退修，作者按照审稿意见修改稿件后，编辑部根据修改稿决定稿件命运

几乎所有发表的 SCI 论文都有根据审稿意见修改稿件的经历，有时可能还需要多次修改才能被接受。作者可以根据编辑回复的概括信和审稿专家意见描述的语气猜出稿件接收的可能性。修稿包括小修和大修两种情况，小修一般是修改较小的内容，比如一些实验结果解释得不够详细、论据没有文献支持、图片格式不符合要求等，通常不需补充实验，但需要查阅文献，针对每个问题认真回答。大修的论文需要修改的地方比较多，比如一些观点的实验数据不够充分，或者有些实验存在一些问题，审稿专家会要求补充实验数据。如果条件允许，作者一定要按照要求补充实验。如果实验很难再补充，则应向编辑部说明情况。论文修稿的水平决定了稿件是否能被接收，在稿件发表中占据重要的地位，需要投稿者们多加注意和学习，具体修稿技巧参见 4.5 节内容。

3. 稿件退修，需重大修改，修改后作者需重新投稿，按照新稿件处理

此种情况属于退稿后重投，是介于稿件退修和完全拒稿之间的处理程度。该情形是由于审稿专家意见不一致，或者文章内容未达到一定标准，或语言描述不符合要求等。此时编辑部综合各方面意见后建议稿件作重大修改后可以重新投到该杂志，编辑部会按照新稿件重新处理。一般编辑部不能保证稿件一定发表，但可能会保证稿件优先进入审稿程序。根据审稿专家的意见，如果是稿件的语言描述不符合要求，针对国内科研工作者的语言现状和水平，建议作者找个专业的英语修改机构或专家修改语言。如果有的审稿专家对实验数据提出了质疑，建议作者在广泛阅读文献的情况下补充实验数据或重新修改论文结构，在规定的期限内重新投到该杂志去。

4. 完全拒稿

在论文初审时被拒稿属于不经审理的退稿，而此处属于审理后的拒稿，需要的时间较长，但结果是一样的。完全拒稿是指本编辑部不再接受该篇论文的再投稿，即使作者进行了全面、彻底的修改，再寄送这篇论文给编辑部也是没有任何意义的。在此处被拒稿时，作者

会得到一个附加物：编辑部寄给作者的审稿信中会附有审稿专家的意见或评论。作者可以据此深入思考，认真修改，为稿件的设计，乃至今后的科研设计、论文撰写提供具有实际意义的参考。作者在接到退稿信时要保持良好的心态，因为 SCI 期刊拒稿是一件极为正常的事情，不必为此失望和焦躁。对于被拒的稿件，如果因为论文的重要性或创新性不够高，作者根据审稿专家的意见并认真修改稿件后，可以改投其他影响因子稍低的期刊；如果是因为论文数据或分析有严重缺陷、立题依据不能成立等，建议作者广泛阅读文献后，根据审稿意见认真修改稿件后重新投稿。

4.5　SCI 论文的修稿

绝大多数 SCI 论文发表前，修稿是文章投稿及发表过程中必然经历的一件事情。审稿专家在审理稿件时，一般以"高标准、严要求"的审视角度寻找论文漏洞及不合理之处，显示审稿专家的学术水平及科研地位。同时期刊为了保证论文发表的质量，也要求审稿专家必须提出一定的建议和意见。既然提出了意见，作者就必须根据审稿专家的意见进行修改、说明及回复，这就是修稿。修稿在论文投稿及发表过程中占据非常重要的地位和作用，有的 SCI 论文在接受发表前会经历多次修稿。退给作者修稿并不代表稿件已经被接受或肯定不能被该期刊接受，论文最终接受与否取决于作者对审稿专家意见的回复以及稿件修改是否已经达到审稿专家及编辑部的要求。因此，作者在接到论文需要修稿的通知后，一定要重视论文修稿，以促进稿件尽快被接受。此节主要讲述作者需要掌握的一些修稿技巧及如何撰写修改稿的投稿信，帮助作者顺利完成论文修稿。

4.5.1　SCI 论文的修稿技巧

尽管期刊的审稿人都是各个领域的权威专家和学者，但有一点需要投稿作者谨记：对论文内容和脉络理解和掌握最清晰的是作者自己，在回答审稿意见和修改论文的过程中，并非所有审稿专家的意见都是正确的。那么在修改论文时，作者不能为了发表论文而无原则、无条件地接受所有审稿意见。此时，作者需要掌握的修稿原则是：最适当地修改自己的稿件，使之既符合编辑部的要求，又不失真地反映实验研究。要做到这一点是非常不容易的，以下讲述了修稿的几点技巧，供大家借鉴。

1. 仔细阅读退修信和修稿意见

作者接到退修稿后，首先要做的事情是认真仔细地阅读退修信和修稿意见，因为其包含了稿件中存在的问题和审稿专家提出的具体修改意见，如论文在立题依据方面有哪些不合理的地方，如何修改；实验设计的不足之处如何补充；不完整的实验数据如何完善或如何补充实验等。

2. 将修稿意见进行分类

在仔细阅读审稿意见的基础上，作者可将修稿意见分为三类进行处理：①修改意见极少且未涉及实质性内容，如图片格式不对、参考文献的引用不合理等，作者应该完全按照退修意见认真修改；②修改意见较多，要求论文作重大修改，如果修改意见是认真且合理的，那么作者应尽力满足编辑的要求,无条件地接受;③作者在认真审核的情形下,未发现论文本身有重大缺陷,实验结果也很好地证明了结论,针对此时的审稿意见,作者可谦虚谨慎地进行回复,与编辑部进行沟通。

3. 积极修改正确的审稿意见

多数情况下,审稿人的意见是完全正确的。此时,作者应虚心接受并认真推敲审稿人的意见,细心考虑修改意见,争取完全按照审稿专家的意见进行修改。在修改时要注意,一定要在正文中进行修改,所有改动细节均用红色字体标出。在回复审稿意见的修改稿投稿信中,要仔细说明改动处在正文中的位置,并说明是如何进行修改的。对于那些因客观条件限制不能满足的修改意见,不能采用回避的做法,要委婉说明不能做到的合理理由,或引用一些旁证资料予以说明,最好能有文献支持,并表示以后有条件的话一定会补充。

4. 不恰当的审稿意见予以沟通

对于审稿专家提出的修稿意见,如果认为欠妥或有明显错误时,作者首先要有完全理解的态度,委婉而有技巧性地回答。如果完全有把握修稿意见是不合理的,则可以礼貌性地提出不同观点,明确指出其不合理之处或概念性错误,然后十分客观地阐明自己的观点,并做到有理有据,即一定要有文献支持。在回复时,作者态度端正,语言礼貌,切忌用词生硬、强词夺理,以免发生冲突。

除了上述四点外,作者还需注意,有的稿件需要多次修稿,但不论重复多少次,对于所有审稿意见都必须逐条认真地给予回答,这首先代表了作者对编辑和审稿专家的尊敬,更反映了作者谦虚谨慎的态度。任何问题都是不能够回避的,尤其是对于不能解决的审稿意见,有时向编辑部客观说明情况后可能会获得编辑和审稿专家的理解和支持。此外,编辑部对修改稿件的修回时间会有明确限制,作者必须在规定的时间限制内将稿件修回,否则稿件可能按主动撤稿处理。

4.5.2 如何撰写修改稿的投稿信

经过认真细致的工作将稿件修改好后,作者需要将改好的稿件上传至编辑部,此时需撰写一封修改稿的投稿信,一并发送至编辑部或上传至投稿系统。那么修改稿的投稿信如何撰写呢?修改稿的投稿信翻译成英文为 Resubmission cover letter,与最初的投稿信有所不同,主要内容包括三部分。

1. 向编辑和审稿专家表示诚挚的感谢

此时,向编辑和审稿专家表示感谢是绝对必要的,需要作者发自内心地表达感谢,并写在投稿信的开头。因为此时编辑和审稿专家已经为作者的稿件提供了服务和指导,尤其是审稿专家,很多是无偿服务的,他们同意稿件修改,在一定程度上也代表认同了稿件的价值和意义。但英文语言描述要把握度,不可过分。

2. 稿件编号、题目以及所有作者姓名

在修改稿的投稿信中,必须写明稿件编号、标题及所有作者姓名。向编辑部提供这些信

息后，编辑部会很容易找到此稿的档案，便于查对和审稿。与只写上作者姓名的信件相比，减轻了编辑的工作量，促进论文及早接收和发表。

3. 对修改稿的情形作重点说明

此时，在投稿信中应重点说明修改稿的主要修改部分，着重强调稿件已按照编辑部和审稿专家的意见作了全部或基本修改，对于未作修改的部分应详细说明理由，最好能有文献支持，理由要尽量充分、圆满。

修改信的正文主要包括上述三点，然后在正文后可以针对审稿意见作出列表，逐条列出审稿意见，一定不能有遗漏。可以在左侧写出审稿意见，右侧说明修改状况，如果有两份审稿专家的意见最好列两个表格。也可以在修改意见后紧接着描述修改状况，如1. Response to comment：(……简要列出意见……)，Response：××××××。2. Response to comment：(……简要列出意见……)，Response：××××××。

下面摘录两则投稿信的例子，供大家撰写时参考。

例 4-3

Dear Editor/Dr/ Prof.，(此处最好能写上负责稿件编辑的姓名，表示对其尊敬，在撰写第一次投稿信时不知道具体负责的编辑，只能用 Editor 称呼)

On behalf of my co-authors, we thank you very much for giving us an opportunity to revise our manuscript, we appreciate editor and reviewers very much for their positive and constructive comments and suggestions on our manuscript entitled "××××××"(题目) by×××,××× and ×××(作者) (ID：文章稿号).

We have studied reviewer's comments carefully and have made revision which marked in red in the paper. We have tried our best to revise our manuscript according to the comments. Attached please find the revised version, which we would like to submit for your kind consideration.

We would like to express our great appreciation to you and reviewers for comments on our paper.

Looking forward to hearing from you. Thank you and best regards.

Yours sincerely,

××××××

Corresponding author：

Name：××××××

E-mail：××××××

例 4-4

Dear Editor/Dr/ Prof.,

We kindly ask you to consider our revised manuscript entitled "××××××"(题目) by×××,×××× and ××××(作者) (ID：文章稿号). We appreciate editor and reviewers very much for giving us an opportunity to revise our manuscript.

In the revised version we have made modifications as suggested by reviewer ××××

and ××××. We have also performed additional experiments as suggested by reviewer ×
×××. We have tested the effect of ×××× on ××××. This data is include in the
revised manuscript. We have responded to the comments on a point-by-point basis in the
following pages.

　　We would like to express our great appreciation to you and reviewers for comments on
our paper. We hope that the manuscript will be accepted for publication in Journal of ××
××××.

　　Looking forward to hearing from you. Thank you and best regards.
Yours sincerely,
××××××
Corresponding author：
Name：××××××
E-mail：××××××

4.6　SCI论文接收和发表

　　经历了上述初审、专家审稿和作者修稿(可能需要多次)的过程后,论文面临最后的决定阶段,一是论文被拒稿,作者需要重新选择期刊,重复上述投稿过程,这可能是由于作者修改的稿件最终未能满足编辑和审稿专家的要求;二是论文被接收,等待发表,这是作者最希望看到的结果,也是作者辛苦付出后回报的表现。论文被接收后,编辑部会给作者一个回复,告知作者需要注意的事项和一些问题,如论文在线发表的大约时间、何时会给作者发送样稿、版权转让的相关事宜,作者只需要按照编辑部的要求按时完成。那么在具体实施过程中,作者如何对稿件进行校样以及处理版权转让的相关事宜呢？

1. 稿件校样

　　从论文接收到文章发表,需要很多程序和步骤,而只有稿件校样是作者自己的责任。虽然编辑部也会进行编者校对,但作者自己进行稿件校样是必不可少的、至关重要的一步,其在发现原稿中的问题方面是编辑人员所不及的。作者是最了解整个论文的人,因此在收到编辑部发给的校样版本后,一定要予以重视,并在规定的时间内校对完毕并返回编辑部,以不耽误论文发表的整体流程为目的。

　　作者校样程序是编辑部将稿件的电子版存入期刊的计算机系统,通过多个步骤生成印刷样本,一般排版为 PDF 格式,然后将印刷版本即 PDF 发送给作者进行校对。编辑部给作者的校样说明中首先会指出编辑发现的需要作者确认及修改的问题,然后告知作者具体的稿件校对方法,如直接在样稿上进行标注或者使用 PDF 编辑器 Adobe Reader 软件在 PDF文件上进行修改,不论采用何种办法,一定要掌握清晰明了的原则,使编辑一看就清楚稿件需要修改的地方。作者在校样时应注意校对以下内容：确认原稿内容准确无误;摘要、正文、图和表中的研究或观察资料及结果要一致;在打印过程中有无遗漏;注意拼写、转行是否有打印错误;核对图表资料及显微照片的方向等。

　　还有一点需要作者在校样时注意,国外医学期刊在校样时往往要求作者采用标准的校对符号校稿,而这些校对符号的写法和意义与我国论文出版界使用的校对符号不完全一致,这在一定程度上增加了校样难度。为了保险起见,有的期刊要求作者采用双重校对系统,即不仅在文中对需要修改的部分作出标记,还要在文旁作出标记以引起编辑注意。编辑部在给作者发送校稿通知时,一般会随信附上校对符号的意义。因此,作者按照校对符号说明争取完全理解各个符号的意义和写法。有时作者在文中标记确实有困难,并且需要修改的内容比较少,可以采取给编辑部发送 E-mail 的方法,恳请编辑代为修改。一般稿件校回后,编辑会以此版本进行修改后发表出版,因此作者在校对时一定要认真仔细。

2. 版权转让

在前文的讲述中,多次涉及版权这个词语,而且在论文发表的过程,会牵涉到版权转让的相关问题,因此需要作者了解版权及版权转让书的相关知识。

版权(copyright)即著作权,是指文学、艺术、科学作品的作者对其作品享有的权利(包括财产权、人身权)。版权是知识产权的一种类型,它由自然科学、社会科学以及文学、音乐、戏剧、绘画、雕塑、摄影和电影摄影等方面的作品组成。医学论文作为一种知识载体,同样具有版权。版权转让就是指版权所有者通过买卖、交易、赠与或遗赠等方式把版权中的全部或部分财产权有偿或无偿地移交给他人享有的法律行为。

在 1976 年以前,根据美国 1909 年的《版权转让法案》的规定,作者向杂志社投稿的同时自动将作者对论文的版权转让给期刊的出版商。1976 年后的《版权转让法案》规定,版权转让必须签署书面文件才具有法律效力。因此,多数编辑部按照《版权转让法案》的规定,常规要求作者填写版权转让表格,作者收到表格后,要照章办事、认真填写,根据编辑部的要求及时将填写的版权转让表寄回编辑部。各个期刊的版权转让表是类似的,在细节方面可能稍有差别,在此不再进行举例,作者只需按照期刊要求认真填写及时邮寄回编辑部即可。作者完成了上述内容后,编辑部会通知作者论文在线出版和纸质版本出版的时间,作者只需耐心等待论文发表即可。

论文接收和发表,不仅促进了科技事业的发展,在一定程度上也激发了作者的科研兴趣。在整个论文撰写和发表过程中,通过论文撰写,提高了研究者的洞察力和分析力,更新知识体系;通过论文发表,研究者分享了科研成果及过程,传播了科学知识,并接受同行评议,提高了知名度,而论文发表的过程既总结前一段的研究工作,又指导研究者新的工作。因此论文撰写和发表是科研工作者在研究过程中的重要内容。该部分内容讲述了从 SCI 论文的基本知识到论文投稿和发表的整个过程,由浅入深,循序渐进,条理清晰,希望本部分内容能够为广大的医学科研工作者的科研工作起到指导和帮助作用。

EndNote

第二部分

第二部分

EndNote

第 5 章 EndNote 简介

在信息化爆炸的 21 世纪,科技日新月异,对科技的开发和利用能够从根本上提高国家和个人的核心竞争力。在科研探索过程中,科技的发展给广大的科研人员带来了极大的便利,尤其在信息挖掘和利用方面。文献是科研信息来源的载体和媒介,科技的发展极大地提高了文献信息管理和分析的能力。EndNote 软件是 Thomson Reuters 公司发布的全球最受欢迎的文献管理软件。其强大的信息检索功能能够提高科研工作者获取信息、管理信息和分析挖掘信息的能力;其强大的文献管理功能能够帮助使用者提高管理文献、获取信息的效率。另外,在撰写论文时,该软件能够自动产生参考文献清单,并依投稿期刊标准格式编排,大大节省研究人员撰写及整理文献的时间。因此,作为一名科研工作者,学习并掌握这样一款软件是非常必要的。本部分将以 EndNote X5 版本为例,从功能介绍入手,理论联系实际,循序渐进地讲述如何在科研工作中使用这款软件。

5.1 EndNote 功能介绍

5.1.1 EndNote 软件的工作原理

EndNote 首先需要建立一个本地数据库,以 .enl 为扩展名。数据即参考文献及相关文件,可以通过以下途径获得。

(1) 检索网上数据库,筛选信息。
(2) 利用软件,联网检索。
(3) 手工操作,创建数据库。

然后将不同的数据整合到一起,自动剔除重复的信息。同时可以方便地进行数据库的检索。当数据库(即 EndNote 个人图书馆)建立后,便可以保存个人所需的各种参考文献,包括文本、图像、表格、方程式等。在撰写论文和报告的同时,可以很方便地管理参考文献的格式,还可以非常方便地做笔记等。

该软件的构架主要包括数据库的建立、数据库的管理和数据库的应用三个方面,将在以后的章节具体介绍。

5.1.2 EndNote 软件的基本概念

在 EndNote 软件使用过程中会频繁地接触到以下基本概念,掌握这些概念有助于软件的应用。

(1) Library:EndNote 数据库。这是 EndNote 用来在本地存储参考文献信息的文件,即为 Database，扩展名为.enl(EndNote Library 之意)。

(2) Reference：参考文献。一条参考文献就是 EndNote 数据库内的一条记录。每一个 Library 由许多 Reference 组成。

(3) Reference Type：参考文献类型。如常用的 Journal Article(杂志文章)、Book(书籍)等。

(4) Import Filter：导入滤镜。这是将文献检索结果导入 EndNote 数据库时所用的过滤软件。由于每个文献数据库的输出数据格式都不一样，导入数据时应根据文献数据库选择对应的 Filter，才能将检索结果正确导入 EndNote 数据库。

(5) Output Style：输出样式。即参考文献在 Word 文本内的引用格式和文章末尾参考文献清单的格式。

5.1.3 EndNote 软件的功能

EndNote 在使用时首先可作为一个检索工具，它具有强大的在线检索功能，且本身携带几百个在线文献库或网上图书馆的链接，方便随时检索文献。其次，EndNote 也可以根据个人需要对存储的参考文献记录进行编辑、重新排列及修改调整。在论文写作需要插入参考文献时，利用 EndNote 中的命令或 Word 中 EndNote 插件的命令按钮，能够将相应文献插入 Word 文档内，按照选定的式样(Style)，逐一或者成批生成文末参考文献清单。EndNote 还可以在论文写作过程中，按拟投稿期刊要求的格式，自动调整引文的格式。总结来看，Endnote 的功能主要体现在个人数据库的建立及管理和撰写论文两个方面。

1. 个人数据库的建立及管理

(1) 按课题内容建立自己的数据库，随时检索收集到的所有文献，进行一定的统计分析。
(2) 通过检索结果，准确调出需要的 PDF 全文、图片、表格等。
(3) 根据不同课题更新创建不同的数据库，并随时可以检索、更新、编辑。
(4) 将不同课题的数据库与工作人员共享。
(5) 将不同来源的数据整合，自动筛选并删除重复的信息。

2. 撰写论文

(1) 可随时从 Word 文档中调阅、检索相关文献，并将重要的文献自动按照期刊要求的格式编排插入正在撰写论文的参考文献处。
(2) 可以很快地找到相关的图片、表格等，将其按照期刊要求的格式插入论文相应的位置。
(3) 方便查找文献，可以把自己读过的参考文献全部输入 EndNote 中，这样在查找的时候就非常方便。
(4) 参考文献库一旦建立，对文章中的引用进行增、删、改以及位置调整都会自动重新排好序。在转投其他期刊时，文章中引用处的形式(如数字标号外加中括号的形式，或者作者名加年代的形式等)以及文章后面参考文献列表的格式都可自动随意调整。而且参考文献很多情况下可以直接从网上下载导入库中。
(5) 依据模板自行设定输出格式。

5.1.4 EndNote X5 新增功能

EndNote X5 是 Thomson Reuters 公司发布的最新应用版本，使用者通过 EndNote X5，可以在计算机和网络账号之间自由添加或者移动文件附件，查看和批注 PDF 文件，并自动更新参考文献，向网络版添加和转移文件附件，使用极为方便。Endnote X5 的新功能简述如下：

（1）EndNote 可以与 EndNote Web 交换文献和附件，支持全文和附件的双向传递，并且该功能可以配置，可以选择传附件，也可以不传。

（2）在查找重复时，高亮显示相似的位置，醒目且清晰地进行提示。

（3）在预览窗口，不仅可以预览 PDF，还可以一边查看 PDF 全文，一边进行文献修改，也可以做笔记；台式计算机相较于笔记本电脑，因其屏幕较大，在使用该功能时比较方便。

（4）文献记录更新功能，这个功能顺应了时代潮流。由于科研需要，我们经常下载很多预发表的文献，一段时间后来源数据库的记录将原始文献记录进行更新。以前版本的 EndNote 是将其当作另一条记录来管理，现在可以利用 update 来更新，在菜单的 Reference 下或者右键菜单中有 find reference updates，直接将更新后的记录替换旧的记录。

（5）参考引文时可以方便地插入 Author(Year) 或 (Author Year) 等不同格式。

5.2 EndNote 工作界面介绍

5.2.1 窗口介绍

双击 EndNote 图标，开启程序后，出现如图 5-1 和图 5-2 所示界面。

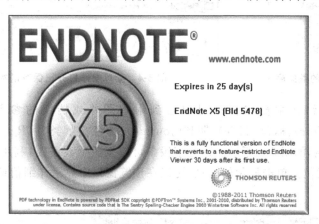

图 5-1　首次开启程序界面

在这个视窗中，有三个选项，可根据图标说明依个人需要进行选择。从上到下依次为了解 EndNote(Learn about EndNote)、新建数据库(Create a new library)、打开已有的数据库(Open an existing library)。其作用分别为打开 EndNote 使用手册了解其基本功能、新建数据库、打开已保存的个人图书馆(此选项需存在符合格式的文件)。首先，我们单击第二个选项建立一个数据库，如图 5-3 所示。然后可以通过单击第三个选项或将图 5-2 界面关闭后，使用 File → Open Library 打开已有的数据库，如图 5-4 所示。

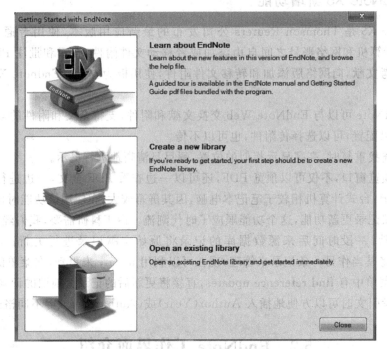

图 5-2　开启 EndNote 后呈现的画面

图 5-3　建立新的数据库

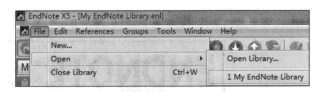

图 5-4　菜单操作打开已保存的数据库

数据库打开后，在主窗口界面可以看到附有图片或档案的参考文献、第一作者（Author）、年代（Year）、标题（Title）、期刊（Journal）、参考文献类型（Ref Type）和文献的网址（URL）等字段条，如图 5-5 所示。这些字段条可以按照个人需要，利用 Edit→References 来修改其呈现的栏位。单击显示的文献，可以在预览窗口中显示详细信息，但一次只能显示一条文献信息。

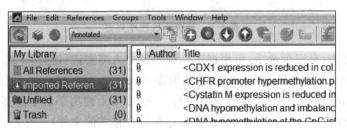

图 5-5　打开保存的数据库

5.2.2　EndNote 软件菜单的主要功能

在软件主窗口的最上方显示软件的菜单栏功能选项，图标显示如下：

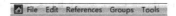

1. File 菜单

用于新建数据库、打开已有数据库、另存为数据库、导出数据、导入数据、关闭个人图书馆等，如图 5-6 所示。

（1）New：新建一个数据库。

（2）Open：鼠标指向 Open 会显示出二级菜单，其中包括近期打开的数据库，方便用户二次打开。

（3）Close Library：方便用户关闭已打开的数据库。

（4）Save a Copy：可以帮助我们保存一个备份。

（5）Export：将数据库的文献信息以某种格式输出。在使用时可以按照使用需要，选择按照某种期刊的参考文献格式输出，也可以输出全部信息。既可以输出为纯文本文件，也可以输出为网页格式，其功能应用比较广泛，可以方便地用于报表、成果列表等。

（6）Import：用于导入来自其他软件的数据库文件，以及文本格式的文献信息。有些网站不能直接与 EndNote 连接进行检索，且没有直接输出到文献管理软件的功能，此时要将需要的文献信息下载到本地，再通过一定的格式转换成 EndNote 的数据库记录。

2. Edit 菜单

用于复制、粘贴数据、编辑输出式样、编辑导入过滤器、定制 EndNote 等，如图 5-7 所示。

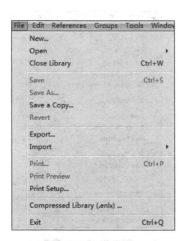

图 5-6　File 菜单

图 5-7　Edit 菜单

（1）Undo：用于撤销上一次的操作。

（2）Cut：剪切选定的文献，这种方式剪切下来的文献的全部信息，可以转移到另外一个数据库中。

（3）Copy：复制的也是文献的全部信息，可以粘贴到另一个数据库中，也可以插入到

Word 中的某个位置，此时相当于插入引用文献。

（4）Paste：粘贴。

（5）Paste With Text Styles：以文本形式进行粘贴。

（6）Clear：在主程序界面删除已经选择的文献，相当于右键菜单中的 Delete References；如果在次级窗口中，可以用于清除某些选择的栏位。

（7）Select All：全选。

（8）Copy Formatted：以选择的杂志格式复制选定的参考文献，可以直接粘贴到写字板或者 Word 等文字处理软件中。

3. References

参考文献，如图 5-8 所示。

（1）New Reference：新插入一条文献记录。

（2）Edit References：编辑选定的文献。

（3）Show Selected References：有的时候显示全部记录会显得杂乱无章，并且不利于查找信息，利用该命令可以只显示相关文献，使界面显得简洁。

（4）Hide Selected References：隐藏选择的文献，只显示未选择的文献。

（5）Find Duplicates：根据偏好设定中定义的重复资料标准，查找当前数据库中有没有重复的文献记录。

4. Tools

工具，如图 5-9 所示。

 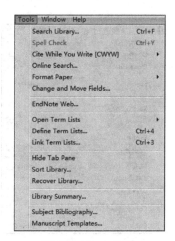

图 5-8　References 菜单　　　　　　图 5-9　Tools 菜单

（1）Cite While You Write：撰写稿件时引用文献会用到的功能。

（2）Format Paper：将某篇文章中临时引用的文献转换成指定的参考文献格式。

（3）Subject Bibliography：可以进行简单的统计分析。

（4）Manuscript Templates：论文模板。

第6章 个人数据库的创建

在科学研究过程中,需要不断收集文献资料,利用 EndNote 软件创建个人数据库,将收集到的不同来源的相关材料放到数据库中的一个文件中,汇成一个数据库文件,同时剔除来源不同的相同的文献信息,便于分析、管理和应用,这将极大地方便文献的管理、编辑和应用。而这些功能的基础则是创建个人数据库,因此本章主要介绍创建数据库的几种方式。

在创建数据库前首先需要建立本地数据库。建立本地数据库有两种方法,可以在首次进入 EndNote 软件时选择 Create a new library,也可在菜单栏选择 File→New 方法,如图 6-1 所示。输入文件名如"high blood pressure",建立一个新的数据库,如图 6-2 所示。单击保存按钮,完成创建,数据库打开后显示界面,如图 6-3 所示。

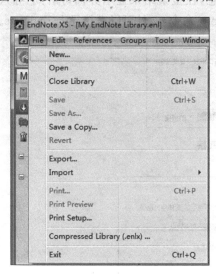

图 6-1 建立一个新的数据库

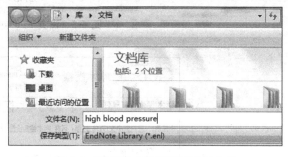

图 6-2 对新建立的数据库进行命名

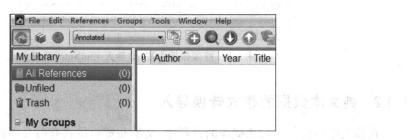

图 6-3 新建的数据库

6.1 检索网上数据库

6.1.1 直接导入 EndNote

目前网上存在很多在线数据库都提供直接输出文献到文献管理软件的功能，以 Google 学术搜索为例，进入 Google 学术搜索界面，如图 6-4 所示。

图 6-4　Google 学术搜索界面

在 Google 学术搜索界面，单击学术搜索设置，选中"显示导入 EndNote 的链接"，如图 6-5 所示，并保存设置，返回搜索界面。搜索所需信息，在检索结果显示界面可看到"导入 EndNote"的链接，如图 6-6 所示。单击选择"导入 EndNote"命令，文件可以直接导入 EndNote。

图 6-5　设置 EndNote 链接

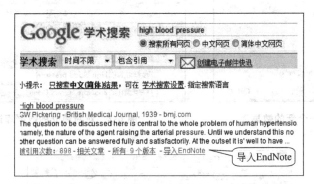

图 6-6　搜索结果中显示"导入 EndNote"链接

6.1.2 纯文本数据的格式转换导入

在将文献和资料导入数据库的过程中，文献和资料格式有时会不匹配，需要通过格式转换将其转换成符合的格式后才能导入，这相对来说比较麻烦，但在实际工作中经常会遇到。在格式转换时，比较简单的方法是首先将资料保存为文本文件，然后导入 EndNote 中。

对于中文的文献资料信息，可以先将其保存为文本格式，然后按照 EndNote 的程序要求进行转换，再导入即可。有的数据库并不存在"直接将数据导入 EndNote"的按钮，但只要其允许数据导出，就可以将数据导入 EndNote 个人数据库中。以 PubMed 数据库为例，打开 PubMed 检索界面，输入检索内容，单击 Search 按钮，如图 6-7 所示。

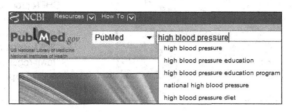

图 6-7　PubMed 检索界面

在检索结果中，勾选需要保存的文献，在文献右侧有 Send to 下拉菜单，选择 File，然后将 Format 设置为 MEDLINE，单击 Create File 按钮，保存文献为纯文本格式（.txt）文件，如图 6-8 和图 6-9 所示。于保存位置处查看文本，如图 6-10 所示。再通过 EndNote 中的 Import 导入即可，如图 6-11 和图 6-12 所示。

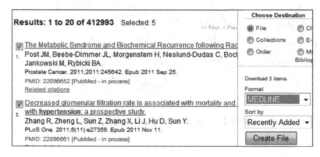

图 6-8　PubMed 文献导出保存为文本

图 6-9　保存文献

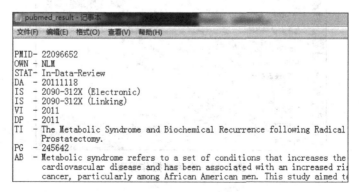

图 6-10　文献文本格式显示内容

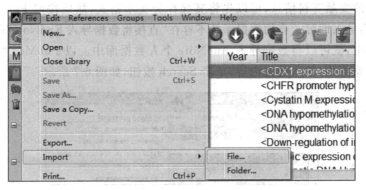

图 6-11　EndNote 主菜单操作界面

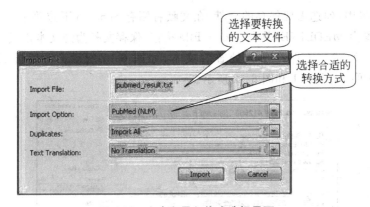

图 6-12　文本和导入格式选择界面

6.1.3　PDF 文件导入

导入电脑中已经存在的 PDF 文件，整个操作过程如图 6-13～图 6-15 所示。依次在主菜单中打开 File→Import→File，如图 6-13 所示。选择要导入的文件，注意 Import Option 中选择"PDF"格式，如图 6-14 和图 6-15 所示。单击 Import 按钮完成最终导入，如图 6-16 所示。

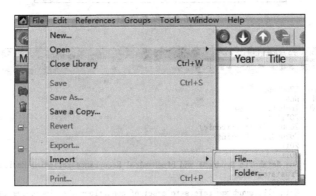

图 6-13　主菜单操作界面

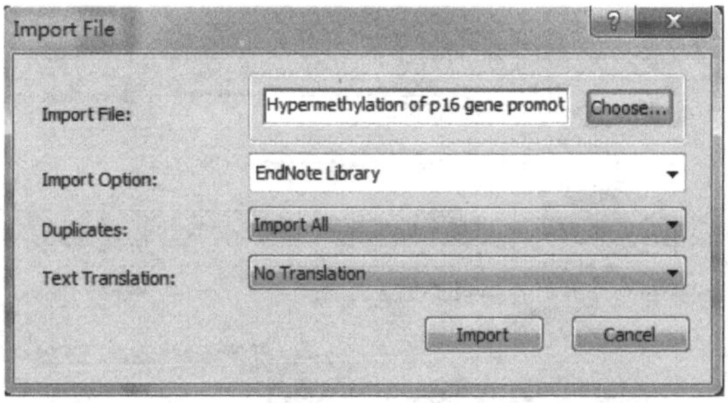

图 6-14　PDF 文件和导入格式选择界面

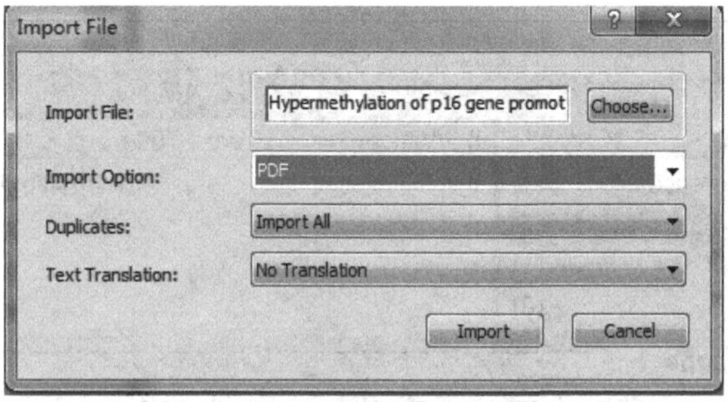

图 6-15　选择 PDF 格式

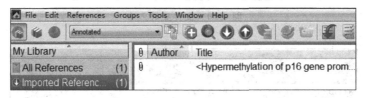

图 6-16　完成导入

也可以直接导入整个文件夹,依次单击 File→Import→Folder 选择文件夹导入,如图 6-17 所示。选择要导入的文件夹后单击 Import 导入即可,如图 6-18 和图 6-19 所示。导入过程如图 6-20 所示,最终完成导入如图 6-21 所示。

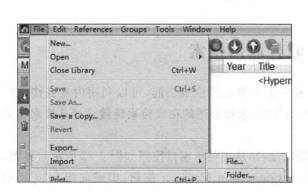

图 6-17　主菜单操作界面

图 6-18　选择要导入的文件夹

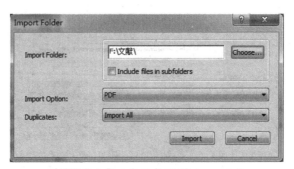

图6-19 导入界面

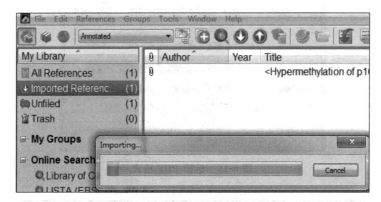

图6-20 文件夹导入中

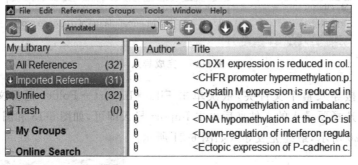

图6-21 最终完成的导入

6.2 软件联网检索

EndNote 软件作为一种检索工具，具有强大的在线检索功能，可以利用内置链接进行检索后将文献导入。在创建 EndNote 图书馆后，选择合适的在线检索链接途径并检索相关文献，然后将文献数据导入数据库中。

在检索前，第一步是选择在线检索链接途径，从主菜单窗口按照如图6-22所示的界面，依次单击 Edit→Connection Files→Open Connection Manager 按钮，出现如图6-23所示界面。

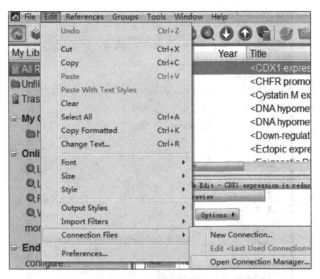

图 6-22 菜单命定选项

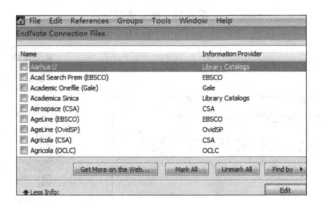

图 6-23 可供选择的多个文献库

在显示的对话框中有 200 多个文献库或网上图书馆可供直接联机检索,包括著名的 PubMed(NLM)、Ebsco、Oclc 和 Proquest 等。选取需要的某一链接,单击选中,便可在原有的文献库中添加该选项。

6.3　手工创建数据库

手动输入的方法主要针对少数文献,并且这些文献无法直接从网上下载,或者是在阅读文献、书籍时产生的想法和灵感等,将收集到的信息、参考文献进行手工输入。这是一种最简单、最原始也是最常用的方法。缺点是工作量较大,不能应用于大量的文献检索工作。

在 EndNote 主菜单界面,依次单击 References → New Reference 按钮,如图 6-24 所示。相应的数据库将打开显示一个 New Reference 窗口,如图 6-25 所示。在窗口中可通过下拉菜单选择参考文献类型(Reference Type),可供选择的有期刊论著(Journal Article)、书(Book)、专利(Patent)等,如图 6-26 所示。

图 6-24 菜单选项

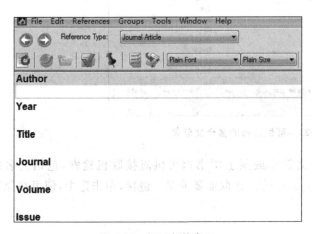

图 6-25 打开新的窗口　　　　　　图 6-26 Reference Type 界面

新建文献信息在输入时不仅包括文献的基本信息,如作者名(Author)、年份(Year)、标题(Title)、期刊(Journal)、卷(Volume)、期(Issue)、页码(Pages)、关键词(Key Words)、摘要(Abstract)等字段,还包括建立文献的开放链接(URL)、做读书笔记(Research Notes)以及直接链接 PDF 全文(Link to PDF)等功能选项,也可以建立参考文献对应的全文链接,或者对读过的文献进行标注。这些信息可以通过手工输入,比较简单。在输入时首先选择合适的文献类型,然后按照已经设置好的字段填入相应的信息。并不是所有的字段都需要填写,可以只填写必要的信息,也可以填写得详细些,如图 6-27 所示。显示输入作者名、年份、标题。

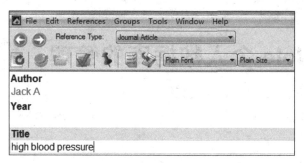

图 6-27　手工输入文献的相关信息

导入后的数据库界面如图 6-28 所示。需注意的是在作者姓名一栏,人名在输入时必须一个名字填写一行,否则软件无法区分是一个人名还是多个人名。关键词在输入时也一样,一个关键词一行。在导入记录显示界面上,作者名和期刊名如果首次出现在此数据库中,显示为红色;如果已经存在于数据库中,则显示为黑色。

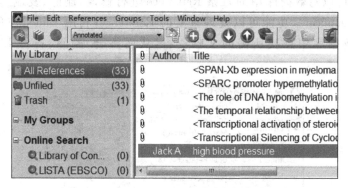

图 6-28　导入后数据库显示

第 7 章 EndNote 个人数据库的管理

7.1 参考文献的编辑与分析

7.1.1 编辑管理

EndNote 软件具有强大的编辑管理功能。运行 EndNote 软件，利用 EndNote 的 References 菜单可以对数据库中的各条 Reference 进行修改、删除、复制、剪切、粘贴等操作。利用 Find Duplicates 功能可以处理重复的 Reference；利用 EndNote 的 Search 功能，可快速从个人数据库中查找所需的文献资料，从而整合、删除、备份 Library，如图 7-1 所示。

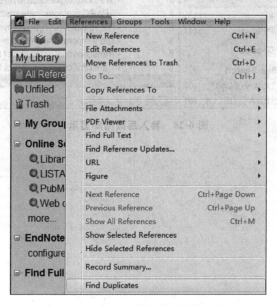

图 7-1 EndNote 菜单选项管理文献

此外，还可在文献条目中插入特有的标识字段信息，从而方便地管理文献数据，有助于快速查找所需信息。

7.1.2 排序管理

在建立好的文献数据库(Library)中，每个文献条目(Reference)包含许多字段信息(如作者、年代、标题或期刊名称等)，文献是随机排列的。在实际工作中，使用者可以按照个人需求,双击窗口栏,或使文献按照标题首字母进行排列,或按照作者名的首字母进行排列,或按照出版年代进行排列,方便文献查找。图7-2显示的是文献按照标题进行排列。

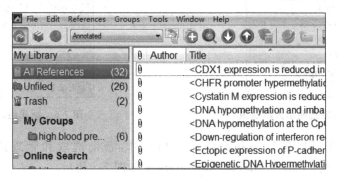

图 7-2　文献按照标题排序

7.1.3　文献分析管理

对文献的分析管理可分为附件的关联、文献分组、标注和分析。

（1）附件关联到文献,将在7.2节详细讲解。

（2）对文献进行分组,即将相似内容的文献归为同一组中。在操作时首先选中要创建到新的文件夹的文献条目,如图7-3所示。右击,选择 Add References To→Create Custom Group。如果已建有组就可以选择已建有的组添加,如图7-4所示。添加后,新组在My group中显示,可通过双击原组名来修改组名,如图7-5和图7-6所示。

（3）对文献进行标注。

（4）对文献进行分析。

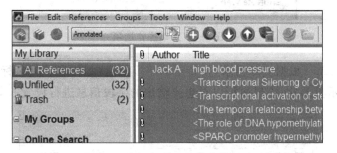

图 7-3　选择要建立文件夹的文献

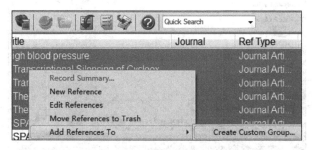

图 7-4　添加新的组

图 7-5 左框显示为新建组　　　　　图 7-6 新建组命名

EndNote 软件可以进行一些简单的分析操作，帮助选取和管理所需文献。运行 EndNote 软件，选取 Tools→Subject Bibliography，如图 7-7 所示。

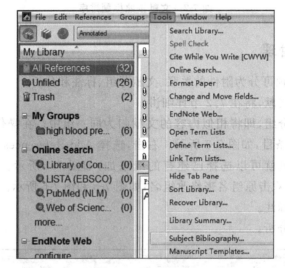

图 7-7 菜单操作选项

可以将 Reference 根据实际需求，按特定的字段信息（如作者、年代、标题等）分类输出，出现如图 7-8 所示界面，在该界面可以对想要输出的字段信息进行设置。如果只选择标题，

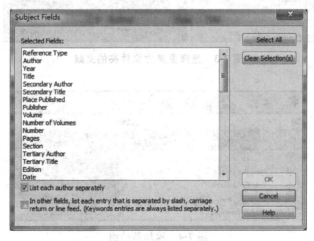

图 7-8 选择文献统计输出的信息

选中"Title"一行,单击 OK 按钮,进入如图 7-9 所示界面。单击 Select All 按钮,会按照所选择的标题,列出相关文献信息,如图 7-10 所示。

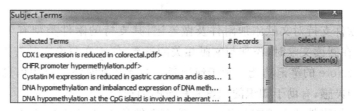

图 7-9　按 Title 选择排列的信息

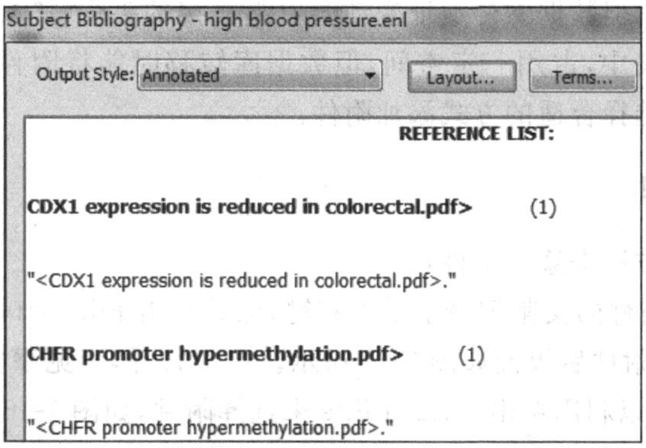

图 7-10　选择"Select All",按 Title 排列的文献信息

单击 Layout,可以设置显示格式,如图 7-11 所示,可以按照个人需要设置输出形式。例如为了统计该文献库中所有文献或书目的刊登或出版时间,可以选中 Terms→Subject Terms Onl 单选项,如图 7-12 所示。

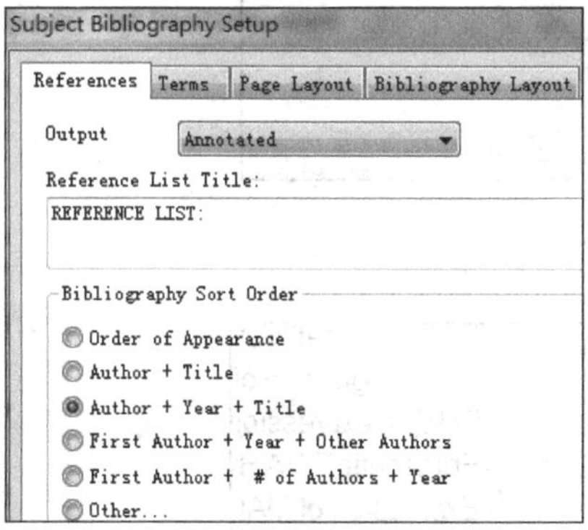

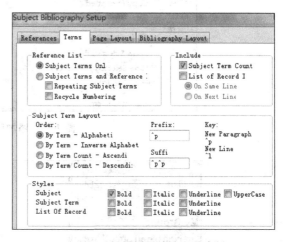

图 7-11　设置显示格式界面　　　　图 7-12　根据标题统计文献资料

统计结果根据数据库内容及统计方法而定,可以复制、粘贴到其他文件中。

7.2　附件的添加及管理

EndNote 软件支持对文献添加附件及做笔记，其支持的附件类型有 PDF、图片、Word 文档、表格等。在阅读文献时，添加与文献相关的资源，便于在写论文时查找相关的图片、表格等。同时 EndNote 的笔记功能有利于使用者在阅读文献时添加有用信息，如记录阅读该文献时的心得和灵感，有助于知识的积累和科研的创造。

EndNote 添加附件的方式有两种，一种是将附件的地址记录在 EndNote 中，使用时打开链接即可；另一种是将文件复制到 EndNote 数据库相应的文件夹下面。第一种方式不需文件备份，占用空间小，但数据文件地址变动会引起链接的丢失；第二种方式需要将文件拷贝一份到数据库文件夹中，占用一定空间，但数据库转移时能将附件一同带走，较为安全。读者可根据个人情况选择合适的方式添加附件。

7.2.1　附件的添加

有以下三种操作方法来添加附件：

（1）在需要添加附件的文献记录上单击右键，然后点击 File Attachments→Attach File 如图 7-13 所示。添加附件后界面如图 7-14 所示。单击打开，可见添加的附件，如图 7-15 所示。在添加过程中，可以利用单击 Attach File 来选择附件，如图 7-16 所示。

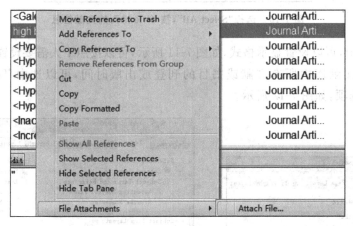

图 7-13　添加附件

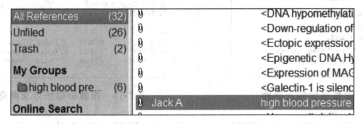

图 7-14　添加附件后的界面

图 7-15　添加好的附件

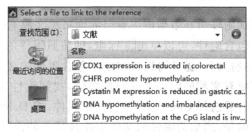

图 7-16　选择附件窗口

（2）在 Quick Edit 栏的 File Attachments 栏处直接拷贝粘贴。首先在电脑中选择要添加的附件，单击右键选择"复制"选项，如图 7-17 所示。然后在 Quick Edit 栏的 File Attachments 栏处单击右键，单击 Paste 完成添加，如图 7-18 所示，图中左侧显示的是"Paste"操作图示，右侧显示添加结果。

图 7-17　复制附件文件

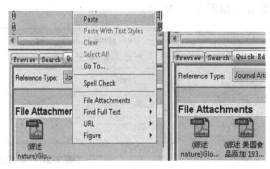

图 7-18　粘贴附件文件及结果

（3）以拖曳方式添加，将文献直接拖曳至附件栏。除此之外，还可以在多个栏目里添加信息，如图 7-19 所示。

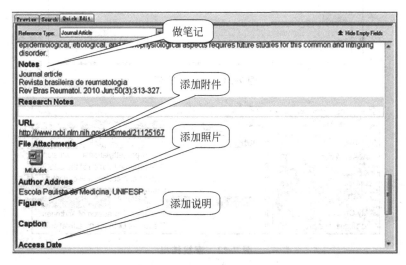

图 7-19　文献添加多种信息

7.2.2 附件的管理

添加附件后在数据库主窗口界面可见文献有 �标志，如图7-14所示。如要快速知道哪些文献包含附件，可以单击 �К标志，即按照附件的数量对文献进行递增排列，再单击一下会改为递减排列。据此可以快速定位包含附件的文献。

若要对文献的附件进行删除操作，找到附件所在栏目，有三种操作方法：①选择附件，单击右键后选择 Clear 按钮；②选中附件，按 Delete 键；③选择附件，按键盘 Backspace 键。需注意的是，添加为附件的文件不能拷贝。如需拷贝，可在数据库中寻找原文件进行操作。

7.3 数据库内检索

随着资料的积累，数据库中会有成千上万的文献，当我们需要某篇文献时，EndNote 软件的快速查找功能将极大地方便查找文献。运行 EndNote 软件，在 Tab 视窗单击 Search，按个人要求选择输入搜索项。如按 Title 检索 hypomethylation，如图7-20 和图7-21 所示。查找结果如图7-22 所示。

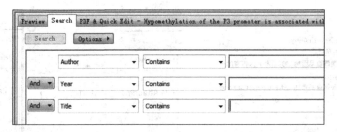

图7-20　数据库搜索

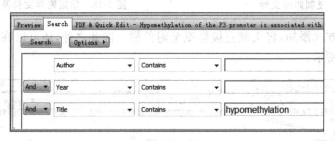

图7-21　Search 选项

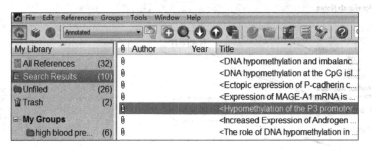

图7-22　查找结果

第 8 章 利用 EndNote 撰写论文

撰写论文时，EndNote 软件有三点优势可以利用。首先，EndNote 可以随时从 Word 文档中调阅、检索相关文献，并将重要的文献自动按照期刊要求的格式，放在正在撰写论文的参考文献处；其次，可以很快地找到相关的图片、表格，将其按照期刊要求的格式插入论文相应的位置；另外，在转投其他期刊时，可以很快将论文格式和参考文献的引用格式转换成转投期刊的格式。这将极大地减轻研究人员的工作量。

8.1 利用模板撰写论文

EndNote 软件内置上百种期刊模板，可根据个人需求，利用模板撰写论文。运行 EndNote，依次单击 Tools→Manuscript Templates，如图 8-1 所示。出现文件夹，内置上百种期刊预制模板，如图 8-2 所示。

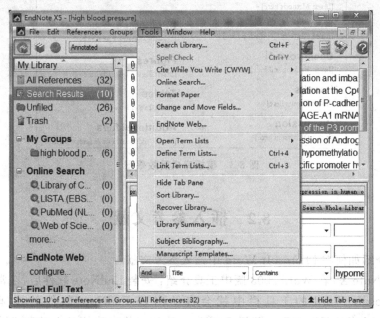

图 8-1 菜单操作选项

选择期刊模板后，单击打开按钮，软件将自动切换到 Word 界面。以 *Nature* 期刊为例单击打开，如图 8-3 所示。

图 8-2　多种期刊模板

图 8-3　模板完成后效果图

8.2　插入参考文献

本小节介绍如何在 Microsoft Word 中插入参考文献。

(1) EndNote X5 在 Word 2003 版中工具介绍：安装 EndNote 软件后，在常用的文字编辑软件 Microsoft Word 的工具栏中就会自动出现 EndNote 软件的快捷条，因而在 Microsoft Word 中就可以方便地调用 EndNote 软件。单击快捷条上的图标，将自动切换到 EndNote 界面，如图 8-4 所示。

Edit Citations：对文中引用的参考文献进行编辑、排序，还可以去除文中引文的作者名、年份，或者是加入前缀、后缀或删除引文等。

Insert Note：在文中光标处加入笔记，如网址、公司名称和个人交流等。

图 8-4　Word 中的 EndNote 快捷条

　　Edit Library Reference：选中文中已经插入的参考文献，单击该图标可以切换到 EndNote 中对应的 Reference 记录，修改库中的原始数据。

　　Unformat Citations：单击此图标，可使文后的参考文献在书写论文的时候被屏蔽，文中的参考文献格式变成了"文本"；相反的命令可以用。

　　（2）打开 Word 文档，鼠标位置显示需要插入的参考文献，单击 Word 中快捷条上的 EndNote X5→Find Citation(s)按钮，如图 8-5 所示。选择后，出现如图 8-6 所示界面。输入检索词，选择所需文献，如图 8-7 所示，单击 Insert 按钮。添加后显示如图 8-8 所示界面。用同样的方法可以插入多篇文献。

图 8-5　选择插入参考文献

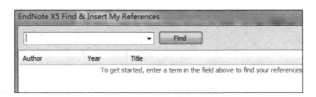

图 8-6　检索参考文献界面

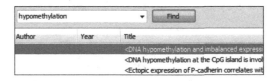

图 8-7　选择要插入的参考文献

Insulin resistance and oxidative stress are the major hallmarks of type 2 diabetes[1], but the mechanisms underlying the development of systemic oxidative stress and insulin resistance are unclear. Both nicotinic acid and nicotinamide have been reported to induce insulin resistance, which may lead to elevation of plasma insulin due to β-cell compensation. Coincidentally, our data showed that nicotinamide overload induced acute insulin resistance in rats associated with high plasma levels of

[1] Meigs JB, Larson MG, Fox CS, Keaney JF, Jr., Vasan RS, Benjamin EJ. Association of oxidative stress, insulin resistance, and diabetes risk phenotypes: the Framingham Offspring Study. Diabetes Care. 2007;30:2529-35.

图 8-8　参考文献插入到了论文中

Ref Viz

第三部分

第 9 章 RefViz 简 介

RefViz 是一个文本信息分析软件,由 Thomson ISI Research Soft 公司和 Omniviz 公司于 2003 年合作推出。现在最新版本为 RefViz 2.1 版本,性能日趋稳定,功能逐渐完善,操作也越来越方便。RefViz 采用文献聚类地图的形式来输出分类的文献信息,可视性强,便于理解,可以清晰地展示出不同主题之间的相关性分析,从而为使用者确定研究方向,开拓研究思路。熟悉掌握这个软件可以帮助每一位使用者轻松管理海量的文献信息,快速获取最新的信息。该软件成为信息分类的理想工具。

9.1 RefViz 功能介绍

RefViz 可以帮助用户分析、组织管理大量文献,其通过自身的交互式数据挖掘和可视化文本信息分析,使得用户对于文本信息的分类和分析更加简单直观。同时可与文献管理软件 EndNote 等对接,浏览相关文献。RefViz 内含的检索工具 Reference Retriever 为用户进行跨库检索文献也提供了极大的便利。这些特点为所有初涉科研的学生或者是资深的研究人员在海量资源里筛选信息、寻找解决方案提供了一个可靠的平台,使他们能更快地了解其学术领域。

9.2 RefViz 工作原理

RefViz 处理文献的方式与我们平时工作学习时阅读文献的方式类似。它采用文献聚类地图的形式对文献作出一个最为直观的分类。所谓文献聚类地图,是将文献聚类排列到一个二维空间,构成一张分布地图。地图上空间距离的远近代表了文献集合之间相同元素的多少。具有较多相同元素的文献集合位置较为紧密,而具有较少相似元素的集合位置相对较远。由于文献聚类地图具有可视性强、便于理解的特性,从而很容易帮助我们清晰地观察到不同主题之间的相关性。

RefViz 首先分析每一篇文献的标题和摘要部分,并利用数理统计原理从中标出每篇文献的主要关键词、次要关键词和描述词,而不是仅仅利用词频进行管理。RefViz 分组后无须再重新建一个文件夹,可以通过图示的方式将其分析的文献根据文献之间的相互关系用二维图表示出来,视图窗口如图 9-1 所示。

每个文件夹图标表示一组文献,图标的大小代表文章总数的多少,当鼠标移动到视图窗口中某个文件夹的上方时,会自动显示出其中包括的内容、文献数等,以便用户有选择地进行研究,如图 9-2 所示。

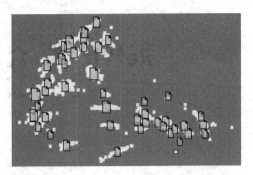

图 9-1 视图窗口

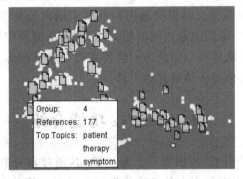

图 9-2 视图窗口中文件夹大小显示内容

文件夹图标的位置靠得越紧密代表其内容越相似,同时也说明这些领域的文献较多,如图 9-3 所示。

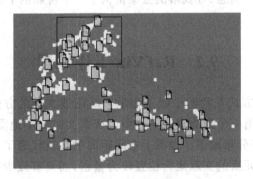

图 9-3 紧密区域

第10章 RefViz 工作界面

10.1 启动界面

可通过双击桌面快捷图标 RV 或依次单击"开始"→"所有程序"→"RefViz 2.1"→"RefViz"启动 RefViz。RefViz 2.1 的启动界面如图 10-1 所示。

图 10-1　RefViz 启动界面

10.2 工作界面介绍

工作界面共有四个窗口：视图窗口、主题/检索窗口、文献信息浏览窗口、帮助窗口。主窗口包括标题栏、菜单栏、工具栏和状态栏，如图 10-2 所示，显示前三个栏目，状态栏在该界面最下。

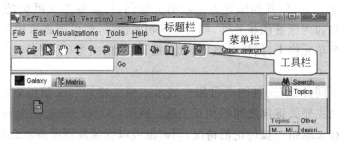

图 10-2　RefViz 主窗口

10.3 视图窗口(Galaxy/Matrix)

该窗口显示的是 RefViz 对文献信息分类的结果。

Galaxy 视图上散布着许多大小不一的页面状图标和蓝色的方形小点,如图 10-3 所示。

其中页面状的图标表示一组文献,而蓝色的方形小点表示一篇文献。RefViz 是以文献聚类地图的形式输出文献信息的分类结果,其空间距离的远近代表文献之间相关性的强弱。也就是说,图标越大,表示文献数量越多;相互之间位置越靠近,相关性越强。

如果将鼠标停留在图标上,就会显现出一个浮动窗口来,告诉用户该组文献的组号、文献数量以及主要关键词;同样,如果将鼠标停留在

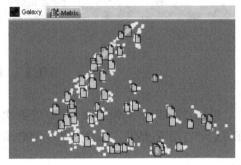

图 10-3 Galaxy 视图窗口

方形小点上,也会显现出一个浮动窗口,告诉用户该篇文献的标题以及所属的组号。

单击视图上方的 Matrix 可切换到另外一个视图——Matrix 视图,如图 10-4 所示。

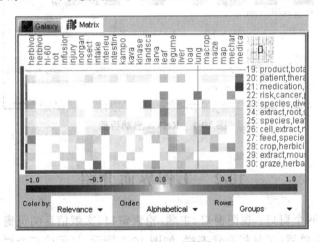

图 10-4 Matrix 视图窗口

Matrix 视图类似表格,其列标签为文献的关键词,行标签为文献组的关键词。单元格的颜色表示行标签和列标签的相关性,红色表示相关性强,蓝色则表示相关性弱。如果将鼠标指针停留在一个单元格上,同样会显现该组(篇)文献的组号、主要关键词、相关性以及文献数量。

根据设置的不同,Matrix 视图既可用来表示主要关键词和文献组之间的关系,又可用来表示各文献组的主要关键词之间的相互关系。因而,从 Matrix 视图中用户可以快速了解到各主要关键词在文献组中被讨论的情况,同时也可以快速发现哪些概念经常一起讨论,以及概念之间相关性的强弱等。

10.4 主题/检索窗口(Topics/Search)

[Topics]窗口显示的是当前所选中文献的关键词信息。Topics 窗口下可见 RefViz 用于分类的 Major topic、Minor topic 以及 Descriptive terms,如图 10-5 所示,topic 影响 RefViz 的分类。其中主要关键词(major)是 RefViz 对文献进行分组的主要依据;次要关键词(minor)对分组影响很小;描述词(descriptive)是一些出现极其频繁但对于文献分组毫无帮助的词。

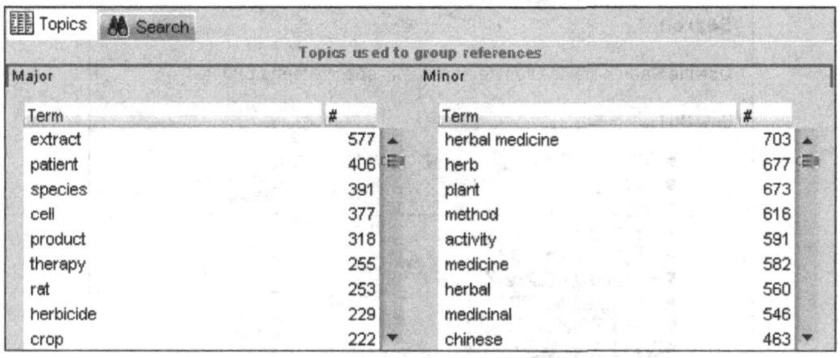

图 10-5 Topics 检索窗口

[Search]窗口为检索视图,如图 10-6 所示。

该检索功能是在导入的文献范围内检索,可以检索单词或词组,也可以进行逻辑和、或、非运算,还可以使用通配符(?,*)进行检索。其中"?"可以代替一个字符,"*"可以代替多个字符。

输入时值得注意的是:

(1) 检索式中不能有空行,否则该行后的检索词将被忽略;

(2) 检索词组时需要用双引号把词组括起来,否则 RefViz 将自动把词组分成各个单语,中间以 and 相连。

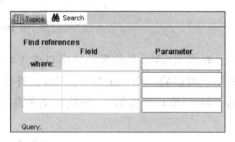

图 10-6 Search 检索窗口

10.5 文献信息浏览窗口(Reference Viewer)

Reference Viewer:文献信息显示窗口,如图 10-7 所示。

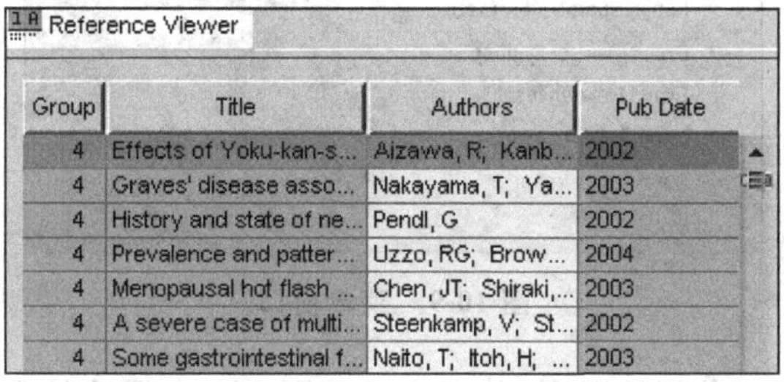

图 10-7 Reference Viewer 窗口

可以在这里列出所有被选中的文献信息，并且可以像在 EndNote 中一样，通过单击各个栏位进行排序。双击每条文献会在新的窗口中打开这条记录的详细信息。

10.6 帮助窗口（Advisor）

Advisor：帮助窗口，适合初学者了解软件功能，如图 10-8 所示。

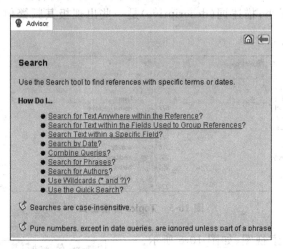

图 10-8　Advisor 窗口

根据 RefViz 当前激活的窗口或工具的不同，Advisor 将显示出相关的帮助信息，熟练的用户可以将 Advisor 窗口隐藏，以腾出空间给文献信息浏览窗口。可通过单击工具栏中的 Hide Advisor 按钮，或执行菜单命令 Tool→Hide Advisor 两种方法隐藏 Advisor。

10.7 菜　单　栏

1. File 菜单

File 菜单窗口如图 10-9 所示。

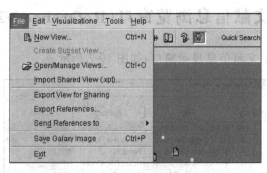

图 10-9　菜单窗口

New View... 表示创建一个新的视图，单击出现如图 10-10 所示对话框。

Create Subset View... 通过 RefViz 对一批文献进行分析，可能发现其中只有一部分与特定目标

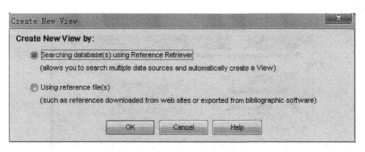

图 10-10　建立新视图

相关,对这部分文献再进行分析,有助于我们深入理解特定主题的相关信息。

单击 Open/Manage Views...,打开如图 10-11 所示界面,进行打开、重命名、删除等操作。

图 10-11　Open/Manage Views 界面

例如,要给 update1 重命名为 diabetes,选中 update1,弹出如图 10-12 所示对话框,重命名后,单击 OK,则出现如图 10-13 所示界面,表明重命名成功。

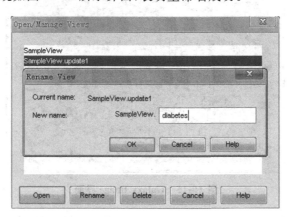

图 10-12　重命名

图 10-13　重命名成功后界面

Import Shared View (.xpt)...：可以打开之前已经创建的.xpt 文件。

Export View for Sharing：已经创建的视图可以输出为.xpt 文件与他人共享,而无须重复分析,单击出现如图 10-14 所示界面。所有相关的视图都会列举出来,可以选择需要共享的视图,默认设置为全部选中。

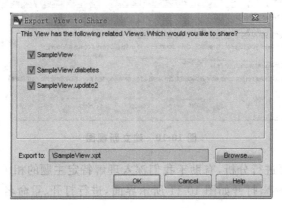

图 10-14　Export View to Share 界面

`Export References`：将选中的文献默认输出成文本格式文件。

`Send References to`：可以将选中的文献输出到文献管理软件中。

`Save Galaxy Image`：将当前窗口保存为图片的形式。单击后出现如图 10-15 所示界面，可以通过左上角的 File 菜单选择保存或打印该图。

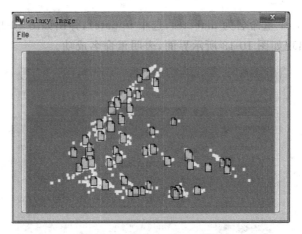

图 10-15　Galaxy Image 界面

`Exit`：单击退出 RefViz 程序，或者单击右上角的×按钮关闭程序。

2. Edit 菜单

Edit 菜单窗口如图 10-16 所示。

`Select All`：选中视图中的所有文献。

`Invert Selection`：反选其他文献。

`Undo Last Selection`：撤销上次选择。

`Clear Selections`：撤销所有选择。

`Select Highlighted References`：当用户在文献信息浏览窗口（Reference Viewer）中选中某一篇文献时，此选项可帮助用户在 Galaxy 视图中找到该文献的具体位置，并以高亮形式显示出来。

RefViz 工作界面

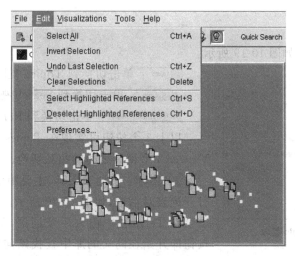

图 10-16　Edit 菜单

Deselect Highlighted References：撤销高亮选择。

Preferences...：用户可以根据自己的喜好设置不同的颜色，包括背景色、图标颜色、选中与未选中图标的颜色等。单击后出现如图 10-17 所示界面。

3. Visualizations 菜单

直接单击如图 10-18 所示的主界面上的 Galaxy 和 Matrix 快捷键即可轻松完成视图切换。

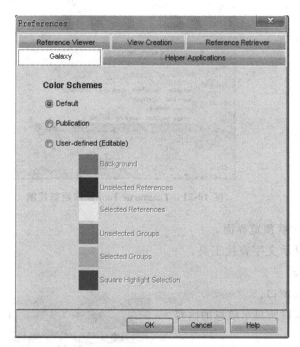

图 10-17　Preferences 界面

图 10-18　Visualizations 菜单界面

4. Tools 菜单

Tools 菜单窗口如图 10-19 所示。

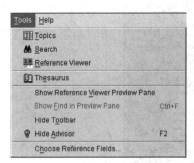

图 10-19　Tools 菜单

`Topics`：单击切换到 Topics 视图。

`Search`：单击切换到 Search 视图。

`Reference Viewer`：单击切换到 Reference Viewer 视图。

以上 3 个按钮可实现在 Topics、Search 和 Reference Viewer 3 个窗口之间的相互切换。

`Thesaurus`：词表工具，主要用于同义词设置。单击打开词表对话框，如图 10-20 所示。

在 Term 栏中输入一个词语，单击 Look-up/Create 按钮即开始在同义词库中查找该词的同义词，同时将查找结果在 Synonyms 栏中显示出来。单击 Add Synonym 按钮，用户可以自行创建同义词；单击 Delete Synonym 按钮删除选中的同义词；单击 Make Headword 可将选中的词设置为头词。操作结束后，单击 Reprocess 按钮将会创建一个新视图，如图 10-21 所示。

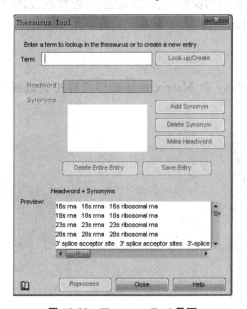

图 10-20　Thesaurus Tool 界面

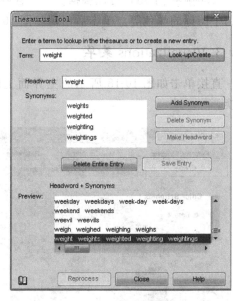

图 10-21　Thesaurus Tool 操作后新视图

`Show Reference Viewer Preview Pane`：显示参考文献预览界面。

`Show Find in Preview Pane`：是否在主界面显示文字查找工具。

`Hide Toolbar`：是否在主界面显示工具栏。

`Hide Advisor`：是否在主界面隐藏帮助窗口。

`Choose Reference Fields...`：设置文献浏览窗口所显示信息的内容。

5. Help 菜单

Help 菜单界面如图 10-22 所示。

图 10-22　Help 菜单

10.8 工具栏介绍

工具栏快捷菜单界面如图 10-23 所示。

图 10-23 工具栏

从左到右依次表示为：

New View：新建一个视图。

Open View：打开视图或管理视图。

Select Cursor：选择单篇文献或选择一组文献，如果按住鼠标左键可以选择一个区域。

Pan Cursor：移动视图。

Zoom Cursor：可以对视图进行放大或缩小，选择后按住左键上下移动即可放大或缩小。快捷键：按下右键可代替这个快捷键。

Magnify Cursor：将选择的区域放大。

Reset：在 Galaxy™ 或 Matrix™ 视图模式下，返回到初始状态。

Show/Hide References：隐藏单篇文献对应的点。

Show/Hide Groups：隐藏一组文献对应的图标。

Export to Bibliography Manager：将选择的文献输出到文献管理软件。

Thesaurus：显示词典窗口，该功能主要用于定义同义词。

Help：显示帮助文件，可以用 F1 激活。

Show/Hide Advisor：显示或隐藏 Advisor，可以用 F2 激活 Advisor。

第11章 创建新视图

RefViz 可对两种来源的文献数据创建视图：一是通过检索网络文献数据库并自动下载的文献数据，二是一些文献管理工具（如 EndNote、Reference Manager 和 Procite 等）所建立的数据库文件。下面分别介绍对这两种来源的文献创建视图的方法。

11.1 通过检索网络文献数据库创建视图

执行菜单命令 File→New View，在 Create New View 对话框中选择 Searching database(s) using Reference Retriever，单击 OK 按钮，则会弹出 Reference Retriever 对话框，在其中输入关键词，然后单击 Search 按钮即可开始检索。例如检索 1998—2008 年之间有关"锂离子通道"的文献时，Reference Retriever 对话框如图 11-1 所示。

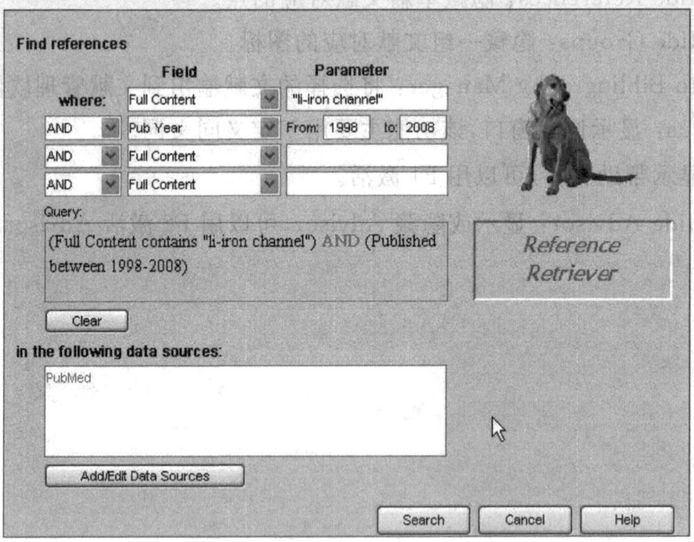

图 11-1 Reference Retriever 界面

在对话框下部的 in the following data sources 中还会显示出将要进行检索的网络文献数据库。根据需要，可以单击 Add/Edit Data Sources 来添加和设置网络文献数据库，弹出界面如图 11-2 所示。

选择所需要的网络文献数据库，单击 OK 按钮即开始检索。检索完成后单击 Retrieve 按钮，RefViz 便开始自动下载这些文献并创建视图。

利用 Test All Checked 按钮可以测试所选中的数据库是否可用。

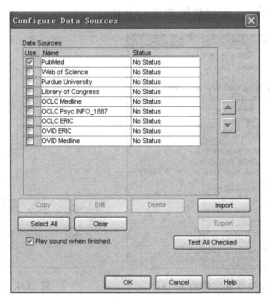

图 11-2 Configure Data Sources 对话框

11.2 利用文献管理工具创建视图

利用文献管理工具来创建视图要分为两种情况：一种为自动导入文件并创建视图，如果用户所使用的文献管理软件支持和 RefViz 无缝链接的话，则可直接由文献管理软件链接到 RefViz；另一种为手动导入，如果用户的文献管理软件不支持与 RefViz 无缝链接，则需要先用文献管理软件建立文件，然后再手动将文件导入 RefViz 来创建视图。

1. 直接从文献管理软件中导入文件到 RefViz 并自动创建视图

一些文献管理软件，如 EndNote 和 Reference Manager 的最新版本都能实现和 RefViz 无缝链接。

如果用户的电脑里已经安装了 EndNote 的最新版本，那么从 EndNote 中可直接输出文件到 RefViz 并创建视图，操作简单便捷。

下面以 EndNote 中的一个数据库为例，直观地展示一下 RefViz 分析的过程。如果用户已经安装了 EndNote 和 RefViz，在 EndNote 程序主界面，单击 Tools → Data Visualization，如图 11-3 所示。

软件会自动打开 RefViz，并对当前文献数据库的所有文献进行分析，在处理过程中会出现一系列处理进程窗口，如图 11-4 所示。

2. 从文献管理软件输出文献并生成文件

如果用户使用其他一些不支持和 RefViz 无缝链接的文献管理软件，用户仍然可以使用 RefViz 来可视化分析由这些文献管理软件所建立的数据库文件。

先从这些文献管理软件中将欲进行分析的文献数据库以 RIS 格式输出并生成文件，然后再将文件导入 RefViz 即可创建视图并进行分析。

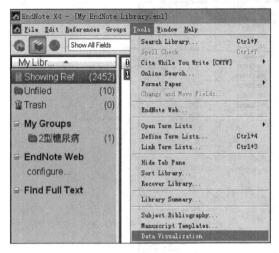

图 11-3　从 EndNote 中导入文件到 RefViz

图 11-4　处理进程窗口

由文件创建视图的步骤如下。

第一步：执行菜单命令 File→New View，在 Create New View 对话框中选择 Using Reference File(s)，将会弹出 Choose Reference Source 对话框。

第二步：选择一个或多个文件，单击 Open。在默认设置下，RefViz 会自动剔除那些没有标题或摘要的文献，这使分析的效率大为提高。但对于 RIS 格式的文献（RefViz 能够自动辨识文件的格式），如果摘要空缺，RefViz 将自动查找注释字段，如果注释字段也空缺，该文献才被剔除。在导入过程中，如果有文献被剔除，RefViz 将会弹出一个 Import References 提示框，如图 11-5 所示。

倘若用户不想每次都弹出该提示框，可勾选 Don't show me this again。通过改变 View Creation Reference 的设置，也可以不剔除无标题或摘要的文献，但这会降低文献分组的准确性。如果文献标识唯一，同一文件里重复的文献将被自动剔除。

第三步：导入文献后将会弹出 Create New View from Reference File(s)对话框，如图 11-6 所示。用户可在此对话框中输入新视图的名称。

图 11-5　Import References 提示框

图 11-6　Create New View from Reference File(s)对话框

第12章 文献信息分析和常用数据库知识

12.1 文献信息分析

1. 更加深入了解某个主题的信息

用户在检索并创建视图后,会搜索感兴趣的特定主题,仔细分析文献在整体文献中的分布;从 Matrix 视图查看哪些主词和某个文献组相关联,这将帮助用户理解这些文献为何被放在一组;利用 Matrix 视图,查看主词与主词之间的关系,可以帮助用户通过熟悉的概念找到不熟悉却又相关的概念;若发现某个文献组的信息比较重要,可以利用 Reference Viewer 查看该组的文献;可以通过出版年代、作者判断哪些文献应该详细阅读。

2. 更好地分析某一主题的发展趋势

查找文献并创建视图:用 Search Tool 查找每年的文献,然后观察 Topic Tool 中主词和辅词的分布及变化;可能会发现某些词在特定年份占优势;并注意每年文献在 Galaxy 视图中的分布,根据文献分布的不同可以看出发展的趋势。

3. 更好地发现哪些主题与自己的研究领域有所关联

检索并创建视图,如有必要可进行精炼检索。查找最近的文献,查看 Topic Tool 中的主词、辅词以及描述词列表,查看哪些像是新出现的词汇,然后利用 Search Tool 检索,确认这些词是不是最近才出现。此时不能只查看主词和辅词,很多词刚出现时还不会影响分类。并不只是最近使用的词才是新渗透进来的,有些词尽管已经使用了很久,但两个词组合使用才是最近出现的,也可能是新渗透进来的概念。可以在 Matrix 视图查看两个词的交汇点,查看其中的文献是否为最近的文献,如果是,再通过检索进一步确认。

4. 更好地查看两个主题的关联性

在 Matrix 视图界面,将行、列均设为 Major Topic,按字母排序,找到两个主词的交汇点,将鼠标停留在该方格上方,会显示出该方格中包含的文献数量和相关性等。这种方法仅适用于查看的两个主题词都是主词的情况。另一种方案是在 Galaxy 视图界面,用 Search Tool 检索两个主题词,看文献在视图中的分布情况;另外,分别记下单独查找两个词时的文献数量,再用 OR 同时检索两个主题词,看三个文献数量之间的关系也可以看出相关性。

5. **更好地将不同数据库检索的结果联合起来**

在 RefViz 中可以同时检索几个数据库,并自动删除重复,创建视图。如果检索结果分别保存在几个文件中,可以通过 Creating a View Using Reference Files 创建几个文件的综合视图。如果这几个文件在同一个文件夹下,可以一起选中;如果这几个文件分布在不同的文件夹,可以通过 Add 将不同的文件链接起来创建视图。需要说明的是,不同文件中的重复文献在 RefViz 中将被保留。

12.2 常用数据库的知识

(1) PubMed(public medicine central):公共医学中心,是美国国家图书馆生命科学期刊文献的数字资料库。

(2) Web of Science:是美国 Thomson Scientific 公司基于 ISI Web of Knowledge 检索平台上的数据库,内容涵盖了自然科学、工程技术、社会科学、艺术与人文等诸多领域内最具影响力的近 9000 种学术期刊。它由著名的三大引文索引数据库——科学引文索引(Science Citaton Index-Expanded,SCI)、社会科学引文索引(Social Sciences Citation Index, SSCI)、艺术人文引文索引(Arts & Humanities Citation Index,AHCI)和两大化学信息数据库——Index Chemicus(IC)、Current Chemical Reactions(CCR-Expanded)组成,并能链接各种其他学术信息资源(如学术会议录、专利、基因/蛋白质序列、生物科学信息、电子文献全文、期刊影响因子、图书馆馆藏信息系统等)。

(3) Purdue University:普度大学(美国)。

(4) Library of Congress:美国国会图书馆。

(5) OCLC Medline:OCLC FirstSearch(OCLC 联机检索服务)的基本组数据库之一,内容涵盖医学的所有领域,包括临床医学、实验医学、牙科学、护理、保健服务管理、营养学以及其他医学学科。它检索了国际出版的 9000 多种期刊,覆盖了从 1965 年到现在的资料,每月更新记录。

(6) OCLC Psyc INFO_1087:世界著名的心理学网络文摘数据库,由美国心理协会举办,为心理学专家和专业人员提供行为科学和心理健康领域的相关文献检索。

(7) OCLC ERIC:OCLC FirstSearch(OCLC 联机检索服务)的基本组数据库之一,教育方面的期刊文章和报告。

OCLC(OCLC Online Computer Library Center),OCLC 联机计算机图书馆中心,创立于 1967 年,是一个不以营利为目的、提供计算机图书馆服务的会员制研究组织,其宗旨是为广大的用户发展对全世界各种信息的应用以及减低获取信息的成本。超过 60 000 个图书馆,有 112 个国家和地区都在使用 OCLC 的服务来查询、采集、出借和保存图书馆资料以及为它们编目。科研工作者可以从 OCLC 数据库获得书目、摘要与全文信息。

(8) OVID ERIC:OVID 教育文献数据库。

ERIC 数据库由美国教育部赞助出版,是有关教育专著的首要国家书目数据库。它囊括了数千个教育专题,提供了最完备的教育书刊的书目信息,覆盖了从 1966 年到现在的资料,每月更新记录。现在,ERIC 包括 2100 多种期刊,同时还包括一个 ERIC 叙词表。

(9) OVID Medline：OVID 医学文献数据库。

美国 Ovid Technologics. Inc 是著名的数据库提供商，由 Mark Nelson 于 1984 年创立。2011 年 6 月与 Silverplatter(银盘)公司合并，组成全球最大的数据库出版公司。目前已包括人文、社会、科技等上百种数据库，其中 1/2 为生物医学数据库。通过检索 Ovid 数据库，可获取约 800 种生物医学期刊的全文或近 100 种 Local 版的电子期刊全文。

需要说明的是，在 RefViz 所提供的这些网络文献数据库中，有一些数据库可以免费下载文献，还有一些则是需要付费才能使用的。

12.3　RefViz 常见问题及解决方案

1. 如何精炼宽泛的检索

首先可以通过 Galaxy 视图查看文献分布，了解文献的大致内容，如果需要可以通过 Demote 和 Promote 改变主词、辅词的权重，对文献视图进行调整，查看单篇文献或文献组。在此过程中如果找到感兴趣的文献，选中该文献组或临近区域，可以选择 Create a subset view，以此找到相关的文献后，输出到文献管理软件。

2. 如何发现主词与特定主词的相关性

在 Matrix 视图界面，选择特定的主词，其他同时被高亮显示的主词会和当前主词在相同文献中显示，如果用相似性排列图表，分布比较靠近的主词将是同时出现几率较高的词汇。这些都可以帮助用户找出相关的关键词。

3. 如何发现检索的文献是否是自己想要的主题

利用 RefViz 的检索工具直接联网检索，RefViz 软件将会自动对检索到的信息进行分类处理，并创建视图。查看视图，分析文献被如何分组，通过 Topic Tool 可以调整主词及辅词的权重，从而使视图能够反映你的特殊需求。判断文献是不是自己所感兴趣的，如果不是，需要精炼检索。

4. Windows Vista 系统下怎样成功安装 Refviz

RefViz 的官网上介绍如果 Vista 下安装不成功，系统会自动导出一个 Program Compatibility assistant。

RefViz 官网中说明如下：

The installer that RefViz uses is not Vista-aware, so when you first try to run it you may see an error that reads. The Installer cannot run on your configuration. It will not quit. If you see this error, click OK. Shortly there after a window labeled Program Compatibility Assistant should pop up. Click on Reinstall using recommended settings, and this time the installer should proceed without trouble.

如果 Vista 没有弹出这个窗口，可以在控制面板里的 Program 里单击 Program Compatibility Wizard，选择 RefViz 安装程序的兼容，选择以前的 Windows 系统，就可以成功安装了。

SPSS

第四部分

第13章 SPSS 简介

在科学研究过程中,科技的发展为我们提供了便利和友善的工作环境。如何运用科学的分析方法,对收集到的数据作出准确、及时的分析并据此制定正确的决策,已经成为每一位科研工作者极为关注的问题。统计学作为收集、加工和分析数据的科学方法在科研工作中起到了极其重要的作用。

研究者经常需要利用统计工具对数据进行统计分析,其中数据输入是统计分析的必要前提。SPSS(Statistical Package for the Social Science)——社会科学用统计软件包是一个组合式软件包。该软件于1965年开发完成,逐渐升级,目前国内发行的最新版本为SPSS 20.0。各版本间的功能大同小异,主要差异在于系统操作方式。该软件集数据整理、分析过程、结果输出等功能于一身,是世界上著名的统计分析软件之一。SPSS的最大优点在于其指令相当简单与友善,且提供了一套最简便的数据转换系统。本部分从SPSS功能介绍入手,着重讲述SPSS软件在实际工作中的应用方法,期望能够对大家的科研之路起到帮助。

13.1 SPSS 功能介绍

13.1.1 SPSS 工作原理

SPSS最突出的特点是操作界面极为友好,输出结果美观漂亮,它使用Windows窗口方式展示各种管理和分析数据的方法,使用对话框展示各种功能选择项,只要掌握一定的Windows操作技能,粗通统计分析原理,就可以使用该软件为特定的科研工作服务,是非专业统计人员首选的统计软件。在众多用户对国际常用统计软件如SAS、BMDP、GLIM、GENSTAT、EPILOG、MiniTab的总体印象分的统计中,SPSS诸项功能均获得最高分。

SPSS采用类似EXCEL表格的方式输入与管理数据,数据接口较为通用,能方便地从其他数据库中读入数据。其统计过程是常用的、较为成熟的统计方法,完全可以满足非统计专业人士的工作需要。对于熟悉老版本编程运行方式的用户,SPSS还特别设计了语法生成窗口,用户只需在菜单中选好各个选项,然后按"粘贴"按钮就可以自动生成标准的SPSS程序。

在使用SPSS进行统计分析过程中,使用者必须同时用到原始数据文件、程序文件及结果文件三种形态的文件。首先,使用者要把测量得到的原始数据建成一个SPSS可以辨识的数据文件。其次,利用SPSS视窗中可以应用的功能撰写成一个程序文件,这个程序文件要有自己特定的指令语法。最后,SPSS会将统计分析结果自动输出到结果视窗中。SPSS不仅能用于社会科学领域,还适用于自然科学各个领域的统计分析。近几年来,SPSS 为我国的经济、工业、管理、医疗卫生、体育、化学等领域的科研发展做出了卓越贡献。

13.1.2 SPSS 基本概念

在 SPSS 的使用中,将会频繁接触到以下几个概念。

(1) File:文件操作菜单。对 SPSS 相关文件进行基本管理,如新建、打开、保存、打印等。

(2) Edit:文件编辑菜单,主要用于数据编辑。对数据编辑窗口中的数据进行基本的编辑操作,如撤销/恢复、剪切、复制、粘贴,并且实现了数据的查找、软件参数设置等功能。

(3) View:视图编辑菜单。用于视图编辑,进行窗口外观控制。包含显示/隐藏切换、表格特有的隐藏编辑/显示功能及字体设置。

(4) Data:数据文件建立与编辑菜单。用于对数据编辑窗口中的数据进行加工整理,如数据的排序、转置、抽样、分类汇总、加权等。

(5) Transform:数据转换菜单。用于对数据编辑窗口中的数据进行基本处理,如生成新变量、计数、分组等。

(6) Analyze:统计分析菜单。用于数值分析,对数据编辑窗口中的数据进行统计分析和建模,如基本统计分析、均值比较、相关分析、回归分析、非参数检验等。

(7) Graphs:统计图的建立与编辑。将数据编辑窗口中的数据生成各种统计图形,如条形图、直方图、饼图、线图、散点图等。

(8) Utilities:实用程序菜单。含有变量列表、文件信息、定义与使用集合、自动到新观测量、运行脚本文件、菜单编辑器等。

(9) Windows:窗口控制菜单。可进行所有窗口的最大化和最小化,激活列表窗口。

(10) Help:帮助菜单。主要提供有关 SPSS 使用、语法、介绍方面的帮助。

13.1.3 SPSS 软件的基本功能

SPSS 的统计功能可分为三类。

(1) 基础统计:包括描述性统计、探索性统计、列联表分析、线性组合测量、t 检验、单因素方差分析、多维反应模型分析、线性回归分析、相关分析、非参数检验等。

(2) 专业统计:包括判别分析、因子分析、聚类分析、距离分析、可靠性分析等。

(3) 高级统计分析:包括回归分析、多变量方差分析、重复测量方差分析、多协变量方差分析、非线性回归分析、曲线估计分析等。

13.1.4 SPSS 16.0 的新增功能

SPSS 16.0 是目前应用最多的版本,其继续沿承 SPSS 家族产品功能强大、简单易用的传统,除增加了客户要求的使用性能外,SPSS 16.0 还提供了用 Java 编写的全新用户界面,即对话框、数据编辑器、语法编辑器、输出窗口、帮助系统、图形构建器及枢轴表编辑器。这个新界面具有新的形式和功能,使 SPSS 的操作更容易。在使用时,不仅可以即时改变对话框大小以观测数据变量的完整描述,还可以在分析过程中迅速选择和拖曳欲使用的变量。除了这个新的用户界面,SPSS 16.0 还提供了以下四个强大的功能:

(1) 进一步扩展的分析功能；
(2) 可编程性增强；
(3) 进一步增强的数据管理和报表能力；
(4) 为企业级的应用提供更高性能和更大灵活性。

在数据管理方面，SPSS 16.0 包括了用户明确要求需增强的数据管理功能。用户在分析、保存和数据处理方式上有了更大的灵活性。

(1) 很多机构所要处理的数据包含多种语言，使用时可以根据 Unicode 的属性像处理 Unicode 数据一样处理文本数据，对数据进行排序和转换。

(2) 利用 Syntax 改变数据集中字符串变量长度，或者数据类型给任意长度的字符串数据定义缺失值或标签。

(3) 使用"日期/时间向导"(Date/Time Wizard)时，可以选择生成分数日期/时间。

(4) 数据编辑器的新特性包括：查找和替换信息、值标签和变量标签的拼写检查功能；定义变量查看方式，包括根据变量名称、类型、格式等；显示/隐藏数据字典属性。

(5) 在输出窗口中查找或替换文本，如通过查看警告来发现输出结果中的错误。

(6) 转移数据，可以使 SPSS 结果快捷地输出到 Excel 2007，或从 Excel 2007 输入到 SPSS。

(7) 控制打开的活动数据集个数，设置永久的默认工作路径。

在未来的道路上，SPSS 还将逐渐新增并进一步增强一系列的统计分析技术，包括 SPSS Complex Samples™、SPSS Advanced Models、SPSS Neural Networks™ 以及 SPSS Programmability Extension 等模块。

SPSS Complex Samples™ 模块中包括应用于事件历史和持续时间分析的 Cox 比例风险回归模型。如果研究人员通过复杂抽样设计获得数据样本，就可以运用这一技术准确地预测一个特定事件发生的时间，如高价值消费者的活跃期间，或具有某种疾病的病人在某特定医疗情况下的治愈时间。SPSS Neural Networks™ 即 SPSS 神经网络，作为 SPSS 16.0 的新增模块，补充了 SPSS Base 和其模块中所使用的统计方法。从熟悉的 SPSS 界面，可以直接进入该界面，并发现数据中更加复杂的关系。例如，商业中可以预测一系列特定产品的消费需求，计算一次市场活动的可能反映比例，评估申请者的诚信水平或者探查潜在的欺诈性交易。该模块是非线性的数据挖掘工具，它由输入层和输出层以及一个或多个隐藏层组成。在神经网络中，神经元之间通过不同的权重系数连接。这些权重系数通过训练法则反复迭代调整，使误差最小化，从而提供精确预测。利用该模块，科研人员可以选择多层感知器(MLP)或径向基神经网络，以全新的方式探索数据。尽管这些新增的功能在使用时比较复杂，但作为应运而生的产物，相信这些新功能在统计分析中能够起到更大的作用。

13.2 SPSS 16.0 的启动

双击 SPSS 图标，出现如图 13-1 所示画面。

在提示画面后出现 SPSS 文件的对话框，如图 13-2 所示。

(1) Run the tutorial：运行操作指导选项。此选项可以查看基本操作指导。

图 13-1　SPSS 版本显示

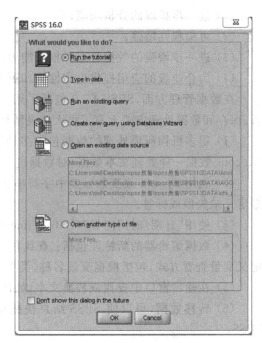
图 13-2　打开 SPSS 对话框

（2）Type in data：在数据窗中输入数据选项，选择此项则显示数据编辑窗，等待输入数据建立新的数据集。

（3）Run an existing query：运行一个已经存在的问题文件选项。

（4）Create new query using Database Wizard：使用数据库获取窗建立新文件选项。

（5）Open an existing data sourse：打开一个已经存在的数据文件选项。

（6）Open another type of file：打开另一类型的文件选项。

（7）Don't show this dialog in the future：复选项，选中该复选项在下次启动 SPSS 时将不会显示该对话框，直接显示数据编辑窗。

13.3　SPSS 工作界面介绍

SPSS 主要有四大窗口：数据编辑窗（Data Editor）、结果输出窗（Viewer）、程序编辑窗（Syntax Editor）和脚本编辑窗（Script），其中最常用的是前三个窗口，因此，在工作界面介绍时，主要围绕这三大窗口进行展开。

13.3.1　数据编辑窗口

数据编辑窗口是 SPSS 的主程序窗口，在软件启动时自动打开，并且一直维持打开状态直到退出 SPSS。数据编辑窗口中有两个视图，分别是数据视图和变量视图，用来以电子表格的形式定义和修改 SPSS 数据的结构，录入和编辑管理 SPSS 数据。数据编辑窗口可以通过鼠标点拖标题框来移动，或通过点拖边框或角来缩小或放大，并具有最小化和最大化按钮。当 SPSS 启动后，屏幕上会显示数据编辑窗口，如图 13-3 所示。

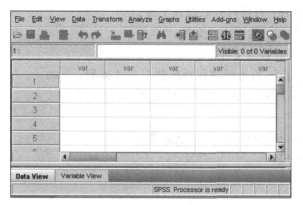

图 13-3 数据编辑窗口

在窗口最上方为菜单栏,其主要的功能选项介绍如下。

1. File

文件操作。其子菜单选项如图 13-4 所示。

(1) New:建立新的文件,其下包含四个子菜单操作选项,如图 13-5 所示。
Data:建立新的数据。
Syntax:建立新的语法命令程序文件。
Output:建立新的输出结果文件。
Script:建立新的手稿文件。
(2) Open:打开文件,读取数据文件。如图 13-6 所示。

图 13-4 File 子菜单

图 13-5 New 子菜单

图 13-6 Open 子菜单

(3) Open Database：直接打开数据库文件。

(4) Read Text Data：阅读文本文件。

(5) Save：储存当前数据文件。

(6) Save as：另存为，可选择要保存的数据文件类型。

(7) Display Data File Information：显示数据文件信息。

(8) Print：打印。

(9) Stop Processor：停止 SPSS 信息处理。

(10) Exit：退出 SPSS。

2. Edit

数据编辑，其子菜单选项如图 13-7 所示。

(1) Undo：解开，恢复删除或者修改数据。

(2) Cut：剪切数据（可用 Paste 恢复）。

(3) Copy：复制数据。

(4) Paste：粘贴数据。

(5) Clear：清除数据。

(6) Find：寻找数据。

(7) Options：选择 SPSS 参数。

3. View

观察，或理解为视图，其子菜单选项如图 13-8 所示。

图 13-7　Edit 子菜单

图 13-8　View 子菜单

(1) Status Bar：状态条形图。

(2) Toolbars：工具条形图。

(3) Fonts：字体。

(4) Grid Lines：方格线。

(5) Value Labels：值的标识。

4. Data

建立数据与数据整理，其子菜单选项如图 13-9 所示。

（1）Define Variable Properties：定义变量。
（2）Define Dates：定义日期。
（3）Identify Duplicate Cases：识别重复数据。
（4）Identify Unusual Cases：识别特殊数据。
（5）Copy Dataset：复制数据文件设置。
（6）Select Cases：选择个案。
（7）Sort Cases：个案排序。
（8）Transpose：行列转置。
（9）Merge Files：合并文件，其下包括两个子菜单，如图 13-10 所示。
Add Cases：增加个案。
Add Variables：增加变量。
（10）Aggregate：汇总文件。
（11）Split File：分裂文件。
（12）Select Cases：选择个案。
（13）Weight Cases：个案加权。

5. Transform

变量变换，其子菜单选项，如图 13-11 所示。

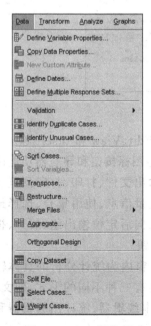

图 13-9　Data 子菜单

图 13-10　Merge File 子菜单

图 13-11　Transform 子菜单

(1) Compute Variable：计算。
(2) Count Values within Cases：计数。
(3) Recode into Same Variables：重新编码。
(4) Recode into Different Variables：到不同的变量。
(5) Automatic Recode：自动重新编码。
(6) Create Time Series：建立时间序列。
(7) Replace Missing Values：代替缺省值。

6. Analyze

统计分析菜单。用于数值分析，其子菜单选项如图 13-12 所示。

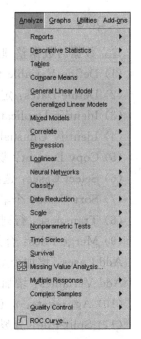

图 13-12 Analyze 子菜单

13.3.2 结果输出窗口

结果输出窗口的主要功能是显示并管理统计分析的所有结果。只有激活输出窗口后才能将该窗口显示在屏幕画面上，有以下两种方法可供选择。

（1）当使用 Statistics 菜单中的统计分析功能处理数据窗口中的数据产生输出信息时，输出窗口自动激活，显示在屏幕画面上。如果处理成功，则显示分析结果；如果处理过程无法运行或者发生错误，在该窗口中则显示系统给出的错误信息。

（2）通过菜单操作打开新的结果输出窗口显示界面，如图 13-13 所示。依次从菜单中选择 File→New→Output。下面简要介绍结果输出窗口界面和功能图标的含义。

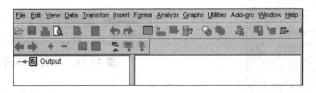

图 13-13 结果输出窗口界面

① 结果输出窗口界面最上栏为主菜单选项，包括 File、Edit、View 和 Insert 等。

② 主菜单栏下为功能图标按钮，包括输出信息操作功能图标按钮和导航器功能图标按钮。其中输出信息操作功能图标按钮包括打开文件、保存输出文件、打印、打印预览、输出、对话框再调入、撤销/恢复操作、查找数据、定位观测、显示变量信息、使用集合、选择最后一个输出及指定当前的窗口。导航器功能图标按钮包括向前、向后定位输出组，展开、折叠输出组，打开、隐藏输出项，插入表头、插入标题、插入文本等按钮。

③ 结果输出窗口的左窗内为输出的标题，是标题窗；右窗内为统计分析的具体输出内容，包括统计图、统计表和文字说明，称为内容窗。结果输出有三种不同的形式，即文本、图形和表格，因此结果输出窗口相应地设有 3 个编辑器，即文本编辑器、统计图编辑器和统计表编辑器。

在关闭结果输出窗口时，只要使用鼠标对准输出窗口左上角的图标双击鼠标左键，即可关闭该输出窗口。或者单击输出窗口右上角的方形×图标,如果窗口中的输出信息还没有存盘,系统显示提示对话框。输出信息存盘后,窗口关闭。

13.3.3 程序编辑窗

在第一次通过对话框选择 SPSS 过程中,单击 Paste,程序编辑窗口自动打开,执行 SPSS 过程的相应程序写在窗口中,或者通过 File→New→Syntax 打开新的程序编辑窗口。新的程序编辑窗口界面如图 13-14 所示。

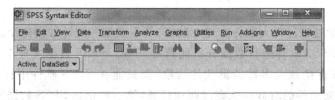

图 13-14 程序编辑窗口

1) 程序编辑窗口界面介绍

(1) 标题栏在窗口顶部。

(2) 主菜单在标题栏下方,有文件、编辑、查看、统计分析、图形、实用功能、运行、窗口和帮助等 9 个菜单项。

(3) 主菜单下方是一排可以简化操作的功能图标按钮,包括打开文件、保存文件、打印文件、调用对话框、删除或者恢复上次操作、定位数据、定位观测、显示变量信息、查找、运行、使用集合、语句帮助、指定当前语句窗。

(4) 语句编辑窗口在图标按钮下方的空白区,在编辑区可以输入、编辑 SPSS 命令语句,构成 SPSS 程序。

(5) 状态栏在窗口的最下方一行。

2) 程序编辑窗口的功能

(1) 各个 SPSS 过程的主对话框均有一个标有 Paste 的图标按钮,它把 SPSS 过程的命令语句以及各个选择项对应的子命令语句,按照 SPSS 语言的语法组成一个或者若干个完整的程序粘贴到程序编辑窗口中。

(2) 用主菜单的 Edit 菜单项中的各种功能修改编辑窗口中的程序,用主菜单中的 File 菜单项的各功能把窗口中的程序作为文件保存到磁盘中或者关闭窗口。

(3) 建立程序文件可以处理大型或者较为复杂的资料,可以避免因数据的小小改动而大量重复分析过程。

3) 关闭程序编辑窗口

(1) 只要使用鼠标对准程序编辑窗口左上角的 SPSS 程序编辑图标,双击鼠标左键,即可关闭该窗口。单击该图标,选择下拉菜单中的"关闭"命令,与双击该图标效果相同。

(2) 可以单击该窗口右上角的方块×图标。

(3) 选择 File 菜单项的 Close 命令也可以关闭该窗口。

第14章 SPSS 数据文件的建立和管理

数据的统计学处理过程大致分为建立数据、管理数据和统计数据三个过程。因此，建立数据文件是利用 SPSS 软件进行数据分析的首要任务。SPSS 数据文件不具备一般文本文件的特征，不可以直接被大多数编辑软件读取，而只能在 SPSS 软件中打开。基于上述特点，建立 SPSS 数据文件的时候应该完成两项任务，第一要描述 SPSS 数据的结构；第二要录入编辑 SPSS 的数据内容。

14.1 数据分析的基本步骤

SPSS 是专业性较强的统计软件，学习和应用 SPSS 时要注意了解和掌握必要的统计学专业知识，以免滥用、误用。数据分析的基本步骤是必须要掌握的内容。

数据分析的一般步骤包括：明确数据分析目标、正确收集数据、加工整理数据、选择恰当的统计分析方法进行探索分析并能够读懂统计分析结果。

1. 明确数据分析的目标

在进行数据分析之前，首先要做的是明确本次数据分析所要研究的主要问题和预期的分析目标。只有明确了数据分析的目标，才能制定正确的数据采集方案。

2. 正确收集数据

正确收集数据是指应该从分析目标出发，排除干扰因素，正确收集服务于既定分析目标的数据。尤其要注意的是，要排除那些与目标不关联的干扰因素。数据分析既是对数据进行数学建模，查看收集的数据是否符合数据的分析目的，也是剔除影响其下面统计分析的关键所在。

3. 加工和整理数据

通过数据的加工和整理，可以大致掌握数据的总体分布。

4. 选择恰当的统计分析方法进行探索分析

由于统计方法较多，每次分析时，要根据各种统计分析方法的适用范围和数据的特点，进行探索性的反复分析。每一种统计方法都有其自身的特点，因此，要尝试使用多种统计方法。

5. 读懂统计分析结果

通过统计过程得到统计结果,包括统计指标和统计参数,这些只是一连串的客观数值,必须将统计指标和统计参数与实际问题结合起来才有意义。统计方法能否正确的解决各个学科的具体问题,不仅取决于应用的统计方法,还取决于使用者是否拥有深厚的应用背景。只有将各个学科的专业知识与统计指标和统计参数相结合,才能得到正确的分析结果和结论。

14.2 数据输入与整理

14.2.1 数据输入

在数据的统计学处理过程中,SPSS 的工作流程为:打开 SPSS 界面→定义变量→输入数据→保存数据→数据分析→保存分析结果。下面将结合具体例子讲述整个数据输入的过程。

例 14-1 从某班随机抽取男女生各 10 人进行口语测试,测试成绩如下。试问男女生口语测试成绩是否有差别?

男:65　78　69　76　78　71　60　83　72　80
女:81　72　72　75　76　69　87　80　69　71

1. 统计软件数据的录入原则

(1) 不同观察对象的数据不能在同一条记录中出现。
(2) 一个测量指标只能占据一列的位置。
(3) 最终的数据要包括所有的原始数据。

2. 定义变量

(1) 单击"Variable View",如图 14-1 所示,在该界面,每行表示对一个变量的定义,每列表示定义该变量时所用的某种属性。例 14-1 中把成绩定义为"score",把性别定义为"sex",并且"value"中用 1 表示男生,用 2 表示女生。

(2) 定义变量后,单击"Data View",在定义好的"score"和"sex"中输入学生的成绩和性别,如图 14-2 所示。

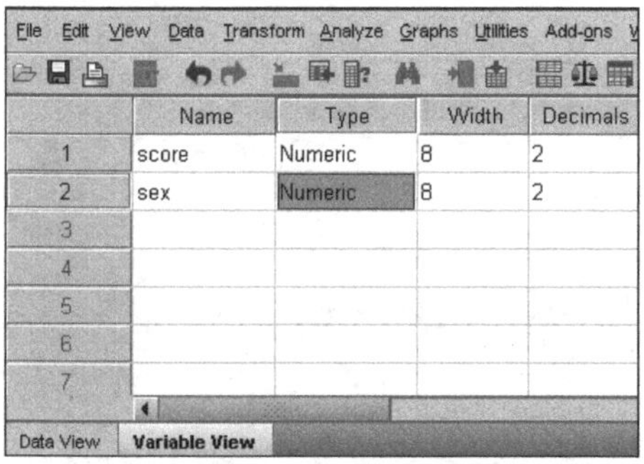

图 14-1　定义数据视图窗口 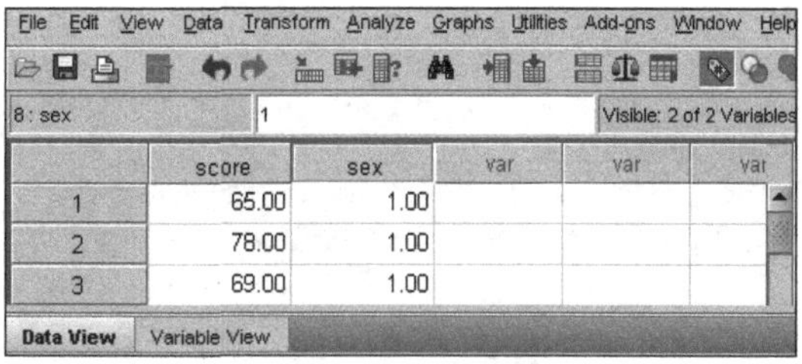　　　　图 14-2　输入相关数据

（3）数据保存。单击 File，选择 Save，可以将数据保存为不同的类型，如 DBF、FoxPro、Excel、Access 等，本例保存为 .sav 格式，如图 14-3 所示。

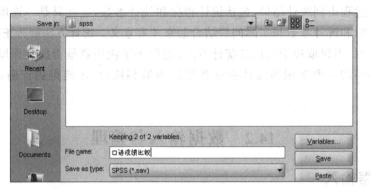

图 14-3　保存格式

14.2.2　数据整理

（1）可以进行单元值的修改。打开保存的数据，在 Data View 窗口，可以对已保存的单元值进行修改，然后重新保存。

（2）对整行数据进行操作。选中一行，单击右键，可以进行插入、复制、粘贴或删除等操作。

（3）对数据进行排序，单击 Data，选择 Sort Cases 命令，弹出 Sort Cases 对话框，如图 14-4 所示，在左框中选取一个需要按其数值大小排序的变量添加到右框中，选择按升序或降序排列。此处以分数按升序排列为例。

（4）数据可以进行行列互换。

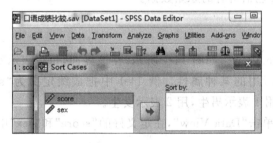

图 14-4　排序操作

第15章 基本统计分析

对数据的基本统计分析通常包括以下几个方面。
(1) 编制单个变量的频数分布表。
(2) 计算单个变量的描述统计量以及不同分组下的描述统计量。
(3) 编制多变量的交叉频数分布表,并以此分析变量之间的关系。
(4) 其他探索性分析。
(5) 数据的多选项分析。

完成上述分析后,一般把数值计算和图形绘制结合起来,在展示结果时起到相辅相成的作用。

在 SPSS 软件上,Descriptive Statistics(基本统计分析)包括 Frequencies(频数分布分析)、Descriptives(描述性统计分析)、Explore(探索性分析)、Crosstabs(列联表资料分析)和 Ratio(比值分析)等五种过程,下面将结合具体的例子,逐一讲解各个分析功能的应用。

15.1 频数分布分析

15.1.1 频数分布分析的适用范围

基本统计分析往往从频数分析开始。通过频数分析能够了解变量取值的状况,对把握数据的分布特征有很重要的作用。主要通过频数分布表、条形图和直方图,来展示表示集中趋势和离散趋势的各种统计量,描述数据的分布特征。

频数分析的目的:
(1) 编制频数分布表。SPSS 中的频数分布表包括频数、百分比、有效百分比和累积百分比。
(2) 绘制统计图。统计图是一种最为直接的数据表达方式。

15.1.2 频数分布分析举例

下面以不同肝脏样本确定蛋白浓度时测得的稀释 40 倍的 OD 值为例进行说明。打开数据库,菜单中依次单击 Analyze → Descriptive Statistics → Frequencies 按钮,弹出 Frequencies 分析对话框,如图 15-1 所示。单击 Statistics,出现如图 15-2 所示的 Statistics 自定义对话框。

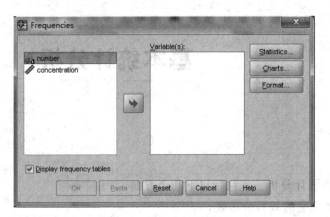

图 15-1 频数分析对话框

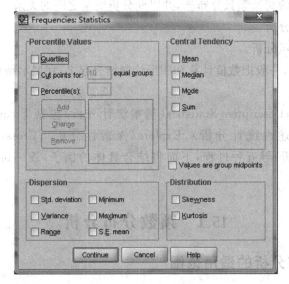

图 15-2 Statistics 对话框

1. Statistics 功能描述

(1) Percentile Values：用于百分比的计算。
　　Quartiles：四分位的百分比。
　　Cut points for…：数据的等分。默认为 10 等分。
　　Percentile(s)：百分位数的值。
(2) Dispersion：离散趋势描述的统计量。
　　Std. deviation：标准偏差，即标准差。
　　Variance：方差。方差等于标准差的平方。
　　Range：全距。
　　Minimum：数据的最小值。
　　Maximum：数据的最大值。

S.E. mean：均值的标准误差。
(3) Central Tendency：集中趋势描述的统计量。
Mean：均值。
Median：中位数。
Mode：众数。
Sum：和数。
(4) Values are group midpoints：数据的组心。
(5) Distribution：形状描述的统计量。
Skewness：偏态系数或称偏度。
Kurtosis：峰态系数或称峰度。

2. Charts(统计图)

在如图 15-1 所示的频数分布分析对话框中，单击 Charts 按钮，弹出 Charts 对话框，如图 15-3 所示。系统默认的选择是 None，即不作图。此时需要单击各种图形前的按钮选择作图。

(1) Chart Type：图形类型。
None：不作图。
Bar charts：条图。
Histograms：直方图。
(2) Chart Values：图形的尺度。

3. Format(频数输出格式)

在如图 15-1 所示的频数分析对话框中，单击 Format 按钮，弹出 Frequencies：Format 对话框，如图 15-4 所示。

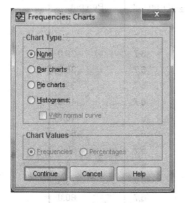

图 15-3 Charts 对话框

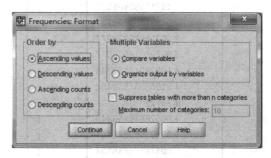

图 15-4 Format 对话框

(1) Order by：排列顺序。
Ascending values：变量值由小到大。
Descending values：变量值由大到小。
Ascending counts：频数由小到大。

Descending counts：频数由大变小。

(2) Multiple Variables：多变量。

Compare variables：按照过程输入。

Organize output by variables：按照变量输出。

4. 结果展示

按照上述要求设置完后，单击 Continue 按钮进行统计分析，主要输出结果如图 15-5～图 15-7 所示。其中既有描述浓度的统计量，又有频数分布直方图，还按照浓度进行从低到高排序，并计算累积百分比，结果清晰明了。

Statistics

concentration

N	Valid		15
	Missing		0
Percentiles	1		1.1033E0
	10		2.3437E0
	20		3.4723E0
	30		3.8425E0
	40		4.0649E0
	50		4.3185E0
	60		4.7956E0
	70		5.0072E0
	80		5.7379E0
	90		5.8293E0

图 15-5 描述浓度的统计量

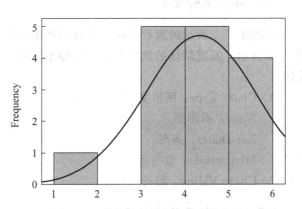

图 15-6 描述浓度的频数分布直方图

concentration

		Frequency	Percent	Valid Percent	Cumulative Percent
Valid	1.10336538461538	1	6.7	6.7	6.7
	3.17067307692308	1	6.7	6.7	13.3
	3.44711538461538	1	6.7	6.7	20.0
	3.57331730769231	1	6.7	6.7	26.7
	3.90985576923077	1	6.7	6.7	33.3
	3.98798076923077	1	6.7	6.7	40.0
	4.18028846153846	1	6.7	6.7	46.7
	4.31850961538462	1	6.7	6.7	53.3
	4.78125	1	6.7	6.7	60.0
	4.80528846153846	1	6.7	6.7	66.7
	4.83533653846154	1	6.7	6.7	73.3
	5.69471153846154	1	6.7	6.7	80.0
	5.74879807692308	1	6.7	6.7	86.7
	5.76682692307692	1	6.7	6.7	93.3
	5.92307692307692	1	6.7	6.7	100.0
	Total	15	100.0	100.0	

图 15-7 浓度按照升序排列

15.2 描述性统计分析

15.2.1 描述性统计分析的适用范围

通过频数分析把握数据的总体分布状况后,通常还要更加准确认识定距型数据的分布特征,以具体数值大小描述数据的分布特征,这就需要计算基本描述统计量。

15.2.2 描述性统计分析应用举例

以烧伤前后测得胰岛素的含量为例,操作如下。

(1)依次单击菜单 Analyze→Descriptive Statistics→Descriptives 按钮,弹出描述性统计分析对话框,选择需要计算的数值型变量到 Variable 中,如图15-8 所示。

(2)单击Option按钮,制定需要计算哪些基本描述统计量,选择相应的选项,如图15-9所示。

图 15-8 Descriptives 窗口

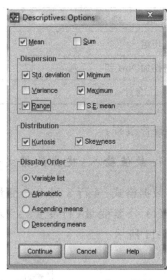

图 15-9 Options 选项对话框

① Variable list:按照变量选入变量框内的顺序显示输出结果。
② Alphabetic:按照变量名的字母顺序显示输出结果。
③ Ascending means:按照变量均值由小到大的顺序显示输出结果。
④ Descending means:按照变量均值由大到小的顺序显示输出结果。

(3)输出结果如图 15-10 所示。这些结果包括样本数、Range 即极差(统计量中最大数值与最小数值之差)、最大值、最小值、均数及标准差等。

Descriptive Statistics

	N	Range	Minimum	Maximum	Mean	Std. Deviation	Skewness		Kurtosis	
	Statistic	Statistic	Statistic	Statistic	Statistic	Statistic	Statistic	Std. Error	Statistic	Std. Error
胰岛素	20	.631	.057	.688	.22930	.209823	1.397	.512	.563	.992
烧伤后胰岛素	20	1.534	.103	1.637	.61910	.455011	.681	.512	-.423	.992
Valid N (listwise)	20									

图 15-10 输出结果

15.3 交叉分组下的频数分析

15.3.1 交叉分组下的频数应用

通过频数分析能够掌握单个变量的数据分布情况。在实际应用中，不仅要了解单变量的分布特征，还要分析多个变量不同取值下的分布，掌握多变量的联合分布特征。而频数交叉表为二维或者是高维列联表资料分析提供了多种检验和相关性度量的方法。

15.3.2 交叉分组下的频数应用举例

为比较烧伤组和烧伤加 NM 负荷组对胰岛素抵抗产生的影响，将 100 只 SD 大鼠随机分为两组，其中有一只大鼠 NM 负荷失败，归为烧伤组，如表 15-1 所示。

表 15-1 烧伤组和烧伤加 NM 负荷组对胰岛素抵抗产生影响的比较

组　别	有影响	无明显影响	合计	影响率/%
烧伤组	40	11	51	78.43
烧伤加 NM 组	47	2	49	95.92
合计	87	13	100	87

操作过程：

1. 数值输入，建立数据文件

数据格式：4 行 3 列，3 个变量分别为行变量、列变量和频数变量。

(1) 分类变量(行变量)：变量名称为 group，1＝"烧伤组"，2＝"烧伤加 NM"，如图 15-11 所示。

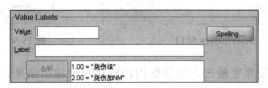

图 15-11 输入行变量相关数据

(2) 分类变量(列变量)：变量名称为 effect，1＝"有影响"，2＝"无明显影响"。完成(1)、(2)操作后，Variable View 界面如图 15-12 所示。

	Name	Type	Widt	Decim	Label	Values	Missing	Colu	Align	Measure
1	group	Numeric	8	2	组别	{1.00, 烧伤组	None	8	Right	Scale
2	effect	Numeric	8	2	影响	{1.00, 有效}...	None	8	Right	Scale
3	frequent	Numeric	8	2	频数	None	None	8	Right	Scale

图 15-12 输入相关数据完毕

(3) 频数变量：变量名称为 freq，将 4 个表中的 4 个频数输入。先将界面切换到 Date View，如图 15-13 所示。

2. 相关操作

（1）从菜单中依次选择 Date→Weight Cases 按钮，弹出 Weight Cases 对话框，将频数添加进去，如图 15-14 所示。

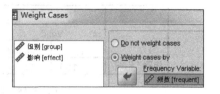

图 15-13　输入频数值　　　　图 15-14　Weight Cases 对话框，添加频数

（2）从菜单中选择 Analyze→Descriptive Statistics→Crosstabs 按钮，弹出如图 15-15 所示对话框，将相应的行变量和列变量进行添加。

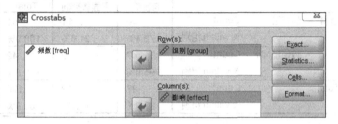

图 15-15　Crosstabs 对话框

（3）单击 Statistics 按钮，出现如图 15-16 所示对话框。

（4）单击 Cells 按钮，出现如图 15-17 所示对话框。

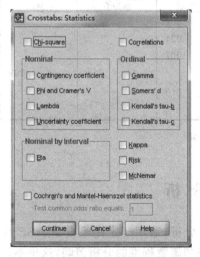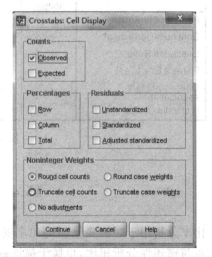

图 15-16　Statistics 对话框　　　　图 15-17　Cells 对话框

（5）输出结果如图 15-18～图 15-20 所示。

图 15-18 首先统计了数值个数，有无缺省值，所占的百分比；图 15-19 展示的是各个组别中有影响和无影响的频数所占的百分比；图 15-20 展示了各种检验的统计量和得到

的 P 值,其中 $P<0.05$ 说明差别有统计学意义,可认为两组差别明显;$P>0.05$ 说明差别没有统计学意义,即尚不能认为两组之间有差别。因此,要根据具体的统计结果得出结论。

Case Processing Summary

	Cases					
	Valid		Missing		Total	
	N	Percent	N	Percent	N	Percent
组别 * 影响	100	100.0%	0	.0%	100	100.0%

图 15-18　基本统计数值结果展示

组别 * 影响 Crosstabulation

			影响		Total
			有影响	无显著影响	
组别	烧伤组	Count	40	11	51
		% within 组别	78.4%	21.6%	100.0%
	烧伤加NM	Count	47	2	49
		% within 组别	95.9%	4.1%	100.0%
Total		Count	87	13	100
		% within 组别	87.0%	13.0%	100.0%

图 15-19　频数分布表

Chi-Square Tests

	Value	df	Asymp. Sig. (2-sided)	Exact Sig. (2-sided)	Exact Sig. (1-sided)
Pearson Chi-Square	6.757a	1	.009		
Continuity Correctionb	5.299	1	.021		
Likelihood Ratio	7.383	1	.007		
Fisher's Exact Test				.015	.009
Linear-by-Linear Association	6.689	1	.010		
N of Valid Casesb	100				

图 15-20　检验结果

15.4　比率分析

比率分析用于对两变量值的比率变化进行描述分析,适用于定距型变量。SPSS 的比率分析与描述性分析相比,也属于描述数据集中趋势和离散程度的分析范畴,这里不做详细讨论。提供几个概念,供大家以后学习使用。在菜单栏中可以通过依次单击 Analyze→Descriptive Statistics→Ratio 按钮,打开比率分析任务。

(1) Weighted Mean:加权比率均值。属于相对比集中趋势描述指标,是两变量均值的比,以分母大小为权重。

(2) AAD:平均绝对离差。用于对比率变量离散程度的描述,是指全部相对比与相对比中位数差值的绝对值之和除以样本数。

(3) COD：离散系数。用于对比率变量离散程度的描述，是指相对比的平均绝对离差与相对比中位数的比值。

(4) PRD：相关价格微分。用于对比率变量离散程度的描述，是比率均值与加权比率均值的比。

(5) COV：变异系数。用于对比率变量离散程度的描述，分为基于均值的变异系数和中位数的变异系数。

第16章 均值比较

16.1 均值过程

均值过程计算一个或多个自变量类别中因变量的分组均值和相关的单变量统计。

均值比较的 SPSS 操作过程包括以下四个步骤。

(1) 打开相应的数据文件。

(2) 在菜单栏中依次单击 Analysis→Compare Means→Means 按钮,弹出如图 16-1 所示的均值操作界面。

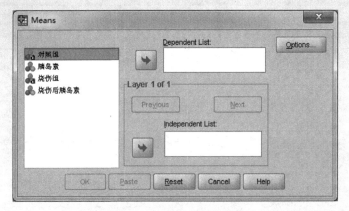

图 16-1 均值操作界面

(3) 选择变量,变量分为"因变量(Dependent List)"和"自变量(Independent List)"。

① 因变量列表:该列表的变量是要进行均值比较的目标变量,称为因变量,一般为度量变量。

② 自变量列表:该列表的变量是分组变量,称为自变量。自变量为分类变量,取值可以是数字,也可以是字符串。

(4) 单击 Options 按钮,显示界面如图 16-2 所示。在该界面自定义需要计算的统计量,从上到下依次为中位数、组内中位数、均值的标准误差、合计、最小值、最大值、范围、第一个、最后一个、方差、峰度、峰度的标准误差、偏度、偏度的标准误差和调和均值。

统计量选完后,单击 Continue 按钮,进行统计分析,输出结果。

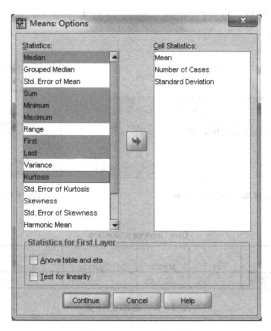

图 16-2 Options 界面

16.2 单样本 T 检验

16.2.1 单样本 T 检验的应用

单样本 T 检验是验证单个变量的均值是否与指定的常数相同的检验方法。通过检验得出预先假设是否正确的结论。其目的是利用来自某个总体的样本数据,推断该总体的均值是否与指定的检验值之间存在显著差异,是对总体均值的假设检验。单样本 T 检验一般要求检验假设的数据呈正态分布。

16.2.2 单样本 T 检验应用举例

例 16-1 医学相关指标,健康成人血清浓度小于 300 毫克/升。今随机抽取 20 名成年人的全血,测得其血清含量,问当今成年人血清中该指标的含量是否正常?

操作过程:

(1) 打开相关数据。

(2) 依次单击菜单中的 Analyze→Compare Means→One-Sample T Test 按钮,打开单样本 T 检验任务对话框,在 Test Variable(s) 中填入已知总体的均值,本例为 300,如图 16-3 所示。

(3) 单击 Options 按钮,弹出 Options 对话框,如图 16-4 所示。样本均数和总体均数之差的可信区间估计,系统默认值为 95%。

(4) 主要输出结果如图 16-5 和图 16-6 所示。

由图 16-5 的结果可看出 20 个样本的均值是 303.40 毫克/升,由图 16-6 所示,假设检验的 T 值为 0.282，双尾 P 值（sig.(2-tailed)）为 0.781，大于 0.05，即可认为当今成年人该指标的血清含量是正常的。

图 16-3　单样本 T 检验对话框

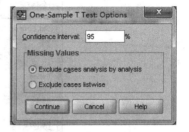

图 16-4　Options 对话框

One-Sample Statistics

	N	Mean	Std. Deviation	Std. Error Mean
毫克/升	20	303.40	53.965	12.067

图 16-5　基本统计量

One-Sample Test

	Test Value = 300					
	t	df	Sig. (2-tailed)	Mean Difference	95% Confidence Interval of the Difference	
					Lower	Upper
毫克/升	.282	19	.781	3.400	-21.86	28.66

图 16-6　T 检验结果

16.3　独立样本 T 检验

16.3.1　独立样本 T 检验的应用

独立样本 T 检验主要用于检验两个样本是否来自具有相同均值的总体。值得注意的是，两独立样本 T 检验的应用范围是：①样本来自的总体服从或者近似服从正态分布；②两样本相互独立，即从一总体中抽取一组样本对从另一总体中抽取一组样本没有任何影响，两组样本的个案数目可以不等。

16.3.2　独立样本 T 检验应用举例

例 16-2　数据文件中记录了 10 只老鼠随机分为两组，分别为对照组和烧伤组，测得两组老鼠的血糖值和胰岛素值，问两组的血糖含量和胰岛素含量是否有差别？

（1）依次单击菜单中 Analyze→Compare Means→Independent-Samples T Test 按钮，打开独立样本 T 检验对话框，选入检验变量和分组变量，此例将胰岛素含量和血糖含量选入 Test Variable(s)，将分组选入 Grouping Variable 中，如图 16-7 所示。

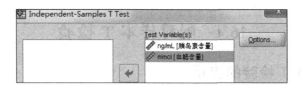

图 16-7 独立样本 T 检验对话框,选入检验变量和分组变量

(2) 单击 Define Groups,出现如图 16-8 所示界面。在对话框的 Group 1 中输入 1,在 Group 2 中输入 2,单击 Continue 按钮。

(3) 单击 Options 按钮,对话框如图 16-9 所示。在可信区间内输入 95,然后单击 Continue。保存设置结果。

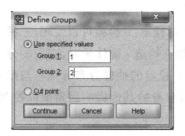

图 16-8 定义分组

图 16-9 Option 界面

(4) 输出结果如图 16-10 和图 16-11 所示。

Group Statistics

	分组	N	Mean	Std. Deviation	Std. Error Mean
ng/mL	对照组	10	.4330	.12650	.04000
	烧伤组	10	1.2030	.43390	.13721
mmol	对照组	10	4.8530	.87313	.27611
	烧伤组	10	8.7100	.66249	.20950

图 16-10 分组统计量

Independent Samples Test

		Levene's Test for Equality of Variances		t-test for Equality of Means						
									95% Confidence Interval of the Difference	
		F	Sig.	t	df	Sig. (2-tailed)	Mean Difference	Std. Error Difference	Lower	Upper
ng/mL	Equal variances assumed	7.073	.016	-5.388	18	.000	-.77000	.14292	-1.07027	-.46973
	Equal variances not assumed			-5.388	10.519	.000	-.77000	.14292	-1.08634	-.45366
mmol	Equal variances assumed	.492	.492	-11.128	18	.000	-3.85700	.34659	-4.58516	-3.12884
	Equal variances not assumed			-11.128	16.783	.000	-3.85700	.34659	-4.58896	-3.12504

图 16-11 独立样本 T 检验结果

由图 16-10 可得出各组的样本量和各组数据的均值,由图 16-11 可以根据检验的 T 值,得出 P 值,其中 P 值均小于 0.05,说明各组数据在统计学中是有意义的,据此可认为两组的血糖含量和胰岛素含量不同。

16.4 配对样本 T 检验

16.4.1 配对样本 T 检验的应用

配对样本 T 检验用于检验两个有联系的正态总体的均值是否有显著差异。配对样本通常具有两个特征：①两组样本的样本数目相同；②两组样本观察值的先后顺序是一一对应的，不可以随意更改。

配对样本 T 检验与独立样本 T 检验的差别是要求样本是配对的。所谓配对样本可以是个案在"前"、"后"两种状态下某属性的两种不同特征，也可以是对某事物两个不同侧面的描述，其差别在于抽样不是相互独立，而是相互关联的。

通过分析单样本 T 检验、两独立样本 T 检验和配对样本 T 检验可以发现，三种分析方法的主要思路有许多共同之处，其中最重要的相同点是在构造 t 统计量时，它们的分子都是均值差，分母都是抽样分布的标准差。只是独立样本 T 检验的抽样分布标准差与配对样本 T 检验的标准差不同。配对样本 T 检验能够对观察值自身的其他影响因素加以控制，比独立样本 T 检验更近了一步。

16.4.2 配对样本 T 检验应用举例

例 16-3 10 例糖尿病病人入院治疗前后的胰岛素含量如表 16-1 所示，问治疗对糖尿病患者胰岛素含量有无作用？

表 16-1 糖尿病患者治疗前后胰岛素的含量

治疗前	0.8	0.96	0.89	0.99	0.87	0.88	0.96	0.87	0.79	0.82
治疗后	0.6	0.76	0.54	0.59	0.34	0.23	0.45	0.56	0.53	0.41

(1) 建立数据文件，如图 16-12 所示。

(2) 从菜单中依次单击 Analyze→Compare Means→Paired-Samples T Test 按钮，打开配对样本 T 检验对话框，填入合适的变量，如图 16-13 所示。

(3) 配对变量可以引入一个两相关样本或者多个成对样本。每一个样本都给出一个 T 检验的结果。单击 Options，弹出 Options 对话框，如图 16-14 所示。

(4) 输出结果如图 16-15～图 16-17 所示。

根据这三幅图展示的结果，可得到治疗前后胰岛素水平的均值，在图 16-16 中，可得到 Sig. = 0.496，$0.2 < P < 0.5$，即结果没有统计学意义，结论为尚不能认为治疗前后糖尿病患者的胰岛素水平有差别。

图 16-12 建立数据文件

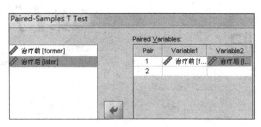

图 16-13 配对 T 检验内填入合适的变量

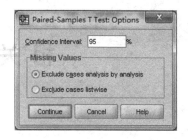

图 16-14 Option 对话框

Paired Samples Statistics

		Mean	N	Std. Deviation	Std. Error Mean
Pair 1	治疗前	.8830	10	.06929	.02191
	治疗后	.5010	10	.14940	.04725

图 16-15 输出描述性结果

Paired Samples Correlations

		N	Correlation	Sig.
Pair 1	治疗前 & 治疗后	10	.244	.496

图 16-16 输出相关结果

Paired Samples Test

		Paired Differences					t	df	Sig. (2-tailed)
		Mean	Std. Deviation	Std. Error Mean	95% Confidence Interval of the Difference				
					Lower	Upper			
Pair 1	治疗前 - 治疗后	.38200	.14853	.04697	.27575	.48825	8.133	9	.000

图 16-17 输出分析结果

第17章 相关回归

相关分析是研究变量间密切程度的一种统计方法。线性相关分析研究两个变量间线性关系的程度。相关系数是描述这种线性关系密切程度和方向的统计量。值得注意的是,只有统计数值可以从小到大排列的数据才能计算其相关系数。

研究变量之间既存在又确定的相互关系及其密切程度的分析称为相关分析,如果把其中的一些因素作为自变量,另外一些随自变量变化而变化的变量作为因变量,研究它们之间的非确定因果关系,这种分析就称为回归分析。其包含线性回归分析、曲线参数估计法、二值多元 Logistic 回归分析、多项多元 Logistic 回归分析、概率单位法、非线性回归分析、权重估计法与二阶段最小二乘回归分析。

17.1 回归分析的一般步骤

1. 确定回归方程中的解释变量和被解释变量

由于回归分析用于分析一个事物如何随其他事物的变化而变化,因此回归分析的第一步应该是确定哪个事物是需要被解释的。

2. 确定回归模型

根据函数拟合方式,通过观察散点图确定应通过哪种数据模型来概括回归线。如果被解释变量和解释变量之间存在线性关系,则应进行线性回归分析,建立线性回归模型;反之,如果被解释变量和解释变量之间存在非线性关系,则应该进行非线性回归分析,建立非线性回归模型。

3. 建立回归方程

根据收集到的样本数据以及上一步所确定的回归模型,在一定的统计拟合准则下估计模型中的各个参数,得到一个确定的回归方程。

4. 对回归方程进行各种检验

由于回归方程是在样本数据基础上得到的,回归方程是否真实地反映事物总体间的统计关系以及回归方程能否用于预测等都需要进行检验。

5. 利用回归方程进行预测

建立回归方程的目的之一是根据回归方程对事物的未来发展趋势进行预测。

利用 SPSS 进行回归分析时,应重点关注上述过程中的第 1 步和第 5 步,至于中间各步,SPSS 会自动进行计算并给出最佳模型。

17.2 双变量相关分析

当分析两个变量之间是否存在相关关系时,可以采用双变量相关分析,即 Bivariate 任务。在应用双变量相关分析时,对于双变量正态分布资料,可以选择积矩相关系数。对于非双变量正态分布资料,可以选择等级相关系数的方法。

下面将结合具体例子来讲述 SPSS 的操作过程。

例 17-1　随机抽取 100 名不同年龄段的人检测胆固醇的总量,试分析人的年龄是否与胆固醇的总量相关。

(1) 从菜单中依次单击 Analyze→Correlate→Bivariate 按钮,进入 Bivariate 任务对话框,选入相关分析的变量(Variables),此例中选择"年纪"和"胆固醇总量",如图 17-1 所示。单击 Options 选项,弹出 Options 对话框,如图 17-2 所示。

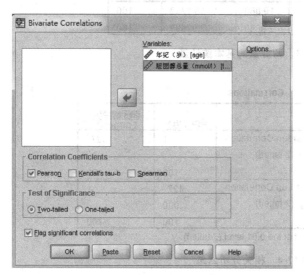

图 17-1　打开双变量相关分析对话框

图 17-2　Options 对话框

(2) 如图 17-1 所示,打开双变量相关分析对话框,在此对话框中选择合适的分析任务:首先选择 Correlation Coefficients(相关系数)的类别,此处有三种供选用。

① Pearson:皮尔逊相关系数,适合于对区间(定距)变量的相关测量。

② Kendall's tau-b:适合于对次序(定序)型变量的相关测量。

③ Spearman:斯皮尔曼等级相关系数。

其次是定义检验的显著性水平(Test of Significance)。

① Two-tailed:默认为计算双尾概率。在应用时多选择此类,表明比较对象之间有区别,或高或低,但不规定区别的方向。

② One-tailed:计算单尾概率,即规定比较对象区别的方向。

③ Flag significant correlations:在相关系数的右上角加注显著性水平标记。

(3) 如图 17-2 所示，打开 Options 对话框，进行相关设置。

首先选择需要计算的统计量(Statistics)。

① Means and standard deviations：求单变量均值、标准偏差和频次。

② Cross-product deviations and covariances：求离差积、协(变量)方差。

其次设置缺失值(Missing Values)的处理法。

① Exclude cases pairwise：默认以双举法排除有缺失值的 cases。

② Exclude cases listwise：以单举法排除有缺失值的 cases。

即按照默认值，当参加相关测量的一对变量都含有 Missing Values 时，才将该对 case 排除掉。

(4) 输出结果如图 17-3 和图 17-4 所示。由图 17-3 可看出年龄和胆固醇总量的均值和标准差；由图 17-4 可得出皮尔逊相关系数为 0.427，P 值小于 0.01，即结果有统计学意义，结论为人的年龄与胆固醇的总量有相关性，相关系数为 0.427。

Descriptive Statistics

	Mean	Std. Deviation	N
年纪（岁）	19.060	15.1383	100
胆固醇总量（mmol/l）	2.9859	2.02899	100

图 17-3　两变量的基本统计量

Correlations

		年纪（岁）	胆固醇总量（mmol/l）
年纪（岁）	Pearson Correlation	1	.427**
	Sig. (2-tailed)		.000
	N	100	100
胆固醇总量（mmol/l）	Pearson Correlation	.427**	1
	Sig. (2-tailed)	.000	
	N	100	100

**. Correlation is significant at the 0.01 level (2-tailed).

图 17-4　相关分析结果

17.3　偏相关分析

偏相关分析是在排除其他变量的干扰之后所测量到的两个变量之间真正的相关系数，用来分析两个变量间线性关系的密切程度和方向。

(1) 建立数据如图 17-5 和图 17-6 所示，分别为 Variable View 与 Data View 数据界面。

	Name	Type	Widt	Deci	Label	Values	Missin	Colu	Align	Measure
1	group	Numeric	8	2	糖尿病患者分类	{1.00, 是}...	None	8	Right	Scale
2	HbA1c	Numeric	8	2	糖化血红蛋白	None	None	8	Right	Scale
3	Gsp	Numeric	8	2	糖化血清蛋白	None	None	8	Right	Scale
4	insulin	Numeric	8	2	胰岛素	None	None	8	Right	Scale
5	FBG	Numeric	8	2	血浆	None	None	8	Right	Scale

图 17-5　Variable View 数据

group	HbA1c	Gsp	insulin	FBG
是	8.10	19.30	65.00	10.50
是	8.90	20.00	55.00	12.30
是	10.90	21.00	54.90	13.90
是	10.10	21.00	45.90	16.70
是	12.10	23.00	67.90	17.70
是	12.00	22.00	54.60	18.90
是	11.00	21.00	43.90	21.00
是	12.00	19.80	65.10	11.00
是	14.00	18.90	54.80	12.00
是	17.00	22.00	41.30	21.30
是	22.00	10.90	81.90	21.30
是	22.00	11.90	62.20	21.90
是	13.00	12.90	42.90	12.30
是	10.90	18.90	76.00	10.50
是	11.90	19.10	66.00	10.90
是	11.60	11.00	65.00	9.10
是	11.90	18.10	57.00	9.90
是	18.00	16.90	78.00	8.90
是	12.00	15.00	60.90	9.00
是	13.00	12.00	44.98	9.00
是	14.00	22.00	43.09	18.90
是	15.00	21.00	54.00	13.90
是	16.00	12.20	50.00	22.00

图 17-6　Data View 数据

（2）在菜单中依次单击 Analyze→Correlate→Partial 按钮，打开偏相关分析任务对话框，将相应的检验量选入，然后选择进行检验的类型，在 Test of Significance 栏中有两个选择项，如图 17-7 所示。

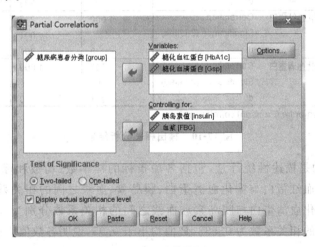

图 17-7　选择变量

① Two-tailed：双尾检验选项。用于有正负相关两种可能的情况，是系统默认的方式。
② One-tailed：单尾检验选项。用于只可能是正向或者是只可能是负向相关情况，对其进行选择。

（3）打开 Options 对话框，进行选择，如图 17-8 所示。
（4）输出结果如图 17-9 和图 17-10 所示。

图 17-8　Options 对话框

Descriptive Statistics

	Mean	Std. Deviation	N
糖化血红蛋白	10.1376	4.32773	205
糖化血清蛋白	11.4220	8.53787	205
胰岛素值	31.1086	29.73708	205
血浆	10.2549	11.66612	205

图 17-9　描述性统计量输出结果

Correlations

Control Variables			糖化血红蛋白	糖化血清蛋白	胰岛素值	血浆
-none-ª	糖化血红蛋白	Correlation	1.000	.742	.815	.531
		Significance (2-tailed)	.	.000	.000	.000
		df	0	203	203	203
	糖化血清蛋白	Correlation	.742	1.000	.789	.561
		Significance (2-tailed)	.000	.	.000	.000
		df	203	0	203	203
	胰岛素值	Correlation	.815	.789	1.000	.533
		Significance (2-tailed)	.000	.000	.	.000
		df	203	203	0	203
	血浆	Correlation	.531	.561	.533	1.000
		Significance (2-tailed)	.000	.000	.000	.
		df	203	203	203	0
胰岛素值 & 血浆	糖化血红蛋白	Correlation	1.000	.237		
		Significance (2-tailed)	.	.001		
		df	0	201		
	糖化血清蛋白	Correlation	.237	1.000		
		Significance (2-tailed)	.001	.		
		df	201	0		

a. Cells contain zero-order (Pearson) correlations.

图 17-10　输出相关分析结果

图 17-9 展示的是描述性统计量，包括各项指标的样本数、均数和标准差。由图 17-10 的结果可看出糖化血红蛋白与糖化血清蛋白、胰岛素、血浆之间的相关系数分别为 0.742、0.815 和 0.531；糖化血清蛋白与胰岛素和血浆之间的相关系数分别为 0.789 和 0.561；胰岛素值和血浆之间的相关系数为 0.533，P 值均小于 0.05，说明各数值均有统计学意义。

第18章 非参数检验

非参数检验是指在总体不服从正态分布或者分布情况不明时,检验数据资料是否来自同一总体的一类假设检验方法。非参数检验的具体方法有相关样本的符号检验法和符号秩次检验,独立样本的秩和检验和中位数检验,秩次方差分析的单向方差分析和双向方差分析。各种非参数检验法都是针对参数检验而言的。

18.1 单个样本的卡方检验

卡方检验是利用计算出的卡方值,来判断统计的 P 值,用来检测观测频数和期望频数的拟合优度的检验方法。卡方检验用于判断样本是否来自特定分布的总体的检验方法,根据样本的频数来推断总体分布与理论分布是否有显著差异。

例 18-1 某医院现有五天的就医人数,如表 18-1 所示,问每天的就医人数是否存在差异?

表 18-1 某医院的就医人数记录

星期数	星期一	星期二	星期三	星期四	星期五
就医数	198	167	298	210	187

操作步骤:

(1) 建立数据文件。在 Variable View 界面按照如图 18-1 所示进行输入,在 Values 中按照如图 18-2 所示进行输入,在 Date View 界面按照如图 18-3 所示进行输入。

图 18-1 Variable View 对话框

(2) 对就医人数进行加权,从菜单中依次单击 Data→Weight Cases 打开如图 18-4 所示对话框。

(3) 从菜单栏中依次单击 Analyze→Nonparmetric Tests→Chi-Square,打开检验对话框,变量选择为"星期数",如图 18-5 所示。Chi-Square 相关任务介绍如下。

① Get from data,从数据中选出某个值作为期望频数。

② Use specified range,键入上、下界,产生分析时所需的期望频数。

③ All categories equal,所有类别的期望频数的值都要相等。

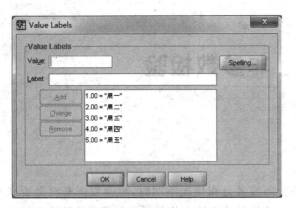

图 18-2 Values 的操作对话框

图 18-3 Date View 对话框的输入数值

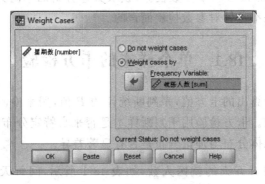

图 18-4 Weight Cases 对话框

④ Values,由用户自定类别的期望比例。

(4) 打开 Option 任务,如图 18-6 所示。

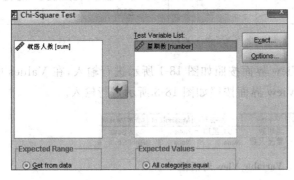

图 18-5 Chi-Square 对话框

图 18-6 Option 对话框

(5) 结果输出如图 18-7～图 18-9 所示。由图 18-7～图 18-9 可以发现,本例的期望频数

Descriptive Statistics

						Percentiles		
	N	Mean	Std. Deviation	Minimum	Maximum	25th	50th (Median)	75th
星期数	1060	3.0198	1.34529	1.00	5.00	2.0000	3.0000	4.0000

图 18-7 Descriptive Statistics 输出结果

是这五天就医人数的均数，P 值小于 0.05，说明这五天的就医人数是有差异的，结果有统计学意义。

Frequencies

星期数

	Observed N	Expected N	Residual
周一	198	212.0	-14.0
周二	167	212.0	-45.0
周三	298	212.0	86.0
周四	210	212.0	-2.0
周五	187	212.0	-25.0
Total	1060		

图 18-8　Frequencies 输出结果

Test Statistics

	星期数
Chi-Square	48.330ª
df	4
Asymp. Sig.	.000

a. 0 cells (.0%) have expected frequencies less than 5. The minimum expected cell frequency is 212.0.

图 18-9　Test Statistics 输出结果

18.2　两独立样本的非参数检验

两独立样本的非参数检验是在总体分布不清晰的情况下，通过对两组独立样本进行分析来推断样本来自的两个总体的分布是否存在显著差异的方法。独立样本是指在一个总体中随机抽样对在另一个总体中随机抽样没有影响的情况下所获得的样本。检验的基本思想是，首先将两组样本混合并且按照升序排列；然后分别计算两组样本秩的累计频数和累计频率；最后计算两组累计频数的差，得到秩的差值序列并且得到 D 统计量，根据 D 统计量判断 P 值，进而得出结论。

例 18-2　检测了 10 例糖尿病患者人群和 10 例高血压患者人群的糖化血红蛋白值，如表 18-2 所示。试问，两类人群的糖化血红蛋白值有无明显的差异？

表 18-2　两类人群的糖化血红蛋白值

糖尿病患者	11.7	13.8	16.9	14.4	13.9	12.9	17.8	15.5	15.2	15.7
高血压患者	11.98	11.9	12.1	11.8	11.8	13.6	14.3	12.1	11.2	11.7

（1）建立数据，如图 18-10 所示。

（2）从菜单中依次单击 Analyze→Nonparmetric Tests→Two-Independent Samples 按钮，打开两独立样本的非参数检验任务对话框，选入相应变量，此例是"糖化血红蛋白值"移入 Test Variable 框中，“分组”移入 Grouping Variable 中，如图 18-11 所示。单击 Define Groups 按钮，展开 Define Groups 对话框，如图 18-12 所示。

group	hba1c
糖尿病	11.70
糖尿病	13.80
糖尿病	16.90
糖尿病	14.40
糖尿病	13.90
糖尿病	12.90
糖尿病	17.80
糖尿病	15.50
糖尿病	15.20
糖尿病	15.70
高血压	11.98
高血压	11.90
高血压	12.10
高血压	11.80
高血压	11.80
高血压	13.60
高血压	14.30
高血压	12.10
高血压	11.20
高血压	11.70

图 18-10　数据建立

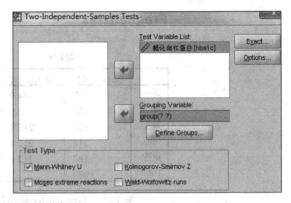

图 18-11　两独立样本的非参数检验对话框，选入相应变量

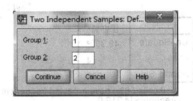

图 18-12　进行分组

(3) 确定检验方法，此例以 Mann-Whitney U 来检验。

(4) 输出结果，如图 18-13 和图 18-14 所示。图 18-13 展示的 Ranks 输出结果，根据图 18-14 所示的 Test Statistics 输出结果可得出检验统计量和 P 值，此处 P 值小于 0.05，说明有统计学意义，即两组的糖化血红蛋白值有显著差异。

Ranks

	分组	N	Mean Rank	Sum of Ranks
糖化血红蛋白	糖尿病	10	15.50	155.00
	高血压	10	5.50	55.00
	Total	20		

图 18-13　Ranks 输出结果

Test Statistics[b]

	糖化血红蛋白
Mann-Whitney U	.000
Wilcoxon W	55.000
Z	-3.781
Asymp. Sig. (2-tailed)	.000
Exact Sig. [2*(1-tailed Sig.)]	.000[a]

a. Not corrected for ties.

b. Grouping Variable: 分组

图 18-14　Test Statistics 输出结果

18.3　多独立样本的非参数检验

多独立样本的非参数检验是通过分析多组独立样本数据，推断样本来自的多个总体的中位数或者分布是否存在显著差异。多组独立样本是指按照独立抽样方式获得的多组样本，各组间互不影响，相互独立。

多独立样本的非参数检验的基本思想是,首先将多组样本数据混合并且按照升序排序,求出各个变量值的秩;然后根据各组秩的均值确定是否存在显著差异。

例 18-3 统计了三种药物 A、B 和 C 对高血压的治愈率,如表 18-3 所示,问这三种药物对高血压的治愈率是否不同?建立数据如图 18-15 所示。

表 18-3　三种药物对高血压的治愈率(%)

药物 A	12.2	12.3	17.9	15.9	23.98
药物 B	42.9	46.9	46.9	53.9	49.8
药物 C	4.9	4.89	5.64	5.76	6.01

操作过程:

(1) 依次在菜单栏中单击 Analyze→Nonparametric Tests→K Independent Samples 按钮,弹出多个独立样本非参数检验的对话框,如图 18-16 所示。在对话框内选入分组变量,Grouping Variable 选入"药物"。Test Variable List 选入检验变量,本例选择"治愈率"。

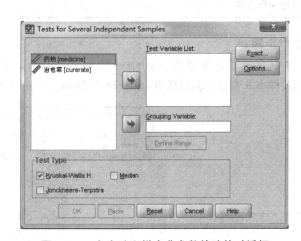

图 18-15　建立数据　　　图 18-16　多个独立样本非参数检验的对话框

(2) 激活 Define Range(定义分组变量范围),分别填入 1 和 3,表示进行第 1~3 组之间的比较,如图 18-17 所示。

(3) 输出结果如图 18-18 和图 18-19 所示。图 18-18 展示的各组频数和秩的均值,图 18-19 展示的检验统计量和 P 值,P 值小于 0.05,结果有统计学意义,可认为这三种药物对高血压的治愈率是不同的。

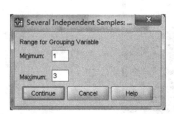

图 18-17　选入分组变量　　图 18-18　Ranks 输出结果　　图 18-19　Test Statistics 输出结果

18.4 两个相关样本的非参数检验

两个相关样本的非参数检验用以检验配对变量间是否有显著差异。

例 18-4 某种药物治疗糖尿病患者 20 人，治疗前后的胰岛素值如表 18-4 所示，问治疗前后胰岛素变化是否有显著差异？根据表 18-4 所示，建立数据如图 18-20 所示。

表 18-4 治疗前后的胰岛素数据

患者编号	1	2	3	4	5	6	7	8	9	10
治疗前胰岛素值	0.38	0.23	0.24	0.25	0.34	0.31	0.32	0.36	0.37	0.29
治疗后胰岛素值	0.21	0.2	0.19	0.21	0.28	0.23	0.23	0.21	0.2	0.22
患者编号	11	12	13	14	15	16	17	18	19	20
治疗前胰岛素值	0.28	0.27	0.43	0.45	0.46	0.43	0.51	0.47	0.39	0.36
治疗后胰岛素值	0.19	0.18	0.34	0.39	0.38	0.34	0.40	0.39	0.29	0.21

操作步骤：

(1) 从菜单栏依次单击 Analyze→Nonparametric Tests→Two-Related Samples 按钮，打开两个相关样本非参数检验对话框，如图 18-21 所示。单击进入 Options 对话框，如图 18-22 所示。

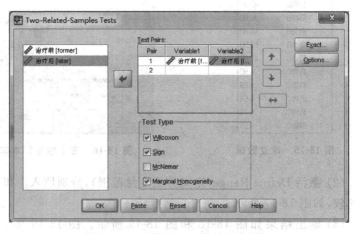

图 18-21 两个相关样本检验对话框

former	later
0.38	0.21
0.23	0.20
0.24	0.19
0.25	0.21
0.34	0.28
0.31	0.23
0.32	0.23
0.36	0.21
0.37	0.20
0.29	0.22
0.28	0.19
0.27	0.18
0.43	0.34
0.45	0.39
0.46	0.38
0.43	0.34
0.51	0.40
0.47	0.39
0.39	0.29
0.36	0.21

图 18-20 数据建立

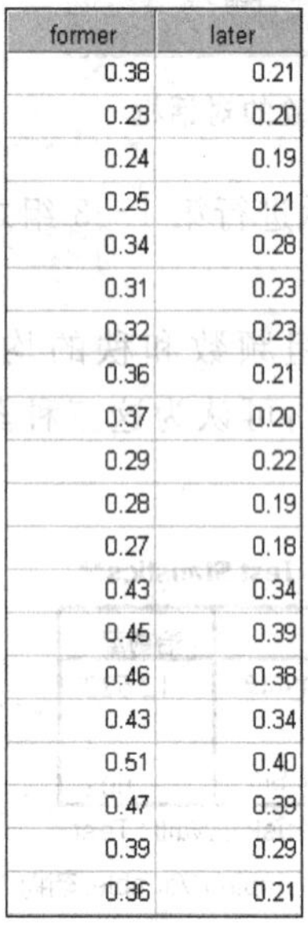

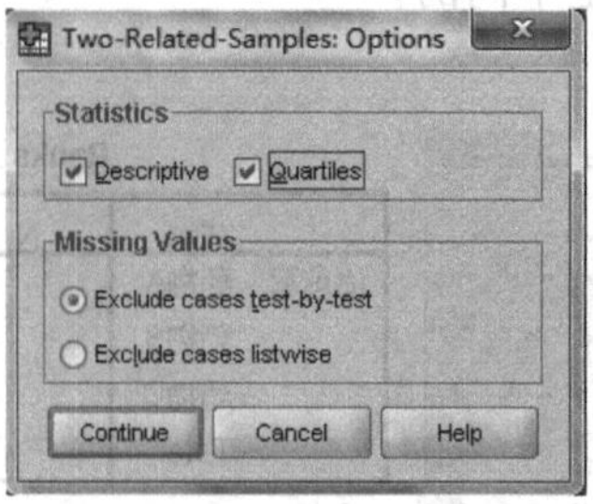

图 18-22 Options 对话框

（2）选择 Option 任务，选择 Statistics 中的 Descriptive 和 Quartiles。在 Missing Values 中选择 Exclude cases test-by-test 任务。

① 统计量（Statistics） 描述性统计量（Descriptive），包括均数（mean）、标准差（standard deviation）、最小值（minimum）、最大值（maximum）以及非缺省值案例数（number of nonmissing cases）；四分位数（Quartiles），显示百分位数，第 50 百分位数，即中位数（median）。

② 缺省值（Missing Values）的处理方法 exclude cases test-by-test，检验时，删除含有缺省值的个案；exclude cases listwise，删除全部含有缺省值的个案。

（3）Wilcoxon Signed Ranks 检验结果如图 18-23～图 18-25 所示，其中既有描述性统计量，又有秩的均值，图 18-25 展示的分析结果表明 $P<0.05$，说明此药有作用。Frequencies、Sign 和 Marginal Homogeneity 检验结果如图 18-26～图 18-28 所示。同样，结果显示 $P<0.05$，说明此药有作用。

Descriptive Statistics

	N	Mean	Std. Deviation	Minimum	Maximum	Percentiles		
						25th	50th (Median)	75th
治疗前	20	.3570	.08304	.23	.51	.2825	.3600	.4300
治疗后	20	.2645	.07891	.18	.40	.2025	.2250	.3400

图 18-23 Descriptive Statistics 输出结果

Ranks

		N	Mean Rank	Sum of Ranks
治疗后 - 治疗前	Negative Ranks	20a	10.50	210.00
	Positive Ranks	0b	.00	.00
	Ties	0c		
	Total	20		

a. 治疗后 < 治疗前
b. 治疗后 > 治疗前
c. 治疗后 = 治疗前

图 18-24 Ranks 输出结果

Test Statisticsb

	治疗后 - 治疗前
Z	-3.929a
Asymp. Sig. (2-tailed)	.000

a. Based on positive ranks.
b. Wilcoxon Signed Ranks Test

图 18-25 Test Statistics 输出结果

Frequencies

		N
治疗后 - 治疗前	Negative ···	20
	Positive Differencesb	0
	Tiesc	0
	Total	20

a. 治疗后 < 治疗前
b. 治疗后 > 治疗前
c. 治疗后 = 治疗前

图 18-26 Frequencies 输出结果

图 18-27 Sign 检验结果

图 18-28 Marginal Homogeneity 检验结果

18.5 多个相关样本的非参数检验

多个相关样本的非参数检验是用以检验 K 个相关样本是否来自同一总体的检验方法。

例 18-5 某医院欲了解病人对几种抗高血压药物的使用情况。某日咨询了 9 名病人，请他们对三款药物的治疗情况排次序（觉得最有效的给秩 1，其次的给秩 2，再次的给秩 3），结果如表 18-5 所示，试问病人对三种药物治疗的满意程度是否相同？

表 18-5 病人对三款药物的治疗满意程度

病人编号	1	2	3	4	5	6	7	8	9
药物 A	1	2	1	3	2	1	1	2	1
药物 B	2	1	2	1	3	2	2	1	3
药物 C	3	3	3	2	1	3	3	3	2

（1）建立数据文件，如图 18-29 所示。

（2）从菜单栏依次单击 Analyze → Nonparametric Tests → K Related Samples 按钮，打开多个相关样本的非参数检验任务对话框，如图 18-30 所示。从左侧变量列表中选择需要进行检验的变量，单击鼠标置于光带中，然后单击右面的右箭头按钮，使得变量移到 Test Variable 框中。一次只能选择一个变量，移动多个变量时，重复以上步骤。

图 18-29 建立数据

（3）确定进行检验的方法。在 Test Type 框中有三种方法，系统的默认值为 Friedman 法。单击查看输出结果，如图 18-31 和图 18-32 所示。

（4）在多个相关样本检验的对话框中同时选择 Friedman 复选项和 Kendall's W 复选项，如图 18-33 所示。输出结果如图 18-34 和图 18-35 所示。两组结果均先展示秩的均值，然后是检验统计量和 P 值，两组结果的 P 值均大于 0.05，即差别无统计学意义，故可认为病人对药物治疗的满意程度是相同的。

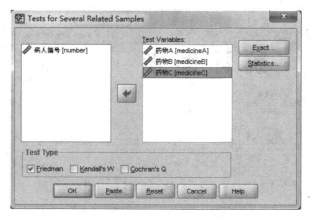

图 18-30　多个相关样本的非参数检验对话框

Friedman

Ranks

	Mean Rank
药物A	1.56
药物B	1.89
药物C	2.56

图 18-31　Ranks 输出结果

Test Statistics[a]

N	9
Chi-Square	4.667
df	2
Asymp. Sig.	.097

a. Friedman Test

图 18-32　Test Statistics 输出结果

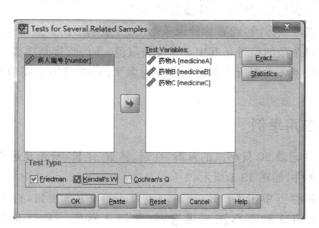

图 18-33　选择 Test Type 复选项

Ranks

	Mean Rank
药物A	1.56
药物B	1.89
药物C	2.56

图 18-34　Kendall's W 检验输出结果

Test Statistics

N	9
Kendall's…	.259
Chi-Square	4.667
df	2
Asymp. Sig.	.097

a. Kendall's Coefficient of Concordance

图 18-35　Kendall's W 检验输出相关结果

第19章 统计图形

19.1 条形图

19.1.1 条形图基本介绍

条形图(bar charts)是利用相同宽度条形的长短或者高低表现统计数据大小或者变动的统计图。在 SPSS 软件中提供三种类型的条形图供用户选用。

(1) Simple：简单条形图。该类条形图用单个条形对每一个类别、观测或者变量作对比，用间隔的等宽条的长短或高低表示各类统计数据的大小，主要由两个统计量决定。通过简单条形图可以清楚地看到各类数据间的对比情况。

(2) Clustered：整群条形图，或称分组条形图、复式条形图。适用于对两个变量的分类描述。该条形图使用一组条形对指标进行对比，每个组的位置是一个变量的取值，与其紧密排列的条带是以不同颜色标记的另一个变量的取值。

(3) Stacked：成堆条形图，或者称分段条形图、分量条形图。适用于对两个变量交叉分类的描述。该图中每个条的位置是其中一个变量取值，条的长度是要描述的统计量的值，但是条带按照另一个变量各类别所占的比例划分为多个段，并且用不同的颜色或者阴影来表示各个分段。

19.1.2 条形图应用举例

例 19-1 测量并记录 90 只小鼠的月龄、性别、体重、尾长、身长及足长，制作条形图。

(1) 建立数据文件，如图 19-1 所示。

(2) 依次在菜单栏上单击 Graphs→Legacy Dialogs→Bar 按钮，打开条形图制作对话框，如图 19-2 所示，有 3 种条形图可供选择，此例选择第一种简单条形图(Simple)的图标。

(3) 在制作简单条形图对话框的 Variable 和 Category Axis 选项中选择合适的变量，如图 19-3 所示。此例横坐标选择月龄，纵坐标选择体重。

(4) 打开 Options 对话框，如图 19-4 所示。

① 缺省值(missing values)的处理方法：

Exclude cases listwise：串行删除含有缺省值的个案。

Exclude cases variable by variable：删除含有缺省值变量的个案。

② Display groups defined by missing values：显示缺省值组。

③ Display chart with case labels：显示个案标识的图形。

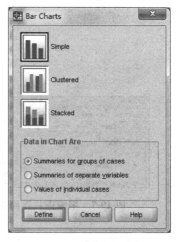

图 19-1　建立数据文件　　　　　图 19-2　条形图制作类型选择界面

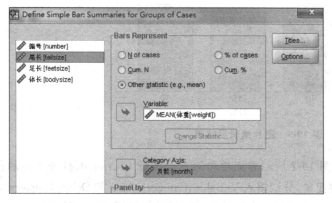

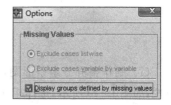

图 19-3　简单条形图制作对话框,选入合适的变量　　　图 19-4　Option 对话框

(5) 打开 Title 对话框,进行相关填写,如图 19-5 所示。输出结果如图 19-6 所示。

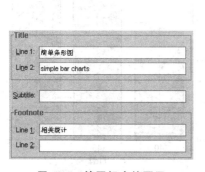
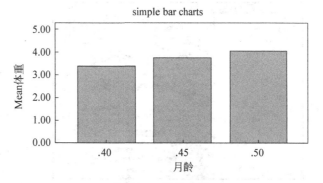

图 19-5　填写相应的题目　　　　　　　　图 19-6　输出结果

(6) 对图形进行编辑,双击图形附件空白处,得到如图 19-7 和图 19-8 所示对话框。输出结果如图 19-9 所示。

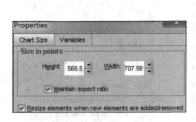

图 19-7 编辑图片界面 1

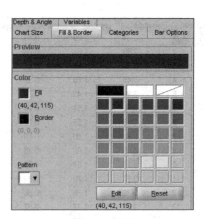

图 19-8 编辑图片界面 2

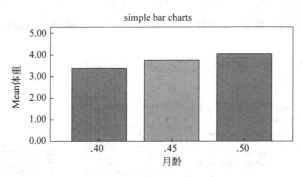

图 19-9 图片编辑后结果

（7）制作整群分组条形图，在图 19-2 所示界面单击第二个图标 Clustered，打开相应的任务栏，如图 19-10 所示，选择相应的变量，分别填入 Variable、Category Axis 和 Define Clusters by 条格中，本例中以尾长、月龄和性别作为相应的变量填入。结果输出如图 19-11 所示。

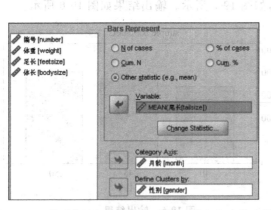

图 19-10 整群分组条形图制作对话框，选入相应的变量

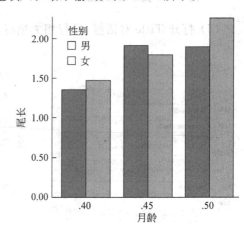

图 19-11 输出结果

制作 Stacked 成堆分段条形图与制作整群分组条形图的操作方法类似，在此不再展开讲述，对这些输出结果均可以进行图形编辑，使图像更加美观。

19.2 线 形 图

19.2.1 线形图基本介绍

线形图(line charts)是用线段升降来说明现象变动情况的一种统计图,它主要用于表示现象在时间上的变化趋势、现象的分配情况或两个现象之间的依存关系等。

SPSS 软件提供 3 种类型的线形图供用户选用。

(1) Simple:简单线形图,其用一条折线表示某一现象变化的趋势。

(2) Multiple:多重线形图,其用多条折线表示多种现象变化的趋势。

(3) Drop-line:下降线形图、或者是垂直线形图,反映了某些现象在同一时期内的差距。

19.2.2 线形图应用举例

例 19-2 统计了某地 2001—2009 年糖尿病和高血压的死亡率,如表 19-1 所示。绘制糖尿病死亡率随时间变化的线形图。

表 19-1 某地 2001—2009 年糖尿病和高血压死亡率(1/10 万)

年份	2001	2002	2003	2004	2005	2006	2007	2008	2009
糖尿病	50.2	60.9	80.9	100	120	131.5	140	160.7	180.9
高血压	10.1	12.1	13.4	14.7	16.0	19.9	23	24.5	32.1

(1) 建立数据文件,如图 19-12 所示。

(2) 从菜单中依次单击 Graphs→Legacy Dialogs→Line 按钮,弹出制作线形图的主对话框,有 3 种线形图可供选择,如图 19-13 所示。

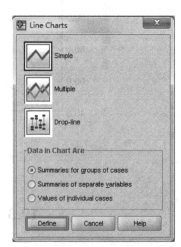

图 19-12 建立数据文件   图 19-13 线形图对话框

(3) 将糖尿病的死亡率当作变量选入表中,如图 19-14 所示。相关双变量线形图对话框的任务描述如下。

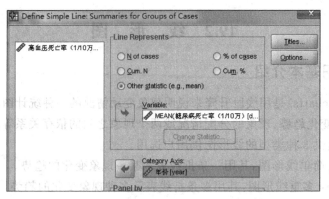

图 19-14　线形图绘制对话框，选入相应的变量

① N of cases：样本例数。
② % of cases：样本例数的百分比。
③ Cum. N：样本例数的累计和。
④ Cum. %：样本例数的累计百分比。
⑤ Other statistic（e. g.，mean）：其他统计功能。

（4）输出结果如图 19-15 所示，此处仅截取了 2001—2007 年的走行趋势。结果表明 2001—2009 年，糖尿病患者的死亡率是逐年上升的。

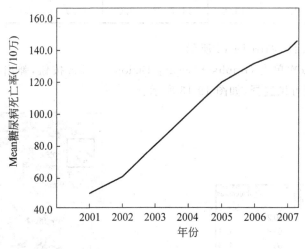

图 19-15　输出结果

19.3　散　点　图

19.3.1　散点图基本介绍

散点图将数据以点的形式画在直角平面上，通过观察散点的分布能够直观地发现变量间的统计关系以及它们的强弱程度和数据对的可能走向。散点图用于表示双数值之间的相关关系以及某变量的个值分布。

散点图列出了5种散点图类型,即简单型、复合型、矩阵型、立体型和个值型。下面以简单型为例予以说明。

(1) Simple:简单散点图,只能显示一对相关变量的散点图。

(2) Overlay:重叠散点图,可以显示多对相关变量的散点图。

(3) Matrix:矩阵散点图,在矩阵中显示多个相关变量之间的散点图。

(4) 3-D:三维散点图,显示3个相关变量之间的散点图。

19.3.2 散点图应用举例

例 19-3 随机抽取60个成年人,其中男性30人,女性30人。测得血清值和甘油三酯值,将其绘制成散点图。

(1) 从菜单中选择 Graphs→Legacy Dialogs→Scatter/Dot 按钮,弹出散点图类型选择对话框,如图19-16所示。

(2) 单击 Simple Scatter,打开简单型绘制对话框,将相应的变量选入相应的对话框中,如图19-17所示。

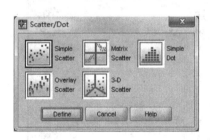

图 19-16　散点图类型选择对话框

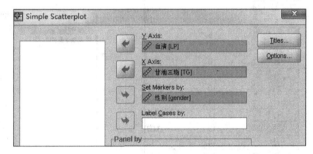

图 19-17　简单型散点图绘制对话框,选入相应的变量

(3) 输出结果如图19-18所示。

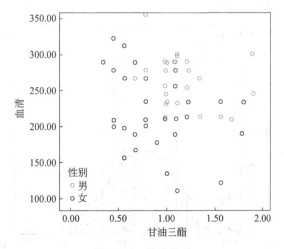

图 19-18　输出结果

19.4 直方图

19.4.1 直方图基本介绍

直方图是以一组无间隔的图形表现频数分布特征的统计图，直方图的每一条形高度分别代表相应组别的频率。

19.4.2 直方图应用举例

例 19-4 随机选取 216 个成年人，测定其血清磷脂含量，制作数据文件如图 19-19 所示。

（1）从菜单中依次单击 Graphs→Legacy Dialogsgraphs→Histogram 按钮，打开直方图对话框，如图 19-20 所示，将磷脂含量选入相应的变量。

图 19-19　建立数据文件　　　　　图 19-20　直方图对话框

（2）输出结果如图 19-21 所示。

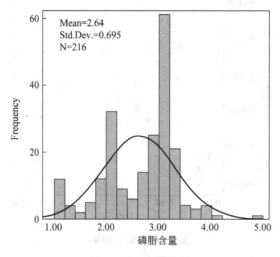

图 19-21　输出结果

Origin

第五部分

Origin

第20章 Origin 8.5 简介

在论文中，精美清晰的图表是展示复杂数据的理想方式，据统计，大约39%的论文中用到了图表。数据分析和绘制图表在科学研究过程中有重要的作用，因此，一款高端的图表制作和数据分析软件是科研工作者的必备工具。Origin作为国际公认的绘图和数据处理权威软件，深受科研工作者的喜爱。

Origin是Origin Lab公司发行的专业函数分析绘图软件，自1991年问世以来，逐渐更新，目前最新版本为8.5.1 SR2。因其操作简便、功能开放，问世不久就成为国际流行的分析软件之一，是目前公认的集快速、灵活、易学于一体的工程制图软件。

Origin具有两大主要功能：数据分析和绘图。Origin的数据分析主要包括统计、信号处理、图像处理、峰值分析和曲线拟合等各种完善的统计学分析功能。在进行数据分析时，选择相应的菜单命令即可。Origin的绘图功能是基于模板的，软件本身提供几十种二维和三维绘图模板并允许用户自定义模板。绘图时，加载所需的模板即可。使用时用户不仅可以自定义图形样式和绘图模板，还可以自定义数学函数；不但可以方便地与各种数据库软件、办公软件和图像处理软件对接，而且还能用高级语言编写数据分析程序。鉴于该软件强大的数据分析和绘图功能，学习并掌握该软件的使用方法是非常必要的。

20.1 Origin 8.5 基础

20.1.1 Origin 8.5 工作空间

首次开启Origin 8.5程序后，出现如图20-1所示界面。

Origin 8.5的工作空间包括五部分：菜单栏、工具栏、绘图区、项目管理器和状态栏。Origin 8.5软件有六个活动窗口，分别是：工作簿窗口（Work-book）、绘图窗口（Graph）、矩阵工作簿窗口（Matrix）、记事本窗口（Notes）、Excel工作表（Excel-book）和版面设计窗口（Layout），菜单栏的结构因不同的活动窗口而不同。

20.1.2 菜单栏

在图20-1所示界面的最上方为软件的菜单栏，用户依次单击Format→Menu按钮，有完整菜单（Full Menus）和短菜单（Short Menus）两个选项。选择"Full Menus"则显示所有的菜单，而选择"Short Menus"则只显示部分主要菜单，下面讲述几个比较重要菜单的意义。

(1) File：文件操作，用来打开、新建、输入输出数据图形等。

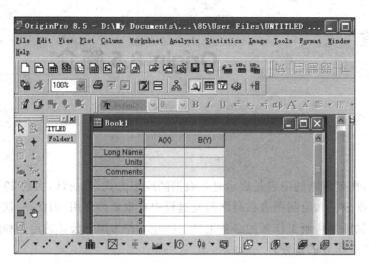

图 20-1　首次开启程序界面

（2）Edit：用来对数据和图像进行编辑，如复制、粘贴及清除等。

（3）Plot：绘图功能，主要提供多种式样的二维绘图、三维绘图、气泡/彩色映射图、统计图和特种绘图等，还提供各种绘图模板。

（4）Column：列功能，如设置列的属性、增加或删除列等。

（5）Graph：图形，主要包括增加误差栏、函数图、缩放坐标轴及交换 X 轴和 Y 轴等。

（6）Data：数据。

（7）Analysis：分析功能。

① 对工作表窗口：提取工作表数据、行列统计、排序、数字信号处理、统计功能、方差分析、多元回归及非线性曲线拟合等。

② 对绘图窗口：数学运算、平滑滤波、图形变换、线性多项式、非线性等各种拟合方法。

③ 矩阵功能操作：包括对矩阵属性、维数和数值设置，矩阵转置和取反，矩阵扩展和收缩等。

（8）Tools：工具。

① 对工作表窗口：选项控制、工作表脚本、线性、多项式和 S 曲线拟合等。

② 对绘图窗口：选项控制、层控制、提取峰值、基线和平滑、线性、多项式和 S 曲线拟合等。

（9）Format：格式功能。

① 对工作表窗口：菜单格式控制、工作表显示控制、栅格捕捉、调色板等。

② 对绘图窗口：菜单格式控制、图形页面、图层和线条样式控制、栅格捕捉、坐标轴样式控制和调色板等。

20.2　Origin 8.5 数据窗口

Origin 数据窗口主要包括工作簿窗口（Work-book）、矩阵工作簿窗口（Matrix）和 Excel 工作表窗口，其中 Excel 是将 Office 表格处理软件嵌入到 Origin 中的。

20.2.1 工作簿和工作表

在默认状态下,创建一个 Origin 项目时会同时打开一个带"Sheet 1"工作表的"Book 1"工作簿。其作用主要是组织绘图数据,对数据进行相关操作。一个工作簿最多包含 121 个工作表,在工作簿内可以对工作表重新排列、命名、添加、删除或移动到其他工作簿中。

1. 移动工作表

用鼠标按住该工作表标签,直接将该工作表拖曳到目标工作簿中。如果在用鼠标按住该工作表的同时按下 Ctrl 键,则是将该工作表复制到目标工作簿中。用同样的方法可以用一个工作簿中的工作表创建新的工作簿。

2. 工作表的命名与标注

用鼠标右键单击工作簿标题栏,在弹出的快捷菜单中选择 Properties... 按钮,弹出如图 20-2 所示界面,可以在窗口的"Long name"栏、"Short name"栏和"Comments"栏输入名称和注释。

3. 工作表的插入、复制、删除、重命名和移动

鼠标右键单击工作表标签,弹出快捷菜单,选择菜单中相应命令,可以完成对工作表的插入、复制等操作。

4. 添加列

在工作表空白处单击右键,在弹出的快捷菜单中选择 Add New Column,执行添加列任务,或单击工具栏中 按钮直接添加。添加的列以字母顺序自动命名。

5. 插入列和删除列

选择菜单 Edit→Insert/Delete,或单击右键,在弹出的快捷菜单中选择 Insert/Delete 命令,执行插入或删除列任务。

6. 移动列

在工作表中高亮度选择该列,单击右键选择 Move Column 按钮,弹出如图 20-3 所示菜单,可选择相应选项进行操作。

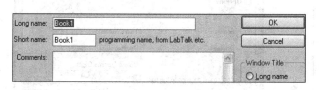

图 20-2 Window Properties 窗口

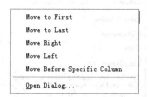

图 20-3 移动列快捷菜单

7. 行、列转换

依次单击菜单 Worksheet→Transpose 按钮，实现行、列转换功能。

20.2.2 工作表相关操作

1. 绘图标记

高亮度选择该列，单击右键弹出快捷菜单，选择"Set As"，弹出"X、Y、Z、Label、Disregard、X Error 和 Y Error"选项，选择相应的菜单进行设置。

2. 设置抽样区间

设置抽样区间就是设置 X 或 Y 的初值和增量，选中工作表单击右键，在弹出的快捷菜单中单击 Set Sampling Interval，弹出如图 20-4 所示界面，选择要设置的列。

3. 工作表分类数据

Origin 工作表中的 X 和 Y 轴数据都支持分类数据类型。用分类数据绘图需要在工作表中将该列设置成"Categorical"，方法是选中要操作的列，单击右键在弹出的菜单中选择"Set as Categorical"。

4. 工作表列数字显示格式和设置

工作表列数字的类型可以为指定的格式，如文本＋数字（Text & Numeric）或数字等。设置方法为：用鼠标双击列标题，弹出如图 20-5 所示窗口，在"Options"栏中选择相应的格式和类型，在数字格式"Format"下拉菜单中可有不同的格式类型供选择。

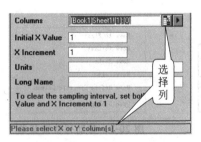

图 20-4　设置抽样区间　　　　图 20-5　列属性设置窗口

20.2.3 数据输入与删除

Origin 工作表中的数据输入方法很灵活,除可对工作表中的单元格直接进行相关操作外,还可以从其他软件的数据文件导入和利用公式等来输入数据。

1. 数据导入

Origin 支持如 MATLAB、Excel、Minitab 等 10 多种第三方软件的数据文件。导入方法非常简单,依次单击 File→Import 命令,或单击窗口上方工具栏中的导入数据 图标,选择相关的数据文件导入。

2. 通过剪切板和拖曳的方法导入数据

通过剪切板可与其他软件在不同的工作表之间进行数据交换。拖曳的方法是直接把数据文件从 Windows 管理器中拖曳到 Origin 工作空间来,当数据文件格式比较复杂时,在拖曳过程中会自动弹出导入向导,按照向导提示可完成数据导入。

3. 在列表中输入行号或随机数据

选中要输入的列单击鼠标右键弹出如图 20-6 所示快捷菜单。选择 Fill Column with 命令,然后在出现的二级菜单中选择相应的项即可输入相应的数据,其中 "Row Numbers" 为行号,"Uniform Random Numbers" 为均匀随机数,"Normal Random Numbers" 为正态随机数。

4. 用公式输入数据

选中工作表的列,鼠标单击右键,在弹出的快捷菜单中选择 Set Column Values…命令,弹出如图 20-7 所示窗口,在对话框中输入相应的函数关系式,如图中所示:Col(B)=Col(A)+2,即 B 栏的数=A 栏的数+2。若用户把 A、B 栏的 Name 改为 X、Y,则公式变为 Col(Y)=Col(X)+2。用户也可以单击窗口中的 F(x)选择软件中自带的函数公式。

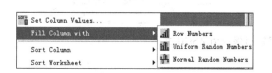

图 20-6 填充数据

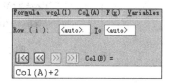

图 20-7 用公式添加数据

5. 在一个单元格前插入数据

用鼠标选中需要插入的单元格,依次单击 Edit→Insert 命令,则成功插入一列。添加列的字母编号按照英文字母表顺序进行排列。

6. 删除数据

有 3 种方法来删除单元格中的数据:①选中该单元格,依次单击执行 Edit→Clear 命令；②选中该列，单击右键，在弹出的快捷菜单中直接选择 Clear 命令；③选中单元格及数据，直接单击键盘上的 Delete。如果要删除整个数据表，选择该工作表，依次点击执行 Edit→Clear 命令。

7. 数据输出与保存

选中数据表，单击右键，在弹出的快捷菜单中选择 Save As…，出现如图 20-8 所示窗口，可以选择保存路径和文件名。

图 20-8　数据保存

8. 把工作表中的数据输出保存为 ASCII 文件

选中数据表，依次单击 File→Export ASCII…，弹出如图 20-9 所示对话框，修改文件名和保存路径，单击保存即可。如果选中窗口下方的"Show Options Dialog"复选框，则会弹出一个设置文件属性的窗口，可在此进行相应设置后完成数据输出。

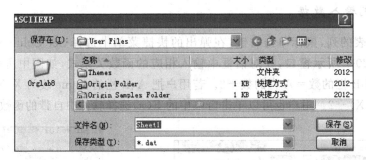

图 20-9　数据输出保存为 ASCII 文件

20.2.4　工作表窗口基本设置

1. 窗口显示设置

用户可以根据需要对工作表窗口的显示进行定制和修改。方法有两种：一是在菜单栏依次单击 Format→Worksheet…按钮，弹出如图 20-10 所示对话框，选择窗口上方的标签，对窗口的标题、尺寸、大小和颜色进行设置，如图中所示为对窗口大小进行设置；二是用鼠标双击工作表的空白部分，同样弹出如图 20-10 所示窗口。

2. 窗口属性设置

窗口属性设置包括命名列标题和列标签,方法是用鼠标双击列标题,弹出如图 20-11 所示窗口,在窗口中对相应部分进行设置。

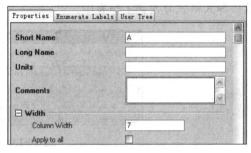

图 20-10　工作表窗口显示设置　　　　图 20-11　列属性设置

3. 工作表快捷菜单设置

工作表的很多操作都是利用快捷菜单来完成的,能够起到事半功倍的效果。在操作时,选中工作表的位置不一样,单击右键弹出的快捷菜单也有所不同,一般情形是选中哪个区域弹出的快捷菜单就是对该区域的相关操作菜单,这需要使用者在实际操作中慢慢体会。

20.2.5　数据导入向导

如图 20-12 窗口所示,"Data Type"有三种数据类型供用户选择,分别是 ASCII 文件、简单二进制文件和用户自定义文件,因此数据导入向导提供了一套针对三种数据文件的导入控制方法。通过数据导入设置可将数据按照一定的格式存入 Origin 中,Origin 在过滤文件(Filter)目录下存放了很多的内置过滤文件,供同类数据导入使用。

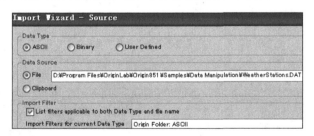

图 20-12　数据导入

1. 选择导入的数据文件

选择导入数据文件的方法:首先新建一个项目文件,依次单击 File→Import...→Import Wizard 按钮,弹出如图 20-12 所示窗口,在此窗口中选择用户欲导入的数据类型和数据来源。

2. 数据导入设置及保存

选完数据文件后,在图 20-12 所示窗口中最下方有 Next 按钮,单击后,出现如图 20-13 所示页面,勾选"保存过滤文件(Save filter)",过滤文件被保存在用户目录下(User File),在"Filter Description"中输入文件名,即可完成导入。此时文件被保存在用户目录下,同时数据按导入格式导入到工作表中。

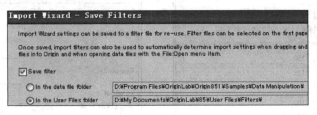

图 20-13 保存过滤文件

第21章 Origin 8.5 绘制二维图

Origin 8.5 提供了 12 种绘图类型,分别是:Line(线型)、Symbol(符号型)、Line+Symbol、Columns/Bars(柱状/条状)、Multi-Curve(多曲线)、3DXYY、3DXYZ、3D Surface(3D 图形)、Statistics(统计图)、Area(面积图)、Contour(等高线图)和 Specialized(特殊图形)。本章主要讲述二维图的绘制技巧,对于三维图和特殊图形的绘制方法将在下一章节进行讲解。

21.1 简单二维图绘制

在开启 Origin 8.5 界面的下方,为绘图工具栏,如图 21-1 所示。单击绘图工具栏的图标会出现各种图形示例供选择,其中前四个图标与二维图制作相关。下面将结合具体例子详细讲解二维图绘制的方法。

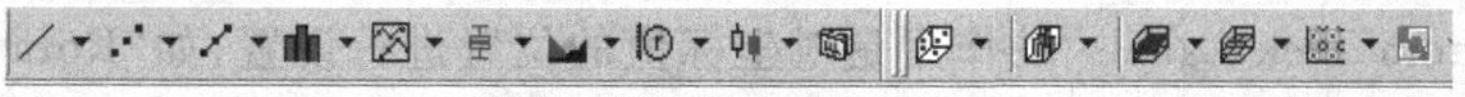

图 21-1 绘图工具栏

1. 建立数据文件

依次单击 File→New 新建一个项目,打开工作簿窗口,在工作表中输入绘图所用的数据或导入数据,用快捷菜单命令插入行号,然后高亮度选择 B 栏,单击右键弹出快捷菜单,选择"Set Column Values…",打开如图 21-2 所示对话框,此例用公式 cos(X) 给 B 栏输入数据,单击图 21-2 上的标记处可出现 "Col(A)"、"Col(B)"供用户选择,这里的项是根据用户工作表中有多少列来显示的,其中 cos(Col(A)) 和 Col(A) 都是数值表示形式。根据前面的讲解,在这一步用户可以设置工作表的相关属性。

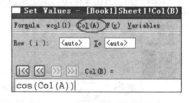

图 21-2 用公式给 B 列插入数据

2. 选择绘图工具

添加完数据后工作表界面如图 21-3 所示,高亮度选择所用数据,然后单击绘图工具栏的第一个图标即线形图,制作出的线形图如图 21-4 所示。

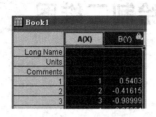
图 21-3　高亮度选择工作表中的数据

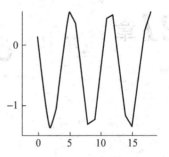
图 21-4　绘制的线图

3. 设置坐标轴

如果要对 Y 轴进行设置,则双击线图上的 Y 轴就会弹出如图 21-5 所示界面。

(1)"Scale"表示域值,窗口标记区域为域值设置的范围,"Increment"表示坐标轴的间隔值;

(2)"Title & Format"的作用是对坐标轴的刻度进行隐藏或显示;

(3)"Grid Lines"的作用是对图形进行栅格划分;

(4)"Break"可以对坐标值进行"割断",设置"Break"起始范围后,该起始范围外的图形就会"消失",在坐标轴某个范围并无实际图形时,为了美观和图形紧凑,可以使用"Break"功能;

(5)"Tick Labels"的作用是显示或隐藏坐标值,"Minor Tick Labels"是与"Tick Labels"相关联的,如果选择了"Enable Minor Label",将显示每个坐标值。如在"Other Options"那一栏选择"Plus Sings",坐标值前会出现"+"或"-";

(6)"Custom Tick Labels"的作用是对坐标值的位置进行设置,如"Rotation"可以将坐标值进行一定角度的显示,"Offset in % Point Size"处填入数字可以将坐标值进行垂直(Vertical)或水平(Horizontal)移动。

如要设置 X 轴,则双击 X 轴进行相应的设置,方法同上。若要移动坐标轴,直接选中按住鼠标移动即可。

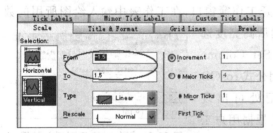
图 21-5　坐标轴设置窗口

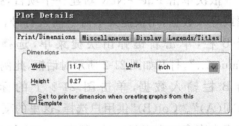
图 21-6　Plot Details 窗口设置 Graph

4. 设置图形

双击图形,对其进行设置,分别打开"Graph"、"Layer"、"[Book1]Sheet…"显示如图 21-6、图 21-7 和图 21-8 所示的三个设置窗口。图 21-6 是设置绘图窗口的,有 Print/Dimensions、Miscellaneous、Display 和 Legends/Titles 四个标签。其中第一个标签设置图像显示的高度(Height)和宽度(Width),与打印有关的设置也在该界面;第二个标签是对页面(Page)和各层显示等进行设置；第三个标签是对背景颜色（Color）进行设置；最后一个标签是对图例和标题进行设置。

图 21-7 Plot Details 窗口设置图层（Layer）

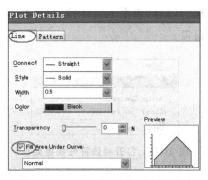

图 21-8 Plot Details 窗口设置图形

图 21-7 是对图层的设置窗口，在窗口最上同样包含四个标签。第一个标签是背景的设置，包括图层的背景（指坐标轴内部图形的背景）、颜色和图形边框的设置（Border Style）；第二个标签是对图层的位置进行设置，包括 Width（宽）、Height（高）、Left（距左边）和 Top（距顶部）的距离，以及单位（Units）和每层的曲线数等；第三个标签是对显示的设置，如"Show Elements"栏是对坐标轴相关的显示设置；最后一个标签是对"堆栈"的设置，一般设置为默认即可。

图 21-8 是对图形的设置，有"Line"和"Pattern"两个标签。第一个标签主要是对曲线进行设置，如图所示，Connect 为连接形式，Style 为线条风格，Width 为线条宽度，Color 为线条颜色，还有透明度（Transparency）的设置。如勾选"Fill Area Under Curve"（填充曲线下区域）后就会出现第二个标签的下拉框，一般默认为"Normal"，用户可以选择需要的形式，而"Pattern"标签是对该填充图形显示格式的相关设置。

5. 添加文字说明、特殊符号和日期

单击左侧工具栏中的 T，然后在图形中单击要添加文字的地方进入文字编辑状态，此时可输入要添加的文字说明，如输入"曲线和函数的关系"。如果要移动或改变文字的大小，则激活该文字，如图 21-9 所示，用鼠标按住整体进行文字移动，或者用鼠标拖动改变文字的大小。单击窗口上工具栏偏右的 ⊙ 图标，即可在图中添加当前日期。

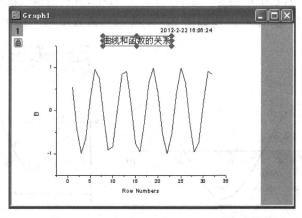

图 21-9 添加文字说明和日期

添加特殊符号时,与添加文字说明一样,进入文字编辑状态,然后单击右键,弹出如图 21-10 所示快捷菜单,选择"Symbol Map",打开图 21-11 所示窗口,在此窗口中选择用户要添加的符号,单击 Insert 按钮即可,若要添加多个,重复以上动作,添加完毕后单击 Close 关闭窗口。

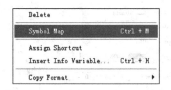

图 21-10　打开特殊符号快捷菜单

图 21-11　特殊符号显示窗口

21.2　函　数　绘　图

Origin 8.5 提供了函数绘图功能,使用的函数可以是软件本身内置的函数关系式,还可以是用户利用 Origin C 编程的函数。在绘图时,有两个窗口可以使用,一是图形窗口;二是函数窗口,这两个窗口均可以实现该功能。

1. 在图形窗口中绘图

首先利用菜单依次单击 File→New 建立新项目,然后单击 Graph→Add Function Graph 按钮,弹出如图 21-12 所示对话框,单击 Add 按钮添加软件内置的函数,或者在函数框中自定义编辑函数,如图所示,输入"cos(x)",然后单击 OK 按钮即可出现函数图形,通过调整坐标轴的范围和间隔值可出现如图 21-13 所示函数图形。在图 21-12 所示窗口中还有 "Line"标签,在该标签下可设置图形的颜色。

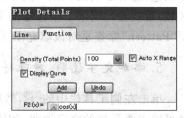

图 21-12　输入函数关系式

2. 在函数窗口中绘图

在窗口上方的工具栏中单击 按钮,打开如图 21-12 所示的函数添加对话框,添加方法同上,然后单击 OK 按钮,即可出现如图 21-14 所示的函数图形。在函数图形的右上方有

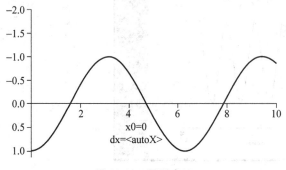

图 21-13　图形窗口

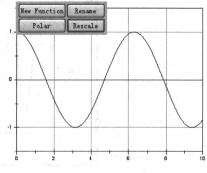

图 21-14　函数图形窗口

四个按钮,其中"New Function"用来绘制新的函数图,"Rename"用来重新给图形命名,"Polar"用来绘制极坐标,"Rescale"用来调节图形。

21.3 利用 Origin 内置二维图形绘图

Origin 提供了丰富的二维绘图模板,储存在绘图工具栏的 里面,该图标为"Template Library"即模板库。其内几乎包含了所有的绘图类型,在使用时极为便捷。现详细介绍利用模板库绘图的技巧和步骤。

（1）新建工作表,在 A 列中插入序列号,然后利用公式 Col(B)＝[Col(A)]^2＋2,在 B 栏中输入数据,如图 21-15 所示。

（2）单击窗口下方的模板库图标,弹出如图 21-16 所示界面,该窗口左侧即为绘图模板,打开相应节点,从中选择所需的模板类型。图中所示即为打开"Line"下的线性图作为模板。

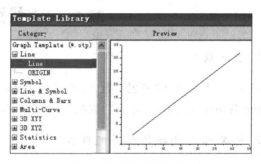

图 21-15　输入数据　　　　图 21-16　选择绘图类型

（3）单击图 21-16 窗口中的 Plot 按钮,弹出如图 21-17 所示界面,把 A 列数据作为 X 轴,B 列数据作为 Y 轴,单击 Add 按钮,然后单击 OK 弹出线图。可以通过对坐标轴进行相应设置美化图形。

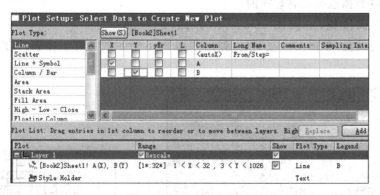

图 21-17　Plot Setup 窗口

第22章 Origin 8.5 绘制 3D 图

3D 图形包括 3D surface、Wire frame/Wire surface、3D bar plot 和 2D contour。在 Origin 中，大部分 3D 图形绘制的数据需来自矩阵工作簿（Matrix），尤其是在绘制 3D surface 和 3D 等高图时，数据必须来自矩阵工作簿。因此，Origin 提供了将工作表数据转换为矩阵工作簿的方法。

22.1 3D 线图绘制

1. 导入数据

按照导入数据的方法，导入文件（Sample/Matrix Conversion and Gridding/XYZ Random Gaussian.dat）。导入后数据如图 22-1 所示。

2. 把工作表数据转换为矩阵簿

高亮度选择该工作簿或所有数据，依次单击菜单栏 Worksheet→Convert to Matrix→XYZ Gridding→Open Dialog...按钮，打开如图 22-2 所示界面，按照界面进行设置，然后单击右下方的蓝色箭头按钮，弹出图 22-3 所示界面，界面显示的数据点是没有规律的。

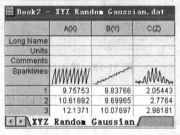

图 22-1 导入数据

再次单击该按钮，返回图 22-2 所示界面，进行如图 22-4 所示的设置，单击 OK 按钮后，弹出如图 22-5 所示的矩阵工作表，即成功完成数据转换。

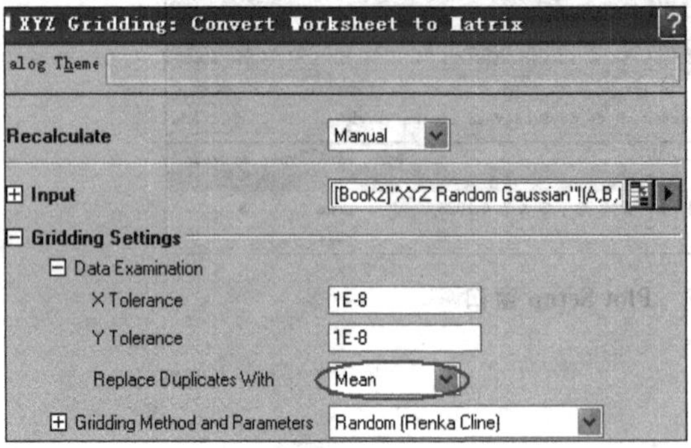

图 22-2 XYZ Gridding 对话框

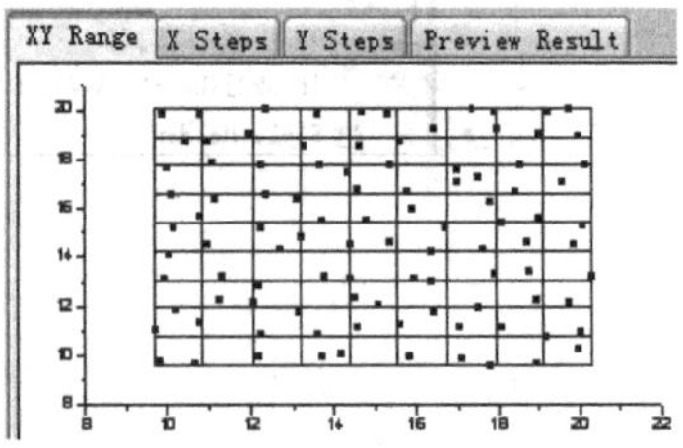

图 22-3 数据点分布图

Origin 8.5 绘制 3D 图

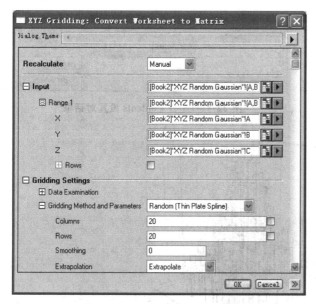

图 22-4 XYZ Gridding 设置对话框

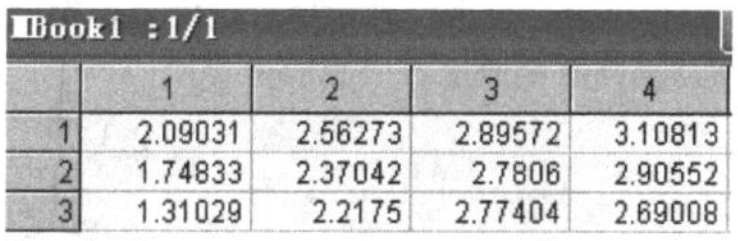

图 22-5 矩阵工作表窗口

3. 制作图形

在矩阵工作表窗口,依次单击菜单栏 Plot→3D Wire/Bar/Symbol→Wire Frame,绘制出如图 22-6 所示图形。

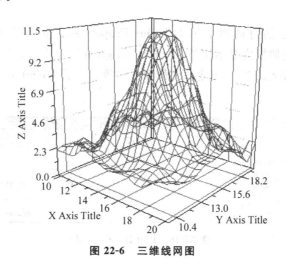

图 22-6 三维线网图

4. 数据显示设置

为了在图中显示出原始数据点,需要用到层目录(Layer Contents)。如图 22-7 所示,右键单击图左上方的层标签,选择"Layer Contents…",弹出如图 22-8 所示窗口,在此窗口中把"book 2_c"加入到右边框里,也就是"Layer Contents"中,再单击 OK 按钮,出现如图 22-9 所示图形。

图 22-7 打开 Layer Contents 窗口　　　图 22-8 Layer Contents 设置对话框

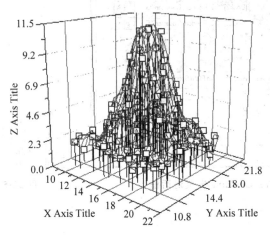

图 22-9　3D 图形

5. 形状设置

在如图 22-8 所示的对话框中单击 Layer Properties… 按钮或双击图形就会打开如图 22-10 所示窗口，左侧框内显示层节点，选中"Original"复选框，则右边框内上方出现五个标签，其中"Line"是设置线条的，包括长、宽和颜色等。打开"Symbol"标签按照图 22-11 所示进行设置。

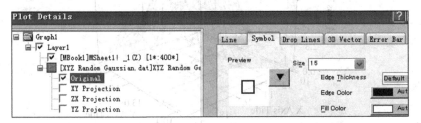

图 22-10　Plot Details 窗口

图 22-11　设置符号大小和颜色

在"Drop Lines"标签下的项目,按照图 22-12 界面进行设置。"3D Vector"是对三维向量的有关设置;"Error Bar"的作用就是给图形添加误差棒。然后单击 Apply 按钮,再单击 OK 按钮后出现图 22-13 所示的图形。该步骤根据用户自己爱好和需要来进行设置。

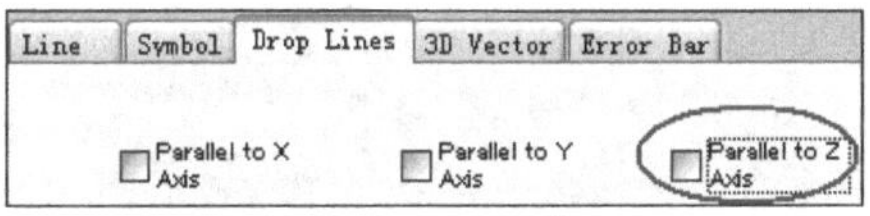

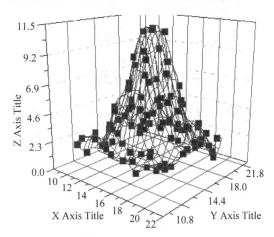

图 22-12 Drop Lines 设置

图 22-13 设置后图形显示

22.2 3D 饼图绘制

1. 导入数据

选择数据文件(Samples/Graphing/3D Pie Chart.dat.),导入成功后显示如图 22-14 所示界面。

2. 制作图形

高亮度选择 B 列,依次单击菜单栏 Plot→Column/Bar/Pie→3D Color Pie Chart 按钮,在弹出的窗口上单击 OK 按钮,出现如图 22-15 所示的 3D 饼图。

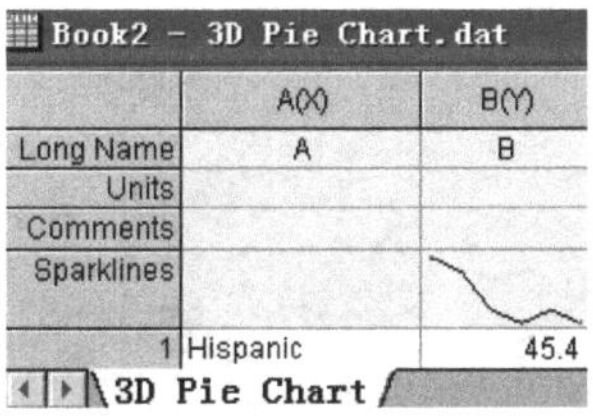

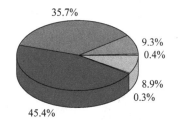

图 22-14 导入数据

图 22-15 制作 3D 饼图

3. 图形设置

依次单击 Format→Layer 按钮或双击图片,弹出如图 22-16 所示对话框,对话框右侧的四个标签是针对图形的不同部分进行相关设置,设置方法与二维图形的设置方式一样,按照图 22-16 所示的设置进行设置后单击 OK 按钮,出现如图 22-17 所示图形。

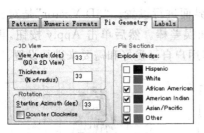
图 22-16　图形设置框

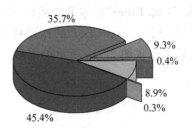
图 22-17　设置后显示图形

其他类型的 3D 图的绘制方法与上述两种类型相似,在此不再赘述。

第23章 多层图形的绘制

多层图形就是一个绘图窗口中有多个图层(最多50个),每个图层的图轴决定了该图层中数据的显示格式。多层图形可以实现在一个绘图窗口中是否用坐标轴刻度进行绘图。根据绘图的需要,每个图层之间既可以相互独立,也可以相互联系,这样就可以在一个绘图窗口中创建多个曲线或图形,做出满足各种需要的复杂的科技图形。本章以一个例子来讲解多层图形的绘制过程。

多层图形绘制的基本过程如下(限于版面要求,本章截取图形时未能截取全屏,仅截取了重要部分,读者在学习时要注意):

(1) 打开"Sample"项目,找到"Graphing"文件夹,打开文件夹中的"Multiple Layers with Linked Axis"数据文件,数据表如图23-1所示。

	Data(X)	Value1(Y)	Value2(Y)	Value3(Y)	Value4(Y)
Long Name					
Units					
Comments					
1	1-27-1994	409.93	409.93	409.93	409.93
2	1-28-1994	412.52	412.52	412.52	412.52
3	1-31-1994	413.99	413.99	413.99	413.99

图23-1 数据表

(2) 高亮选择"Value 1"一栏,依次单击菜单栏的 Plot→Line+Symbol 命令,绘制出如图23-2所示图形。

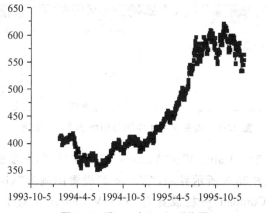

图23-2 "Line+Symbol"作图

(3) 激活绘图窗口,即保持绘图窗口为当前页面。激活后的图例周围被绿点包绕,然后单击右键,在弹出的快捷菜单中选择"Properties",打开如图23-3所示对话框,按照图中所示进行设置，其中"\b(Vertical)"是设置的图形名称，括号里面为图例名称，这是输入图例名称的格式。单击 OK 按钮。

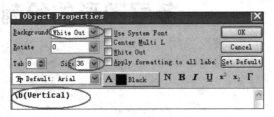

图 23-3　设置图例背景、大小和名称

（4）双击图形打开"Plot Details"对话框，如图 23-4 所示，选择图层 1，在"Background"标签下进行如图 23-4 所示设置；然后展开"Layer 1"，按照图 23-5 所示进行设置；打开"Line"标签，按照如图 23-6 所示进行设置。设置界面下方均有 Apply 按钮，单击 Apply 后再单击 OK 按钮即可。

图 23-4　设置图层 1 的背景颜色

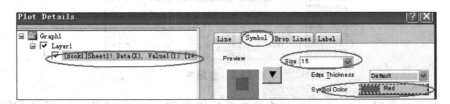

图 23-5　设置图层 1 中符号的大小和颜色

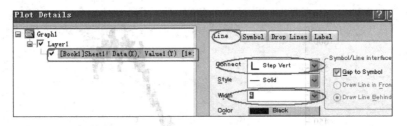

图 23-6　设置图层 1 中图形的线条大小和颜色

（5）分别对"Value 2"、"Value 3"和"Value 4"进行步骤(2)～步骤(4)的操作，与"Value 1"不同的设置如下：在图 23-3 所示界面，"Value 2"设置图例为"\b(Vertical Center)"，在图 23-6 所示窗口中的"Connect"一栏设置为"Step V Center"；对于"Value 3"设置图例为"\b(Horizontal)"，在如图 23-6 所示窗口中的"Connect"一栏设置为"Step Horz"；对于"Value 4"设置图例为"\b(Horizontal Center)"，在如图 23-6 所示窗口中的"Connect"一栏设置为"Step H Center"。

（6）激活 Graph 1 窗口，依次单击 Graph→Merge Graph Windows 命令，在打开的对话框中按照如图 23-7 所示进行设置，单击 OK 按钮，出现如图 23-8 所示的四图合并窗口。

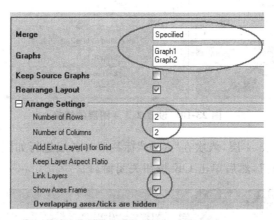

图 23-7　合并图形窗口设置

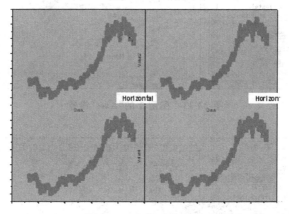

图 23-8　合并后的图形

（7）将图 23-8 作为当前窗口，依次单击 Graph→Layer Management，打开图 23-9 所示窗口，双击各层标题，重新命名如图中左上角所示，如各层不是按照如图中所示 1、2、3、4 的顺序，可以用鼠标上下拖曳调整顺序。（为了页面排版清晰，图 23-9 在截图时做了一些调整，但不影响整体理解。）

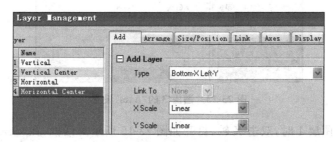

图 23-9　修改图层名称和顺序

（8）如图 23-10 所示，分别选中 2、3、4 层，在"Link"标签下进行如图所示的设置。

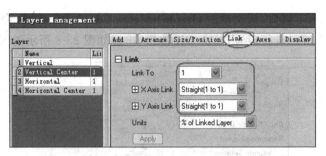

图 23-10　设置 2、3、4 图层的链接

（9）分别选中 1、2、3、4 层，依次在"Axes"标签下对各层进行如图 23-11～图 23-14 所示的设置，单击 Apply 按钮，然后单击 OK 按钮关闭窗口。

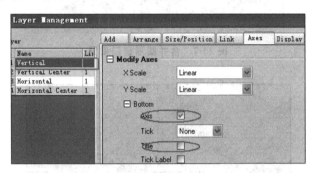

图 23-11　图层 1 的"Axes"设置

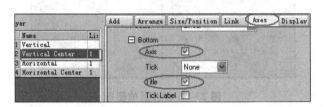

图 23-12　图层 2 的"Axes"设置

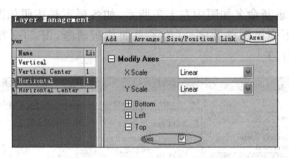

图 23-13　图层 3 的"Axes"设置

（10）在显示图层 1 时，双击 X 轴，打开如图 23-15 所示对话框，在"Scale"标签下按照如图 23-15 所示进行设置。在"Tick Labels"标签下，按照如图 23-16 所示进行设置。在"Custom Tick Labels"标签下按照如图 23-17 所示进行设置。设置完单击 Apply 按钮，再单击 OK 按钮。

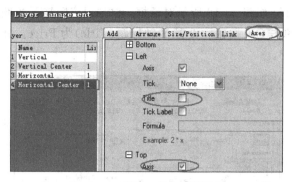

图 23-14 图层 4 的 "Axes" 设置

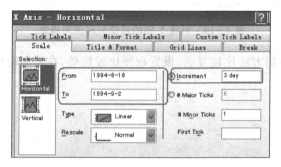

图 23-15 设置 X 轴的域值和刻度间隔值

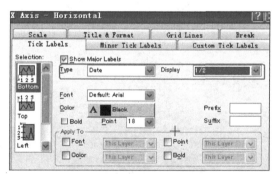

图 23-16 设置 X 轴的标签

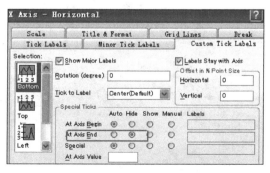

图 23-17 定制 X 轴标签

(11)双击 Y 轴打开如图 23-18 所示对话框,在"Scale"标签下按照如图所示进行设置。单击 Apply 按钮,再单击 OK 按钮。设置 Y 轴标题(Title)为 Price。并将 X 轴和 Y 轴 Title 的尺寸(Size)设置为 36。

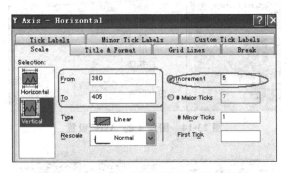

图 23-18　设置 Y 轴的域值和刻度间隔值

总之,多图层的绘制方法比较复杂,设置程序比较烦琐,在绘制时应多次摸索,根据自己需要进行设置。

第24章 函数拟合

在处理实验数据时，经常需要对实验数据进行线性回归和曲线拟合分析，用以描述不同变量之间的关系，找出相应的函数关系或数学模型。Origin 8.5 提供了 200 多种内置函数用于数据拟合分析，其拟合分析功能与 SPSS 或 SAS 等软件水平相当。本章以直线拟合和曲线拟合两种简单的拟合方法来介绍 Origin 函数拟合的功能。

24.1 直线拟合

进行直线拟合分析的具体步骤如下：

（1）新建工作表，根据前面的讲述导入数据文件（\Sample\Curve Fitting\Outlier.dat），导入成功后的数据表如图 24-1 所示。

（2）高亮度选择 B 列数据，依次单击 Plot→Symbol→Scatter 按钮，或直接单击绘图工具栏 图标，绘制如图 24-2 所示图形。

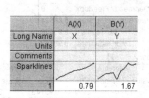

图 24-1 数据表显示界面

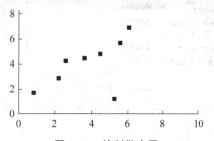

图 24-2 绘制散点图

（3）激活绘图窗口，依次单击 Analysis→Fitting→Linear Fit，打开如图 24-3 所示窗口，按照图中标注进行设置，然后单击 OK 按钮。

（4）打开工作簿中的"FitLinearCurve1"工作表，如图 24-4 所示，从表中的第 6 行 "Standardized Residual"栏可以看出标准化残差值为 -2.54889。

（5）此时在图形上多了一条直线和一个表格，如图 24-5 所示，直线为初始拟合曲线，表格显示的是曲线拟合的公式和其他一些参数。

（6）在绘图窗口的左侧工具栏，按照图 24-6 所示进行选择，然后光标变成类似猫头的标志，用来屏蔽区域中那些偏离比较大的点，如图 24-7 所示最下面靠近 X 轴的点。此点被屏蔽后，曲线重新拟合，图 24-7 的表中标记的部分，就是曲线重新拟合后的参数。拟合完成后，得到如图 24-8 所示的拟合分析报表和拟合数据工作表，此时完成了直线拟合的全部过程。

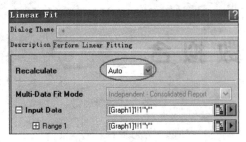

图 24-3　直线拟合设置　　　　图 24-4　拟合标准化残差值

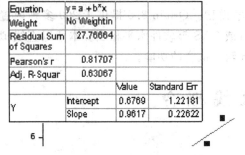

图 24-5　拟合后的直线和相关参数

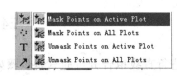

图 24-6　工具栏进行选择

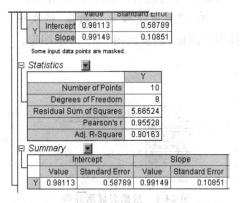

图 24-7　屏蔽偏离较大点后的拟合直线和相关参数　　图 24-8　拟合分析报表和拟合数据工作表

24.2　曲线拟合

进行曲线拟合分析的具体步骤如下：

（1）新建工作簿，依次单击 File→Import→Single ASCII 或单击工具栏中的导入图标，找到数据文件：\Sample\Curve Fitting\Enzyme.dat，同时选中窗口下方的"Show Options Dialog"复选框，单击"打开"按钮，弹出如图 24-9 所示对话框，按照图中标记进行设置。然后单击"OK"按钮，数据导入成功后，显示如图 24-10 所示界面。

（2）高亮度选择 B 列和 C 列数据（因为 B、C 作为 Y 轴，共用 A 列数据为 X 轴，所以不用选择 A 列数据），单击绘图工具栏中的 按钮，出现如图 24-11 所示图形。

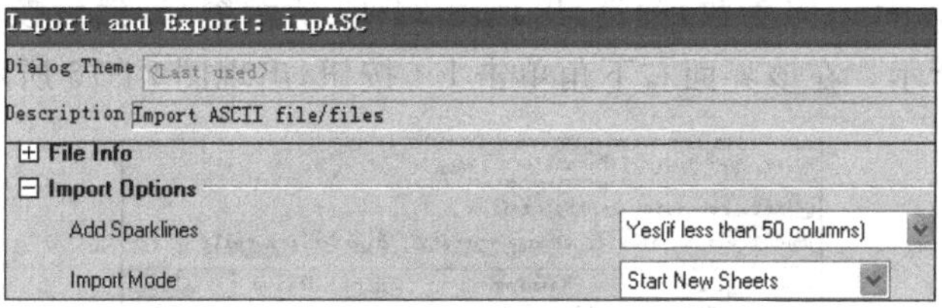

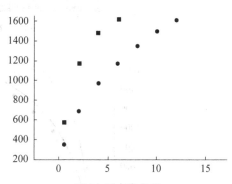

图 24-9　Import and Export：impASC 设置窗口

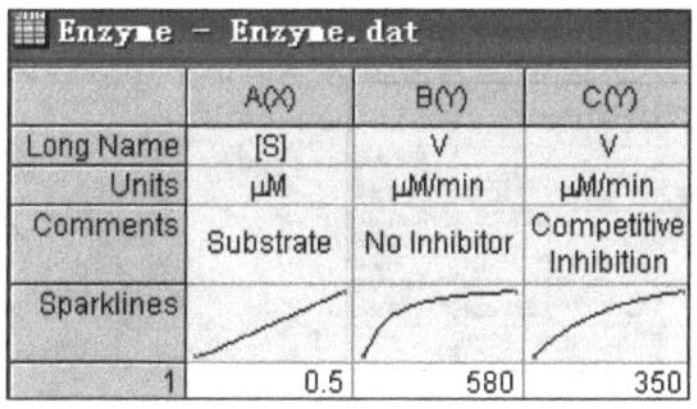

图 24-10　数据导入成功后显示界面　　图 24-11　点状图

（3）激活绘图窗口，依次单击 Analysis → Fitting → Nonlinear Cover Fit，打开如图 24-12 所示窗口，在"Settings"标签下选择"Function Selection"，按照图中标注进行设置。然后在"Settings"标签下选择"Data Selection"出现如图 24-13 所示的数据选择窗口，进行如图 24-13 和图 24-14 所示的设置。

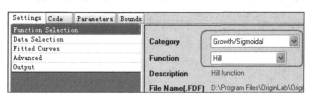

图 24-12　函数选择窗口

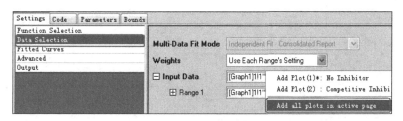

图 24-13　数据选择窗口 1

图 24-14　数据选择窗口 2

（4）选择"Parameters"（参数）标签，出现图24-15所示窗口，然后按照需要进行参数设置，如图中标记处所示。在该界面右下角单击Fit按钮，出现图24-16所示的图形。

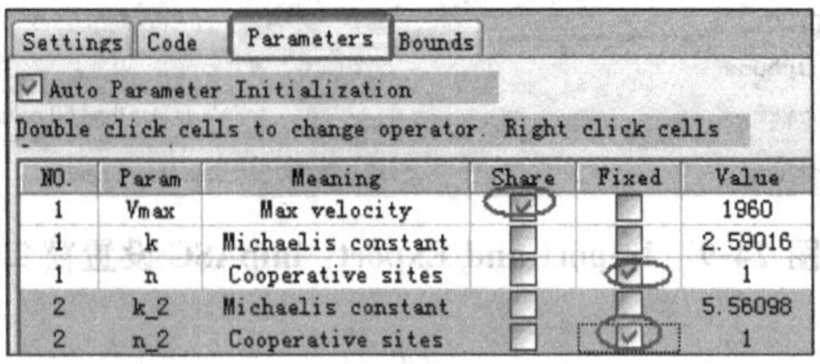

图 24-15　参数设置窗口

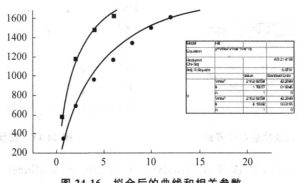

图 24-16　拟合后的曲线和相关参数

在图24-16中，图形上方出现一个表格，该表格是函数拟合成功后生成的拟合函数报表，里面显示的是拟合函数的参数和指标，可由此看出拟合函数的整体效果。

Adobe Illustrator CS 5

第六部分

第25章 Adobe Illustrator 简介

Adobe Illustrator(缩写为 AI)是 Adobe 公司发行的标准矢量图制作软件,该软件具备专业矢量图制作所需的所有功能,能够方便图稿设计者、专业制图人员、编辑多媒体图像的工作者和网页在线内容的制作者使用。

在 Adobe 公司发行 Adobe Creative Suite 套装后,该软件被纳入其中,随后改称 CS 版本,目前发行的最新版本为 AI CS 5。它的最大特征是使用者在绘制矢量图时能够应用贝赛尔曲线,该曲线是通过软件中的"钢笔工具"设定"锚点"和"方向线"实现的。虽然最初使用的时候会有些生疏,但掌握之后使用者会发现在绘制各种直观可靠的线条和图案时非常容易。科研论文在展示结果时,图是非常重要的表达手段和载体,因此本章将以 AI CS 5.1 的核心功能为主,详细讲解该软件的基本使用方法以及该版本新增的一些功能,使科研人员可以轻松方便地运用该软件进行论文图形的制作。

25.1 AI CS 5 的安装与界面介绍

25.1.1 安装 AI CS 5 软件的系统要求

1. Mac OS X 10.4.11-10.5.4 版

(1) 512 MB 内存(推荐 1 GB 内存)。
(2) 2 GB 可用硬盘空间用于安装,安装过程中需要额外的可用空间(无法安装在使用区分大小写的文件系统的卷或基于闪存的设备上)。
(3) 屏幕分辨率:1024 像素×768 像素(推荐 1270 像素×800 像素)。
(4) DVD-ROM 驱动器。
(5) 多媒体功能需要 QuickTime 7 软件。
(6) 在线服务需要宽带 Internet 连接。

2. Windows 操作系统

(1) Microsoft Windows XP(Service Pack 2,Service Pack 3)、Windows Vista(Home Basic & Premium,Business,Ultimate)或 Windows 7(Home Basic & Premium,Professional,Enterprise,Ultimate)。
(2) 512 MB 内存(推荐 1 GB 内存)。
(3) 2 GB 可用硬盘空间用于安装,安装过程中需要额外的可用空间(无法安装在基于闪存的设备上)。

(4) 屏幕分辨率：1024 像素×768 像素（推荐 1270 像素×800 像素）。
(5) DVD-ROM 驱动器。
(6) 在线服务需要宽带 Internet 连接。

25.1.2　界面介绍

1. 欢迎界面介绍

在安装时，使用者需要从 Adobe 公司官方网站下载电子版安装软件或购买正版实体光盘，根据向导提示进行操作，完成安装。随着计算机的普及，目前使用者多在 Windows 系统下运行该软件，因此本部分按照 Windows 系统下的使用方法进行讲述。

安装完成后，双击桌面图标，打开应用程序，AI CS 5 欢迎界面如图 25-1 所示。

图 25-1　AI CS 5 欢迎界面

在该界面上，主要有三个操作框，在"打开最近使用的项目"下，可以"打开"链接并查看近几天用户打开的文件列表；在"新建"一栏，可以从模板创建文档、打印文档或移动设备文档等；在界面左下角，有快速入门、新增功能和资源等的链接入口。用户打开 AI 后若没有出现该界面，可以依次单击菜单栏上的"帮助"→"欢迎屏幕"按钮打开。用户还可以勾选左下角"不再显示"选项，在以后打开 AI 时不再显示该界面。

2. 工作区界面介绍

关闭欢迎界面后，进入 AI 软件的工作界面，初次打开 AI 时，用户的工作区是默认的，可根据需要对其进行定制。当用户编辑文档或文件时，可以使用界面中的任何元素，如工具箱、面板等，界面中的所有元素称作工作区，如图 25-2 所示。

(1) 控制面板：显示当前选定的工具选项。
(2) 面板：用于修改图稿的外观、样式等。仅有部分面板处于默认显示状态，用户可以在"窗口"中自定义选择需要的面板。

（3）工具箱：包含在 AI 中创建、选择和处理对象时需要使用的工具，相关的工具放在一组中，可以通过鼠标单击各个工具图标右下角的小三角显示工具的名称。如图 25-3 所示，鼠标单击 T 右下角的小三角后显示所有的文字工具。

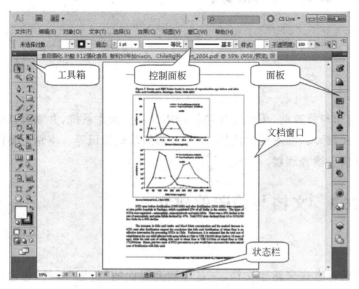

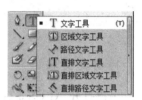

图 25-2　工作区页面　　　　　　　　　　图 25-3　文字工具

（4）文档窗口：显示当前处理的文件。
（5）状态栏：显示各种信息和导航控件。

25.2　AI CS 5 的首选项设置

AI 软件的首选项方便用户设定各种参数，在启动 AI 时，软件会自动加载用户设定的各项参数，满足用户的需求。可以通过单击菜单栏上的"编辑"→"首选项"按钮，该项有 12 个命令，单击其中任何一个即可打开"首选项"对话框，如图 25-4 所示。用户可在对话框中单击左上方的下拉菜单，选择不同命令进行设置。

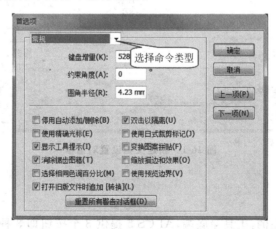

图 25-4　首选项的设置

第26章 AI CS 5 基本知识

在使用该软件进行绘图制作与修改前,用户需要熟练使用计算机操作系统,并掌握该软件的基本用法,如界面浏览方式,标尺、参考线的使用方法,色彩的基础知识等。本章主要围绕这些基本用法进行讲述,以便于读者理解。

26.1 文档与绘图的建立

1. 新建文档

用户打开 AI CS 5 后,有两种方式来新建文档,一是在欢迎界面的"新建"一栏,通过单击"从模板创建文档"或"新建打印文档"的链接进行新建。二是在工作界面,依次单击菜单上的"文件"→"新建"按钮,打开"新建文档"对话框,如图 26-1 所示。用户可在此设定多个选项,如"名称"为该文档命名,"大小"可设置文件的尺寸等。

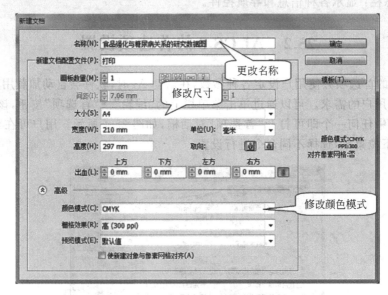

图 26-1 新建文档设置对话框

2. 绘图方式

在工作区界面的左侧,工具箱底端,AI CS 5 提供 3 个按钮即 3 种绘图模式:正常绘图( )、背面绘图( )、内部绘图( ),如图 26-2 所示。

3. 创建画板

画板是指包含可打印图稿的区域，可将画板作为裁剪区域以满足打印或置入的需要。在 AI CS 5 版本中，每个文档最多可设置 100 个画板，用户可在最初创建文档时指定文档的画板数，也可以在现有文档中根据需要随时添加或删除画板。

（1）以现有文档中添加画板为例，如图 26-3 所示。

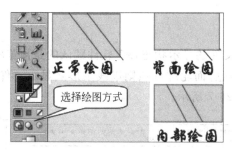

图 26-2　绘图模式

图 26-3　创建新画板

单击工具箱画板（▇）按钮，新添加的画板高亮显示，其余部分呈灰色时，表明用户可以手动自行添加画板并改变画板大小。按住 Alt 键并单击鼠标拖曳已有画板，可进行画板复制。

（2）删除画板。选定目标画板，按 Delete 键删除。

（3）画板设置与调整。

双击画板（▇）按钮，打开"画板选项"对话框，如图 26-4 所示，用户可以更改相应设置创建新画板，如设置画板名称和大小等。

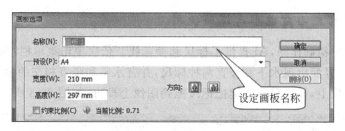

图 26-4　"画板选项"对话框

当文档界面拥有两个以上的画板时，可单击界面左下角"画板导航"下拉列表，或旁边的箭头进行画板切换。单击菜单栏的"视图"→"画板适合窗口大小"按钮，可使当前活动的画板适合屏幕大小，如图 26-5 所示。

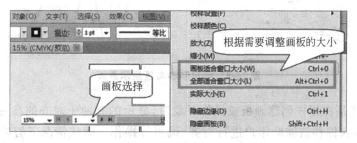

图 26-5　多画板的切换与大小调整

4. 导航器的使用

当用户需要对画板的内容进行放大或缩小处理时，"导航器"面板发挥很大的作用。依次单击菜单栏的"窗口"→"导航器"按钮，打开导航器界面，如图 26-6 所示，在界面的左下角，可以直接输入缩放数值对画板内容进行调整。在右下角有"缩小"和"放大"按钮，用户亦可以拖动两按钮之间的三角滑块进行缩放。

5. 文件的显示方式

"视图"菜单中的"轮廓"和"预览"选项决定了文件的显示状态，AI 软件默认的是预览状态，该状态包含填充颜色、描边颜色、置入文件等信息，而轮廓选项则以线条形式显示文件，在这种方式下处理图像直观明了、操作简便，如图 26-7 所示。

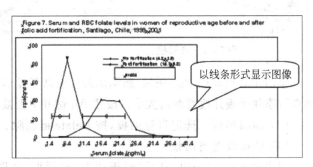

图 26-6　导航器窗口　　　　　图 26-7　轮廓视图

6. 标尺、参考线与智能参考线的使用

为了方便用户精确作图，AI 提供了标尺和参考线。依次单击菜单栏"视图"→"标尺"→"显示标尺"按钮，界面出现水平和竖直两种标尺，并有水平和竖直相交的参考线。将鼠标放在水平或竖直标尺上，按住鼠标左键把标尺拖到图像上即可，如图 26-8 所示。

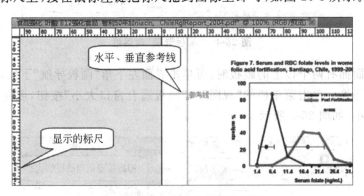

图 26-8　标尺和参考线显示界面

智能参考线是在用户创建画板或操作对象时，显示的有助于对齐的参考线。通过显示对齐、X、Y 位置和偏移值辅助用户进行对齐、编辑等操作。默认情况下智能参考线是显示的，如图 26-9 所示。若用户不想使用智能参考线，则单击菜单栏"视图"→"智能参考线"按

钮,将该功能关闭。

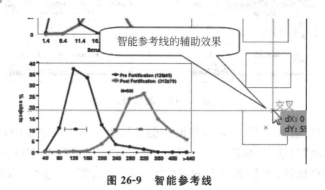

图 26-9　智能参考线

26.2　颜色和色板

AI CS 5 版本提供 5 种颜色模型,包括 RGB(红、绿、蓝)、HSB(色相、饱和度、亮度)、CMYK(青、品红、黄、黑)、灰度和 Web 安全 RGB。

　　RGB 颜色模型利用的是加色原理,红、绿、蓝的程度分别用 0～255 的整数来表示,最强的红、绿、蓝叠加得到白色,同理,最弱的(即红、绿、蓝都为 0)叠加得到黑色。在 HSB 颜色模型中用色相、饱和度以及亮度来描述颜色。其中色相是指物体反射或者发出的颜色,用 0°～360°来表示;饱和度是用百分数来表示颜色的纯度;亮度指颜色的相对明暗度,通常也用百分数表示。CMYK 颜色模型利用的是减色原理,物体最终呈现出的颜色取决于白光照射物体反射回来的部分。

1. 颜色模型选择与颜色校正

单击工作区界面右侧面板的第一个"颜色"按钮,打开颜色对话框,在该对话框右侧,单击黑色三角按钮打开下拉菜单,用户可根据需要选择合适的颜色模型,如图 26-10 所示。

图 26-10　颜色模型选择

当用户在使用 HSB 或 RGB 颜色模型时,在调色板中偶尔会出现叹号三角形的警告,表明这种颜色在可印刷 CMYK 之外,该现象称为溢色,三角形旁边的颜色为最接近的 CMYK 相当色,单击该颜色来代替溢色,如图 26-11 所示。

2. 色板的使用

在 AI 提供的"色板"界面上,用户可选择软件面板提供的颜色,也可以打开"色板选项"

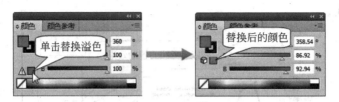

图 26-11 溢色替换

自定义创建颜色,"色板选项"位于色板界面右侧的黑色三角下拉菜单中,如图 26-12 所示。

打开"色板选项"对话框,如图 26-13 所示,可对色板进行命名,在颜色类型框内有"印刷色"和"专色"供用户选择,颜色类型下方有"全局色"复选框,勾选后,当用户修改完某颜色时,所有使用该颜色的物体将自动改变。勾选"预览"复选框可立即观察调色效果。

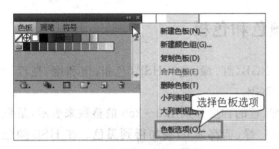

图 26-12 打开色板选项　　　　图 26-13 "色板选项"对话框

用户还可以在 AI 色板库中选择需要的颜色。依次单击菜单栏"窗口"→"色板库"按钮,显示所有的色板库文件夹,如图 26-14 所示。由于篇幅所限,更多关于颜色方面的内容,在此不再赘述,用户可单击菜单栏"帮助"→"Illustrator 帮助"→"Adobe Illustrator CS 5 网站"→"颜色"按钮获取。

图 26-14 AI 色板库

第27章 文字处理

在设计图像时,文字扮演十分重要的角色。设计者可以在图稿中添加文字表达意思,也可以创建文本列和行,还可以在图像中沿路径排列文本并将字形设计为图像。在使用 AI 软件设计图稿中文本的外观时,使用者可以利用不同的文字工具选择不同的字体,并对行距、字偶间距和段落前后间距等进行设置,以达到满意的效果。

27.1 文字工具简介

AI 软件提供 6 种文字工具,如图 27-1 所示。其中前 3 种文字工具主要用于编写横排文字,后 3 种主要用于编写直排文字。

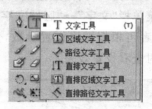

图 27-1 文字工具

27.2 置入与输入、输出文字

1. 导入文本文件

用户根据需要可以将外部软件生成的文字直接导入 AI 软件中。首先在画板上拖曳一个区域文字框,然后单击菜单栏的"文件"→"置入"按钮,系统出现文本导入对话框,设置合适的字符集,如图 27-2 所示,即可完成文字导入。也可以从其他软件中直接复制、粘贴到 AI 软件中,但在复制、粘贴时,原有的文本格式可能丢失,而导入则可以避免这种情况。

在 AI 中可以导入以下格式的文本:

(1) Microsoft Office 软件(如 Word 97、98、2000、2003、2007 和 2010);

(2) 富文本格式(如 RTF 格式);

(3) ANSI、Unicode、Shift JIS、GB2312、GB18029 等文本格式。

如果用户导入的文本过长,在区域文字框的右下角处会显示符号 ⊞,表明文字对象未能容纳全部文本,在后续的讲述中,将为读者解决这一问题。

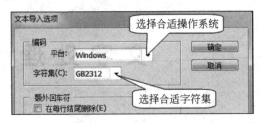

图 27-2　文本导入选项

2. 直接输入文字

1) 文字对象

AI 软件中的文字对象分为点文字、区域文字和路径文字三类。

（1）点文字。在使用图 27-1 中所示的文字工具或直排文字工具在页面上单击时，出现文字光标，从而可创建点文字。点文字随用户的不断输入而延伸，在用户不按回车键之前，不会自动换行，因此可用于在图稿中添加标题。

（2）区域文字。区域文字利用区域边界来控制字符的排列。当输入的文字到达边界时会自动换行，限定文字在指定的区域内，可用于在图稿中创建段落。用户只需选择文字工具中的区域文字工具或直排区域文字工具，在页面上拖曳出合适的区域即可完成创建。选中图稿中的区域文字对象后，点击菜单栏"文字"→"区域文字选项"按钮，可打开"区域文字选项"对话框，如图 27-3 所示，使用者可根据需要设置参数，包括区域的宽窄间距、分栏分行等，并可通过勾选"预览"按钮随时查看设置效果。

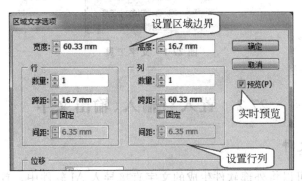

图 27-3　"区域文字选项"对话框

（3）路径文字。路径文字沿闭合或非闭合路径的边缘排列。当水平输入文字时，字符将与基线平行；而垂直输入文字时，字符将与基线垂直。关于路径文字的更多详细信息，读者可参见菜单栏"帮助"下的"创建路径文字"。

2) 点文字与区域文字的区别

如图 27-4 所示，上边为点文字，下边为区域文字，鼠标单击选择工具( )，出现区域文字的界定框，此时多了两个被称作连接点的方框。连接点用于将文本从一个文字区域串接到另一个文字区域。而当选择点文字时，界定

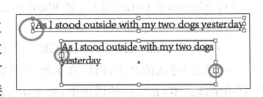

图 27-4　点文字与区域文字的区别

框上无连接点,却在首字符前有一点。

3. 输出文字

鼠标选择"文字工具"按钮,选中欲输出的文字,单击菜单栏"文件"→"导出"按钮,打开文字输出对话框,选择合适的输出格式(如TXT),单击"保存",然后在打开的对话框中选择平台和编码方式即可。若用户选择输出格式为PSD,AI中的文字对象将变为Photoshop的文字图层。

27.3 串接文本

前面提到,当用户选择区域文字输入或导入文本时,由于区域限制,文本溢出,文本框右下方输出连接点变成红色加号(⊞)。为解决该问题,使用选择工具选择文本,再单击选择文字区域的红色加号(⊞),鼠标将变成文本图标,然后单击条形图下方并拖曳出一个矩形框,可见溢出部分的文字显示在新拖曳的文字区域中,并且两文字区域之间有一条连线。出现连线则表明两文字区域是相连的,其中上面文字区域的输出连接点和下面文字区域的输入连接点箭头表明两文字区域已连接,如图27-5所示。

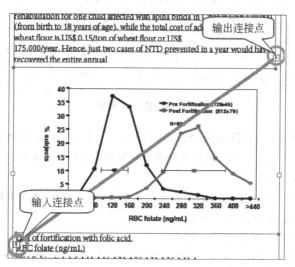

图 27-5 串接文本

27.4 文本格式化

1. 文字格式化

用户可单击文字区域,在控制面板上显示"字符"面板,"字符"面板旁有字体、字号下拉菜单,由于计算机屏幕分辨率的差异,有时可能未出现下拉菜单,此时用户可单击"字符"面板,对文字的格式进行修改,包括字体、字号、字间距等,如图27-6所示。

2. 段落格式化

使用"段落"面板，可以设置段落文字对齐、缩进、基线对齐等。面板右上黑色三角下拉菜单里为段落编排的高级选项。用户只需将光标插入要修改的文字上进行段落格式化，也可以通过选取整个段落进行格式化，如图 27-7 所示。

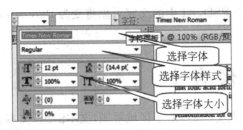

图 27-6　字符面板

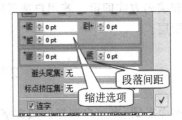

图 27-7　段落面板

3. 查找与替换

运用"文字工具"选择需要查找或替换的语句。鼠标依次单击菜单栏的"编辑"→"查找与替换"按钮，打开"查找与替换"对话框，如图 27-8 所示。

图 27-8　查找与替换

单击"查找"按钮，则系统自动选择被查找的字符，单击"替换"按钮，则被选中的字符被替换，若单击"全部替换"按钮，则文字域中所有相同的字符均被替换。另外还可以勾选复选框中的选项来辅助查找与替换。

（1）"区分大小写"是指查找的单词或字母必须与输入的单词或字母大小写一致；
（2）"全字匹配"是指查找整个单词；
（3）"向后搜索"表示查找之后的搜索内容；
（4）"检查隐藏、锁定图层"是指分别查找隐藏的或锁定的图层中的内容。

用户还可以单击菜单栏"编辑"→"拼写检查"按钮，查找英文的拼写错误。在拼写检查对话框，首先对选中的文字区进行检查，并在对话框中列出了拼写错误的单词和建议单词，如图 27-9 所示。

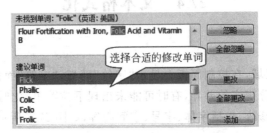

图 27-9　拼写检查

第28章 图表创建

图表是论文结果和各种数据比较直观的展示方式，因此，在统计数据时，一般都需要绘制图表。AI CS 5 拥有丰富的图表类型和强大的图表绘制功能，方便用户使用。

单击软件工具箱的柱状图工具，按住鼠标左键不放并轻微拖曳一下可显示9种图表工具，用户也可单击菜单栏的"对象"→"图表"命令查看这9种图表类型，如图28-1所示。

图 28-1 图表工具

28.1 制作图表

1. 图表设置

制作图表前，首先设定图表的宽度和高度，即大小。

（1）选择工具箱任意一个图表工具，在画板上按住鼠标左键并拖动，拖出的矩形大小即为图表大小。

（2）选择工具箱任意一个图表工具，在画板上需要绘图处单击鼠标左键，弹出图表对话框，可在此输入精确的宽度、高度和数值单位，如图28-2所示。在AI中，单位可以为pt、mm、cm、in。

2. 图表数据的输入

1）数据输入对话框

在设定完图表大小后，画板上就会出现符合要求的图表和图表数据输入对话框，如图28-3所示。

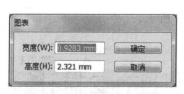

图 28-2 图表大小设置

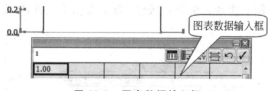

图 28-3 图表数据输入框

图表数据输入框第一行除了数据输入栏外，还有其他按钮，从左至右依次为

（1）▦：导入数据，用于导入其他软件产生的数据；

（2）▧：换位行/列，用于转换横向和纵向数据；

(3) ![]: 切换 X/Y, 用于切换 X 轴和 Y 轴的位置;

(4) ![]: 单元格样式,用于调整数值的小数点位数和数据格大小,双击该按钮,可打开"单元格样式"对话框,在该对话框内可设置"小数位数"和"列宽度",如图 28-4 所示;

(5) ![]: 恢复,用于初始化数据输入对话框;

(6) ![]: 应用,用于生成设定的数据。

2) 数据输入方式

(1) 直接在数据输入对话框的数据输入栏中输入数据。在输入数据后,按下回车键即可使数据进入数据格中,连续输入数据时,数据将在同一栏数据格向下传递。若用户需要在第二栏中输入数据,则单击第二栏,输入数据后按回车键即可,如图 28-5 所示。

图 28-4　单元格样式

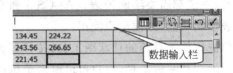

图 28-5　数据输入

(2) 导入其他软件产生的数据,单击 ![] 按钮即可。

(3) 使用复制、粘贴的方式复制其他文件图表的数据。

数据输入完成后,单击 ![] 按钮,可以看到数据输入完成后的图表效果。也可以直接关闭图表输入对话框,在弹出的对话框单击"是",完成图表的制作,图表将自动成组绘制出柱状图,如图 28-6 所示。

在实际应用中,用户可能经常需要对两组或两组以上的数据进行比较,下面举例说明这种图表的制作过程。

例 28-1　从某班随机抽取男、女生各 1 名,查看他们 1～5 月份的口语测试成绩,结果如下:

男:65 78 69 76 78　女:81 72 72 75 76

现通过制作图表来直观地表示该班级男、女生 1～5 月份的口语成绩。

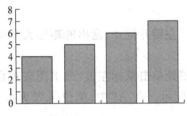

图 28-6　单组柱状图

数据输入:单击工具箱,选择图表工具,在页面上拖动鼠标,拖出大小合适的矩形图表。在弹出的图表数据输入框中,第一行输入性别,第一列输入月份,第一行和第一列交叉格保持空白。输入完成后,如图 28-7 所示。在输入时有一点需要注意,图表不能识别年度,所以输入年度时要加上双引号。

图表生成:单击 ![] 按钮,则生成相关统计图,如图 28-8 所示。

![]

图 28-7　数据输入

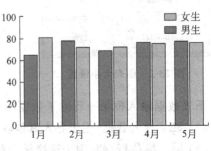

图 28-8　相关统计图

在该图表中,男生、女生的成绩用不同颜色来表示,图表右侧标明了图例。图表横坐标表示月份,纵坐标表示口语成绩。

3. 图表数据的修改

如果用户输入完数据生成图表后发现数据错误,需要修改时,首先使用选择工具选择图表,再单击菜单栏"对象"→"图表"→"数据"命令,弹出图表数据输入框,可进行修改,修改完后再单击"应用"按钮,则图表也相应地被修改。

28.2 图表类型简介

AI 提供了 9 种图表类型,双击工具箱的图表工具,或选择菜单栏"对象"→"图表"→"类型"命令,均可以打开图表类型窗口,如图 28-9 所示。

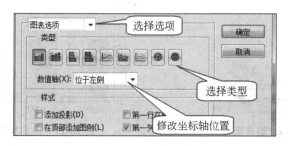

图 28-9　图表类型窗口

下面按照图 28-9 中所示按从左到右的顺序一一介绍各类图表的含义。

（1）：柱状图,最基本的图表,数值越大,柱子的高度就越高;

（2）：堆积柱状图,与柱状图类似,该类型图表的比较数值叠加在了一起;

（3）：条形图,横条的宽度代表数值的大小;

（4）：堆积条形图,与条形图类似,该类型图表的比较数值叠加在了一起;

（5）：折线图,用点来表示一组或多组数据,以不同颜色的折线连接不同组的所有点;

（6）：面积图,用点来表示一组或多组数据,以不同颜色的折线连接不同组的所有点,从而形成面积区域;

（7）：散点图,以 X 轴、Y 轴作为数据坐标轴,数据交汇处形成坐标点,以点来表示数值;

（8）：饼图,把数据总体比作圆形,每组数据的比例以不同颜色表示;

（9）：雷达图,每个数据都会标在轴上,且连接到相同轴的其他数据上,形成一个"蜘蛛网"状结构。

用户输入完数据做出图表后,需要修改图表类型时,先用选择工具选中已产生的图表,然后单击菜单栏"对象"→"图表"→"类型"命令,打开图表对话框,从中选择合适的图表类型即可。

28.3 图表的样式与选项

在"图表类型"对话框中有"图表选项"下拉菜单,如图 28-9 所示,下拉菜单内包含"图表选项"、"数值轴"和"类别轴"三个选项。

1. 图表选项

"图表选项"中含有"选项"组和"样式"组,其中"样式"组如图 28-10 所示。

单击"添加投影"复选框,则给图表添加投影效果;单击"在顶部添加图例"复选框,则在图表上方标有图例,如图 28-11 所示。

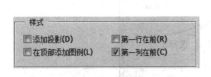

图 28-10 "样式"组选项框

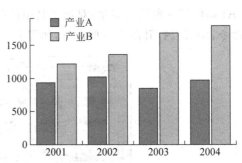

图 28-11 添加样式后的图表

选择不同的图表类型,对话框中的"选项"内容也不同,当图表类型为柱形或堆积柱形图时,"选项"组中包含的内容一致,如图 28-12 所示。

改变相应的"列宽"和"群集宽度"后,"选项"效果如图 28-13 所示。

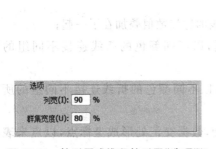

图 28-12 柱形图或堆积柱形图"选项"组

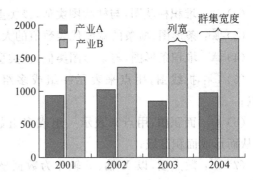

图 28-13 "选项"效果

同理,当图表类型为条形图和堆积条形图时,"选项"组包含的内容是"条形宽度"与"群集宽度"。当图表类型为折线图时,"选项"组如图 28-14 所示。"标记数据点"为用户绘制的每一个数据都添加折点;"连接数据点"为直线连接折点;"线段边到边跨 X 轴"为折线贯穿 X 轴;"绘制填充线"表示把折线变成图形,可编辑线宽。

当图表为饼图时,该类图表的"选项"组如图 28-15 所示,用户可选择已生成的饼图,变换"选项"组的内容来观察图形的变化。

图 28-14 折线图"选项"组

图 28-15 饼图"选项"组

2. 数值轴

数值轴对话框如图 28-16 所示,用户可在对话框内对坐标轴进行编辑。

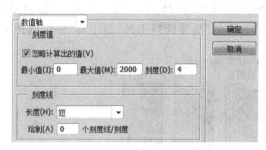
图 28-16 数值轴对话框

数值轴对话框包含"刻度值"、"刻度线"和"添加标签"三个属性。

(1) 刻度值:用于定义数据坐标轴的范围,系统默认未勾选,用户勾选后,可自行定义坐标轴刻度范围;

(2) 刻度线:用于设置刻度线的长度,包含"无"、"短"和"全部"三项;

(3) 添加标签:可以为数据轴上的数据添加单位或其他图案,包含前缀和后缀。

以柱状图为例,绘制一个刻度为5,刻度线为短,5个刻度线/刻度,后缀为 ml 单位的图表,如图 28-17 所示。

3. 类别轴

类别轴即横坐标轴,柱形、堆积柱形图以及条形图等由数据轴和类别轴组成图表。用户可根据自己的需要去设定类别轴。类别轴对话框包含的内容较少,如图 28-18 所示。

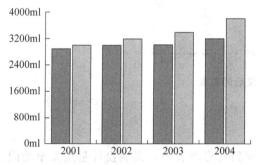
图 28-17 数值轴修改后的图表

图 28-18 类别轴选项

28.4 自定义图表

用户在设计完图表后，系统将自动选中该图表并自动成组，若用户欲修改图表中某项内容，如更换颜色等，则可以使用"编组选择工具"进行修改。还可以通过单击菜单栏"对象"→"取消编组"按钮取消对图表编组，但要注意，编组一旦取消，图表的类型将无法改变。

1. 改变图表的显示

自定义前的两组柱状图如图 28-19 所示，一组为灰色，一组为黑色。

在工具箱"选择工具"右边的"直接选择工具"组中有"编组选择工具"，如图 28-20 所示。

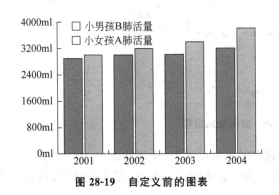

图 28-19　自定义前的图表

图 28-20　编组选择工具

使用"编组选择工具"双击小女孩 A 的图例色块，在色板面板中选择任意一种渐变色，（关于颜色的使用请参阅第 26 章 26.2 颜色和色板一节）。再用"编组选择工具"选中小男孩 B 的图例色块，执行"对象"→"图表"→"类型"命令，换成折线图，最后的自定义效果如图 28-21 所示。

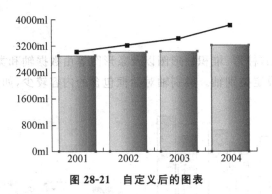

图 28-21　自定义后的图表

2. 将图片添加到图表中

用户可使用软件的图表设计功能将图形添加到柱形图表中。图表设计是用简单绘图、徽标或自行设计的图案等其他符号来表示图表中的数值，并可将自行设计的图案存于"图表设计"对话框中。

例如，绘制一个"眼泪"图形，单击执行"对象"→"图表"→"设计"命令，打开"图表设计"

对话框，单击"新建设计"按钮，在左上方的空白列表框中出现"新建设计"文字，下面的预览框出现预览图，单击"重命名"按钮将其命名为"降水"，如图 28-22 所示。

选取已做好的柱形图表，用"编组选择工具"选择一类数据组图标，执行"对象"→"图表"→"柱形图"命令，打开"图表列"对话框，选择之前设计好的图像，如图 28-23 所示。

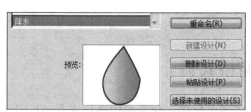
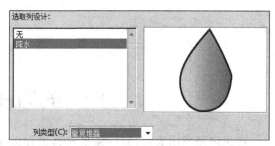

图 28-22　图标选取　　　　　　　　图 28-23　选取图片

选择合适的列类型，不同的列类型对图表的美观有很大影响。

（1）垂直缩放：在垂直方向上进行缩放，宽度不改变；

（2）一直缩放：水平、垂直方向同时缩放；

（3）重复堆叠：堆积设计以填充柱形，可以指定每个设计图标表示的数值以及是否需要截断或缩放表示分数数字的设计；

（4）局部缩放：与垂直缩放类似，但只缩放图标的局部部位。

根据图 28-23 的设定，单击"确定"按钮，即"眼泪"图标以重复堆叠形式填充，结果如图 28-24 所示。

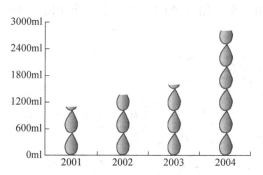

图 28-24　图片填充后的柱形图

用户可根据需求自行设定图案，完成图表设计，并填充之前设计好的柱形图。更多有关图表设计方法，用户可以单击"帮助"→"图表"→"将照片和符号添加到图表"来参阅 AI 的在线帮助内容。

第29章 文件的存储与软件的更新

29.1 图形存储格式简介

在用户完成图表作品后,需要对其进行保存或导出文件。常见的图表格式有 AI、EPS、PDF 等。在 AI 程序中,位于"文件"菜单下有"存储"、"存储为"、"存储副本"、"存储为模板"和"存储为 Web 和设备所用格式"6 个与存储相关的命令和"导出"命令可将图表转变为其他文件格式,如图 29-1 所示。

1. 存储

"存储"命令是指将文件保存为原有旧文件的格式,并替换原内容。若用户不想替换原文件,则需要选取"存储为"命令。AI 可以存储的格式包括 AI 本身、PSD、PDF、EPS 等。下面以文件存储为 AI 格式为例进行讲解。

AI 是软件的固有格式,该格式可同时保存矢量信息和位图信息,还可以保留效果、透明度、图表信息等内容。用户在存储为 AI 格式时,会弹出 Illustrator 选项对话框,如图 29-2 所示。

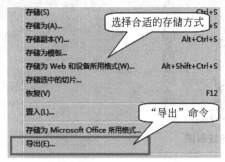 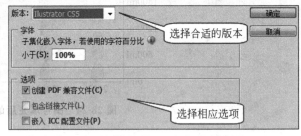

图 29-1 存储方式与导出　　　　图 29-2 Illustrator 选项

用户可在"版本"下拉菜单中选择原来的旧版本,在"字体"选项中设置百分比,当文档中字符使用低于该百分比时将嵌入字体的子集。

在"选项"框中,"创建 PDF 兼容文件"选项可以在 AI 文档中存储一个 PDF 兼容版本,该选项可以使 AI 文件与 Adobe 公司的其他软件兼容;"包含链接文件"可以将当前文档中的链接文件一起存于 AI 文档中;"使用压缩"可以压缩 AI 格式中的 PDF 数据。

"透明度"选项仅在存储为 AI 9.0 版本或低于其版本时使用,主要用来处理透明对象。选择"保留路径"(放弃透明度)则不透明度自动设置为 100%,透明效果消失,而选择"保留外观和叠印"则保留不带透明属性对象的叠印设置,带透明属性对象的叠印将被拼合。

2. 存储为

"存储为"命令将以不同的位置或文件名存储图像,也可以设置不同的选项或格式存储图像。单击"存储为"命令后,会弹出相应对话框。在使用该保存方式时,如果是已指定名称文件,修改后的内容则直接保存至该文件中,如果该文件无名称,用户需要自建名称保存。

3. 存储副本

"存储副本"功能和"存储为"的功能相同,只是"存储副本"会在名称后加上"副本"二字。

4. 存储为模板

选择"文件"→"存储为模板",在"存储为"对话框中选择保存位置及文件名,然后单击"保存",AI 将文件存储为 AIT 格式(Adobe Illustrator 模板格式)。

5. 文件导出

以 PDF 格式为例,由于 PDF(Portable Document Format)格式是一种跨平台的文件格式,AI 可直接将文件存储为 PDF 格式。存储时显示的对话框如图 29-3 所示。

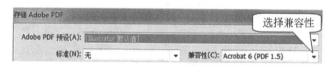

图 29-3　存储为 Adobe PDF 格式对话框

在存储为 Adobe PDF 格式对话框内有两个比较重要的选项。一是保留 Illustrator 编辑功能,用在 PDF 文件中保存 Illustrator 数据。勾选该复选框后,用户可以重新在 Illustrator 中打开并修改此 PDF 文件。二是从顶层创建 Acrobat 图层,是将文件存储为 PDF 时,使用 Acrobat 6 或 Acrobat 7 兼容性时将文档中的图层转换为 PDF 文档中的图层。

29.2　检查与更新

随着 AI 版本的不断升级,其功能越来越强大,尤其是在 Illustrator 被纳入 Creative Suite 套装后,结束了数字版本更新时代。Creative Suite 统一了 Adobe 的相关产品,使二者互相兼容,提供交互模式、在线服务等,使 Illustrator 的功能更加强大。Adobe 公司不断更新其产品,用户可单击菜单栏"帮助"→"更新..."选项,如图 29-4 所示,从而进入更新页面。

打开后,进入更新界面对话框,系统将检查自动更新并显示检查结果。

图 29-4　更新选项

参 考 文 献

Adobe 公司. 2011. Adobe Illustrator CS5 中文版经典教程[M]. 刘芳,张海燕,译. 北京:人民邮电出版社.
陈胜可. 2010. SPSS 统计分析从入门到精通[M]. 北京:清华大学出版社.
陈新,李竹. 2007. 生物医学论文写作 20 讲[M]. 北京:化学工业出版社.
黄棚兵. 2011. 医学论文与书稿编写技巧[M]. 2 版. 北京:人民军医出版社.
金坤林. 2008. 如何撰写和发表 SCI 期刊论文[M]. 北京:科学出版社.
李达,吴军. 2009. 医学文献分析管理软件的应用:EndNote\RefViz\Quosa\Note Expres 综合教程[M]. 北京:人民军医出版社.
李达,李玉成,于登峰,等. 2011. 参考文献管理工具的应用[M]. 北京:高等教育出版社.
童国伦,潘奕萍,程丽华. 2010. EndNote & Word 文献管理与论文写作[M]. 北京:化学工业出版社.
王秀峰,江红涛. 2008. 数据分析与科学绘图软件 ORIGIN 详解[M]. 北京:化学工业出版社.
解景田. 2010. 生物医学论文的撰写与发表:SCI 攻略[M]. 北京:科学出版社.
张学军. 2008. 中英文医学科研论文的撰写与投稿[M]. 北京:人民卫生出版社.
郑明华. 2010. 赢在论文:术篇[M]. 北京:中国协和医科大学出版社.